Carl Heinrich von Berg

Aus dem Osten der österreichischen Monarchie

Carl Heinrich von Berg

Aus dem Osten der österreichischen Monarchie

ISBN/EAN: 9783742851512

Hergestellt in Europa, USA, Kanada, Australien, Japan

Cover: Foto ©ninafisch / pixelio.de

Manufactured and distributed by brebook publishing software
(www.brebook.com)

Carl Heinrich von Berg

Aus dem Osten der österreichischen Monarchie

Aus dem Osten

der

österreichischen Monarchie.

~~~~~

Ein

Lebensbild von Land und Leuten

von

Edmund Frhrn. von Berg,

Königl. Sächs. Oberforstrath.

Dresden.

G. Schönfeld's Buchhandlung (C. A. Werner).

1860.

Inhalt.

—

I.

Einleitung statt Vorrede. — Durch Galizien. — Die österreichische Grenze. — Krakau. — Das Land und seine Bebauung. — Der Bauer und sein Leben. — Die Juden. — Bis Pesth.

———

Obwohl ich in diesen Blättern die Eindrücke und Beobachtungen wieder zu geben beabsichtigte, welche ich auf einer Reise in das Banat aufnahm und anstellte, so machen sie doch durchaus keinen Anspruch darauf eine Reisebeschreibung sein zu wollen. Der geehrte Leser wird nicht in Kirchen, Museen, Schauspielhäuser und anderweitigen Anstalten für Kunst und Wissenschaft umhergeführt werden, er wird ebenso wenig Naturschilderungen und Landschaftsbilder im Detail ausgemalt finden, wie sich über die Vorzüge des einen oder andern Gasthofs unterrichten können, mit kurzen Worten es ist kein Buch von und für einen Touristen.

Was der Leser in dem Buche nicht finden wird, konnte ich leicht in der Kürze andeuten, aber schwieriger erscheint es zu sagen, was darin darzustellen

1

beabsichtigt wird, in welcher Absicht es geschrieben wurde.

Bei meinen Reisen habe ich, neben dem wissenschaftlichen Zwecke, welcher mich schon an sich als Forstmann zu der Natur hinführt, auch besonders den vor Augen, das Volk und das Land, welches ich besuche, wie es wirklich ist, kennen zu lernen, zu erforschen, wie Sitte, Lebensweise und gewerbliche Verhältnisse sich Einfluß auf die politischen Institutionen verschafft haben und wie umgekehrt die Regierungsform und Regierungsgrundsätze auf das Volk wirkten. Das Alles lernt man nicht an den großen Heerstraßen oder in den Hauptstädten, wo mehr oder minder die Reiseanschauungen ähnlicher Art sind, wie die, welche die große Katharina unter der Leitung Potemkins erhielt. Um einen Reisezweck, wie ich ihn vor Augen habe, zu erreichen, muß man in das Innere des Landes eindringen, dasselbe in der ruhigen, erhabenen, nicht durch Menschenhände verdorbenen Natur sehen, muß das Volk im Innern seiner Wohnungen aufsuchen, in seinem natürlichen Thun und Treiben belauschen, wo es urkräftig sein eigenthümliches Leben führt und wo man es zwar leider oft verwahrlost und verdorben, doch nicht beleckt von dem Hauche einer falschen Civilisation findet.

Solche Reisen bieten freilich mehr Beschwerden dar und verlangen größere Entbehrungen als die der gewöhnlichen Touristen, welche mit der Eisenbahn oder

im Dampfschiffe von einer Stadt zur andern unauf=
haltsam die Länder durchrasen und sich dennoch, oft
nur vom bequemen Gasthofe aus, ein Urtheil über
Land und Leute anmaßen. Angenehmer ist Letzteres
gewiß, als wochenlang bei schmaler Kost und vielen
Strapazen, auf der Streu statt im weichen Bette zu
schlafen, zu Fuße oder zu Pferde unwegsame Gegen=
den zu durchstreifen oder Beschwerden zu erdulden,
wovon der gewöhnliche Reisende gar keine Begriffe
hat. Aber lohnender wird die Ausbeute für Geist und
Herz für den Mann, dem es wirklich darum zu thun
ist, die Menschen kennen zu lernen und daraus, wie
aus dem Zustande und Leben des Volkes, Belehrun=
gen zu schöpfen.

Auf diese Weise und in dem Sinne habe ich, nach=
dem ich Deutschland und die Alpenländer ziemlich genau
kennen gelernt hatte, Schweden, Norwegen und Fin=
land bereist und fand dort eine reiche Ausbeute für
meine Zwecke, welche bei dieser Darstellung mehrfach
zu Vergleichungen Veranlassung geben wird. In dem=
selben Sinne und in gleicher Absicht besuchte ich im
vergangnen Herbste das Banat, ein Land, bei uns fast
unbekannt, und doch für einen weiterschauenden Mann
ein großes Interesse darbietend, weil es mit Ungarn
und den Donaufürstenthümern offenbar berufen ist, eine
große Rolle in der Entwicklungsgeschichte Europas zu
spielen und wahrscheinlich würden sie diese Länder schon
gespielt haben, wenn man für ihre Entwickelung in

politischer, wie in socialer Hinsicht mit mehr Umsicht gehandelt hätte.

Je mehr ich Länder und Völker kennen lerne, desto mehr erkenne ich die Wahrheit des Ausspruches von Alexander Humboldt, daß der Charakter der Völker wesentlich abhänge von der Natur, welche sie umgiebt, denn in ihr findet der einzelne Mensch seine ersten Anschauungen und sie bedingt wiederum in hohem Maße, ja vorzugsweise die Beschäftigung, welche die Aufgabe seines Lebens wird. Ein Bild des Landes muß vor uns entfaltet werden, um das Volk, welches es bewohnt, richtig würdigen zu können. Deshalb werde ich hier, wenn auch nur eine kurze, doch anschauliche Beschreibung zu geben mich bemühen, mehr aber werden uns die Volksstämme, ihre Lebensweise, Sitten, Gebräuche und ihre gewerbliche Thätigkeit beschäftigen. Sie leben im Banate in so buntem Gemische durcheinander, wie man es schwerlich an einem andern Orte Europas wiederfindet und doch haben sie fast alle ihre Stammes-Individualität erhalten. Dadurch eben wird dieses Land so interessant.

Was ich sah, was ich erfuhr, werde ich der strengsten Wahrheit gemäß erzählen, sie wird vielleicht zuweilen etwas herbe schmecken, aber zu verletzen ist nicht im Entferntesten meine Absicht, ich wünsche zum Besseren beizutragen, wenn ich unnachsichtig die Schäden aufdecke, die ich zu bemerken glaube. Wo ich irrte, wie das Reisenden wohl begegnen kann, und demgemäß

falsch urtheilte, bitte ich dieses nachsichtig aufzuneh=
men, aber besonders immer dabei im Auge zu behal=
ten, daß wo ich tadele, es niemals aus Lust am Ta=
deln geschieht, daß ich niemals beabsichtige, grundsätzlich
nur die Schattenseiten des Bildes zu zeigen.

Auf dem Wege zum Banate machte ich einen klei=
nen Abstecher nach Galizien, wohin mir zu folgen der
Leser eingeladen wird. Es mußte mir von Interesse
sein, eine Ansicht von dem Leben der Slaven in jenem
Lande zu gewinnen, um Anknüpfungspunkte für die
Beurtheilung der Südslaven zu erhalten.

Die Eisenbahn führte mich bei Granicy an die
österreichische Grenze, wo mit anerkennenswerther Li=
beralität die Visirung der Pässe und Visitation des
kleinen Reisegepäckes vorgenommen wurde, während die
Koffer erst in Krakau visitirt wurden. Wir mußten
längere Zeit auf den Warschauer Zug warten und die
auffallend große Menge von Polizei= und Steuer=
beamten, welche sich auf dem Bahnhofe herumtrieben,
ich glaube, es waren wenigstens deren sechs, verglichen
mit dem äußerst geringen Umfange der Geschäfte, gaben
mir Veranlassung zu fragen, ob auf dieser Station
sonst ein regerer Verkehr stattfände. Die Antwort
war entschieden verneinend und so sah ich gleich beim
ersten Eintreten in Oesterreich ein Miniaturbild der
Verwaltung. Viele Beamte, um sich gegenseitig zu

controliren und um allen Anforderungen des Bureau=
kratismus zu genügen, um mit vielen Kosten oder der
möglichst großen Weitläufigkeit wenig Geschäfte zu be=
wältigen. Ich werde später mehrfache Veranlassung
haben, auf diesen wahrhaft erschreckenden Krebs der
österreichischen Staatsverwaltung zurück zu kommen.

Am frühen Nachmittage wurde Krakau erreicht.
Diese alte Königsstadt und spätere Hauptstadt des letz=
ten Restes der polnischen Republik, eines der verun=
glückten politischen Experimente des Wiener Congresses,
liegt in einer fruchtbaren, wohl bebauten Ebene am
Zusammenflusse der Rudawa mit der Weichsel. In
südöstlicher Richtung erblickt man die Hügelkette, welche
die Vorberge der Karpathen bildet, die Stadt selbst
gewährt mit den vielen Kirchen und Festungsthürmen
einen großartigen Anblick, der jedoch im Innern nicht
gerechtfertigt wird, wo krumme und schmutzige Stra=
ßen, die Reste einer großen Vorzeit enthalten, das
lebendige Bild des Verfalls und der Armuth uns zeigen.
Krakau, mit seinen vielen historischen Denkmälern und
Erinnerungen, macht so recht den Eindruck einer gefal=
lenen Größe, welche das Rad des Schicksals unbarm=
herzig zermalmte.

Der Betrieb der Carl Ludwigs=Bahn, auf wel=
cher ich am folgenden Tage weiter reisete, läßt Vieles
zu wünschen übrig. Bei der Casse in Rzcwzow be=
gegnete es mir, daß der Beamte auf den vollen Gul=
den nicht herauszahlen wollte, sondern den Betrag

unter einem Gulden in Silber verlangte, während die=
ses so schwer aufzutreiben war, daß auf einer andern
Station ein alter Jude um Gotteswillen die Reisen=
den um Silberfechser bat, weil man ihm ein Billet
sonst nicht geben wollte. Auf meine bescheidene Frage,
was man denn bei der Casse mit dem eingegangenen
vielen Silber mache und daß es doch unverantwortlich
sei, das Publikum so zu belästigen, erwiderte der Cassirer
grob: das ginge mir nichts an, es wäre so Vorschrift,
wenn ich kein Silber hätte, so möchte ich da bleiben,
es sei nicht nöthig, daß ich mit der Bahn fahre.

Auf der Bahn blieb ich bis Rzcwzow, in der
Richtung von Lemberg, dann ging es mit der Post
über Jareslaw bis Wiscznia, von wo ab ich einige Tage
im Innern des Landes zubrachte. Auf der Bahn be=
gegneten uns große Züge von Ochsen, welche größten=
theils aus Podolien heran getrieben werden. Man
versicherte mir, daß dem Sommer über wöchentlich
etwa 2 bis 3000 Stück zum größtentheile nach Wien
oder Prag ausgeführt würden. Von Rzcwzow bis
nach Wien kostet das Stück an Bahntransport 10 Fl.
55 Kr.

Die Gegend von Krakau bis Rzcwzow ist eben,
mit viel Sand und Kieferwäldern, welche nach der
Grenze des Königreichs Polen zu nur selten durch
fruchtbare Flußthäler und frische Niederungen unter=
brochen werden. Das Land erscheint ziemlich gut
bebaut, doch machen die Dorfschaften einen Eindruck

von Schmutz und Verfallenheit, den auch die kleinen Städte gleichmäßig theilen. Weiter hin auf meiner Reiseroute wurde das Land hügelig, in der Ferne nach Süden erblickt man die Karpathen, der Boden wird fruchtbarer und man findet mehr und mehr den schwarzen Urboden der Steppe, der bei wenig oder gar keiner Düngung und schlechter Beackerung doch reiche Ernten trägt. Der Ackerbau ist noch weit zurück. Man treibt zum Theil eine reine Dreifelderwirthschaft, zum Theil scheint man sich noch nicht so weit verstiegen zu haben. Körnerbau ist die Hauptsache, und zwar Körner auf Körner, Klee wird so gut als gar nicht gebaut und Hackfrüchte sehr spärlich. Die Weide, welche für alles Vieh viel in Anspruch genommen wird, ist elend. Und was könnte dieser schwarze Boden produciren, wenn man ihn nur einigermaßen rationell behandelte.

Das Rindvieh des Landes ist klein und giebt, schlecht gepflegt, geringe Erträge. Die Zugochsen, welche in der Gegend, die ich sah, nicht viel verwendet werden, kommen wie die Pferde, deren man sehr wenige aufzieht, fast alle aus Podolien. Letztere sind muthig und ausdauernd, doch so klein, daß sie im schwereren Zuge nicht genug leisten können. Die Race ist offenbar zurückgegangen. Das Pferd ist das Lieblingsthier der Polen, selbst kurze Wege entschließt er sich nicht gern zu Fuße zurückzulegen. Der Bauer reitet zum und vom Felde, reitet, wenn er die Thiere zur Weide treibt u. s. f. Das Pflügen geschieht fast überall

vierspännig, wenigstens dreispännig, wo der Pferde=
lenker natürlich reitet; mehrere Male sah ich im Trabe
pflügen und den Ackersmann im Laufen seinen Pflug
regieren. Die Schweinerace ist nicht besonders und
die Haltung der Thiere ganz schlecht, von einer
eigentlichen Mastung kann nicht die Rede sein. Feine
Schafe werden nur auf größeren Gütern gehalten,
vom Bauern nur grobe, besonders schwarze, deren
Fließe zu Pelzen sehr gesucht sind.

Die Geschichten, welche uns in früher Jugend
Mutter oder Amme erzählte, üben auf unsere spätere
Anschauung ohnstreitig einen bedeutenden Einfluß aus,
nicht minder nehmen durch Schulunterricht und Litera=
tur die meisten Menschen unbewußt von Ländern und
Völkern gewisse Bilder in sich auf, von welchen sie
sich später äußerst schwer zu trennen vermögen. Wer
von Finland spricht, wird stets damit das Bild der
Fischerlappen verbinden; fragte mich doch einst eine ge=
bildete Dame in allem Ernste, ob ich in Finland nicht
hauptsächlich von Fischthran hätte leben müssen. Ge=
wiß wird selten ein Mensch Spanien nennen hören,
ohne an fanatischen Katholicismus, abendliche Sere=
naden, gelegentlich mit einem Dolchstoß gewürzt, zu
denken. Wer hört wohl Italien nennen, ohne im
Geiste schöne Gemälde, Glutaugen, Pommeranzenhaine
zu sehen und ein mildes gesegnetes Klima gewisser=
maßen zu fühlen? Und wie oft findet man sich ge=
täuscht, wenn man das Land seiner Phantasie betritt!

Mir ging es in gewisser Hinsicht so in Galizien. In meiner Idee verband ich mit Polen ein ebenes Sand=land, mit · großen Wäldern und Sümpfen bedeckt, reichlich mit Bären und Wölfen bevölkert. Die Frauen hübsch, beweglich, die Männer kräftig, voll Liebe zum Vaterlande, sonst noch viel Schmutz und viel Juden.

Angenehm getäuscht und überrascht fand ich mich daher durch die freundliche Landschaft im südöstlichen Galizien, etwa sechs Meilen von Lemberg. Der Wald hatte sich mit dem Aufhören des Sandes und bei dem weitern Vordringen nach Osten ganz verändert und da der Wald mit Recht — nebst Wasser — das Auge der Landschaft genannt werden kann, wodurch sie erst Leben und Ausdruck erhält, so war hier eine sehr bemerkliche Veränderung vor sich gegangen. Die Hügel sind mit Laubwald und zwar vorherrschend mit Eichen, Weißbuchen, Birken und Rothbuchen bedeckt, selten findet man dazwischen einzelne Kiefern, Fichten und Tannen gar nicht. Zwischen Wald und Feld fand eine anmuthige Vertheilung statt, das Culturland war meist in die Thäler zusammengedrängt und hier liegen dann in so reicher Zahl Dörfer und Edelsitze, daß man das Land ein Ackerbau treibendes, wohl bevölkertes nennen kann. So macht dasselbe einen angenehmen freundlichen, selbst cultivirten Eindruck und den hatte ich entfernt nicht erwartet. Die Natur ist wirklich schön, aber man darf die Dörfer und die Menschen darin nicht in der Nähe betrachten. Hier fand ich das Bild, welches ich mir von Polen entworfen hatte, ganz richtig.

Die polnische Bevölkerung dieser Gegend ist an sich ein kräftiger Menschenschlag, welcher jedoch einen gewissen verkommenen Eindruck macht, wohl durch schlechte Kost und häufigen Genuß von Brannt= wein herbeigeführt. Unter den Männern sieht man viele schöne Gestalten und die Gesichter würden häufig schön zu nennen sein, wenn sie einen intelligenteren und namentlich offeneren Ausdruck hätten. Aber so tritt bei einer jeden Begegnung mit einem Höhern das Kriechende, Unterthänige hervor, anerzogen durch den langen Druck, worin sie gelebt haben, durch den häu= figen Gebrauch des Stockes oder der Peitsche, welche beide auch jetzt noch eine große Rolle spielen. Kann man sich darüber wundern, daß der Bauer, so lange Zeit auf's Aeußerste gemißhandelt, in Wahrheit mit Füßen getreten, dadurch einen tückischen Charakter annimmt, und in der That zeigt jeder Zug seines Gesichts auf Verdrossenheit und Tücke.

Wie ganz gewöhnlich das Prügeln des Bauern im gemeinen Leben, nicht nur von Gerichts wegen, ist, mögen zwei kleine Reise=Begebenheiten darthun. Ich fuhr mit einem Herrn, als ein junger Bauern= bursche, welcher eine Heerde Pferde, natürlich selbst zu Pferde und scharf jagend, zur Weide trieb, uns begegnete, so daß wir gezwungen wurden, bei einer Biegung des Weges einen Augenblick zu halten, weil

der Bursche die Pferde nicht gleich zur Seite bringen
konnte. Ohne Weiteres wurde von dem Herrn, wel=
cher selbst fuhr, der Bauer ausgescholten und ihm
einige Hiebe versetzt. — Auf der Rückreise fuhr ich
Nachts, aber bei hellem Mondenschein auf der breiten
Chaussee mit einem herrschaftlichen Kutscher. Ein
Bauer, sicher betrunken, fuhr mit unserm Wagen zu=
sammen, so daß wir halten mußten. Während der
Bauer sich bemühete seinen Wagen aus dem unsern
zu bringen, wurde ihm von dem Kutscher eine Mo=
ralprebigt über den Text eines „besoffenen Schweins“
gehalten und durch unablässige Peitschenhiebe ein=
bringlich gemacht. Als wir endlich wieder weiter
fuhren, drehte sich der Kutscher, ein Oberösterreicher,
welcher als Soldat in Galizien hängen geblieben war,
ganz gemüthlich lächelnd um und sagte: „so ein Mist=
vieh“, womit die Sache abgemacht war. Nicht deucht,
solche kleine aus dem Leben gegriffene Züge beweisen
das, was ich beabsichtige. Man sagt hier gerade so,
wie in Ungarn von den Wallachen, die Menschen
seien zu roh, man könne nur mit dem Stocke ein=
bringlich mit ihnen reden, aber sie bedenken nicht, daß
einmal ein Anfang zum Fortschreiten, zum Besser=
werden gemacht werden muß, daß aber der geprügelt
werdende Mensch nicht gehoben, sondern in seinem
sittlichen Werthe immer mehr herabgedrückt wird.

Der sittliche Zustand der polnischen Bauern (ich
hebe ganz besonders hervor: ich meine nur die Gegend,

welche ich kennen lernte, denn man versicherte mich,
daß näher zum Gebirge die Bevölkerung weit besser
sei) erscheint durchaus nicht befriedigend. Roh und
im höchsten Grade in der Ausbildung vernachlässigt,
sind die hervorstechenden Charakterzüge eine gewisse
Schlauheit und Heimtücke, dabei sind sie faul und
dem Trunke im höchsten Grade ergeben. Unwissend
bigott und abergläubisch, halten sie doch nicht viel auf
ihre Geistlichkeit, was auch ganz erklärlich wird, da
sehr viele Dörfer keine Schulen haben, wo aber Un=
terricht ertheilt wird, erstreckt er sich fast nur auf die
Kenntniß der religiösen Formen, Lesen und Schreiben
wird selten den Bauern gelehrt.

Hier leben Katholiken, Rumänen, welche zur
griechischen nicht unirten Kirche gehören*), und auch
eine Gemeinde Protestanten zusammen, ob gerade sehr
einträchtig, mag dahin gestellt sein. Die Katholiken
und Griechen vertragen sich am wenigsten gut; es
kann auch kaum anders sein, denn obgleich hier die
katholischen Landgeistlichen selten eine höhere Bildung
besitzen sollen, so sind sie doch den griechischen Popa's,
welche zum größten Theile ganz ohne Bildung sind,

---

*) Die zur griechischen nicht unirten Kirche Gehörigen
erkennen den Papst zu Rom nicht an, wogegen der Theil
derselben, welcher nach der Eroberung von Konstantinopel
durch die Türken im Jahr 1453 unter die Oberhoheit des
Papstes zurückkehrten, aber doch ihren Glauben behielten,
als unirte Griechen bezeichnet werden.

weit überlegen. Auch in moralischer Hinsicht und so=
mit im Ansehen bei dem Volke stehen erstere höher,
wurde mir doch völlig glaubwürdig erzählt, daß ein
griechischer Pfarrer wegen Pferdediebstahl in Unter=
suchung gezogen; zwar nicht verurtheilt, aber auch
nicht freigesprochen, bleibt er nach wie vor Popa.
Dann machte man ihm den Proceß wegen Kirchen=
raub, woran er der öffentlichen Meinung nach un=
schuldig sei. Er blieb indessen doch Popa. Dabei
sind ihre Einkünfte so schlecht, daß sie, um sich und
ihre Familie unterhalten zu können, wie die Bauern,
Ackerbau treiben, d. h. selbst thätig Hand anlegen
müssen. Ebenso unzulänglich ist, was für die Jugend=
bildung und Erziehung gethan wird, und die äußere
Lage der Schullehrer auf dem Lande erscheint meistens
als eine ganz elende. Wenn die Lehrer nicht irgend
ein Nebengewerbe treiben, sind sie nicht im Stande,
ihr Leben zu fristen.

Unter dem weiblichen Geschlechte begegnet man
selten einem nur erträglich hübschen Gesichte, meist
ohne Ausdruck spiegeln sich rohe Sinnlichkeit, nicht
selten auch, wie bei den Männern, die Folgen der
Trunksucht darauf ab. Die Körperformen sind im
Allgemeinen ohne Wohlgebildetheit und ebenso er=
scheinen ihre Bewegungen ohne alle weibliche Grazie,
worin sie den Wallachinnen gegenüber einen großen
Contrast bilden. Reinlichkeit, diese beim Weibe so
wichtige Tugend, fehlt gänzlich. Das elende Aussehen

der Kinder deutet auf vernachläſſigte Pflege der=
ſelben.

Die Tracht der Frauen iſt im Sommer ein
Hembe und ein Rock ohne Mieder. Putz ſah ich
auch am Sonntage nicht, ausgenommen, daß die
Mädchen häufiger ihr Haar mit Blumen, vorherr=
ſchend von gelber oder rother Farbe, ſchmückten. Hierin
ſtehen die galiziſchen Slaven den Serben oder den
Südſlaven, welche ich in Krain kennen lernte, ſehr
nach, welche wenigſtens mit ihrem zierlichen weißen
Kopftuche, der Petſcha, oft geſtickt und mit Spitzen
beſetzt, einen gewiſſen Luxus treiben. Die mehr oder
mindere Neigung der Frauen, kleidſam und nett in
ihrer Tracht zu ſein, ſich gern zu ſchmücken, darf bei
einem rohen Volke nicht unbeachtet bleiben, denn ſie
führt zur Arbeitſamkeit im Hauſe, ſie iſt gewiſſer=
maßen der Hebel zum Fleiß und zur Ordnung. Man
darf überhaupt weder die körperliche Wohlgebildetheit
noch das äußere Auftreten der Frauen in den untern
Schichten der Völker unbeachtet laſſen, denn abgeſehen
von dem Einfluß, welchen ſie auf die Erziehung der
nachwachſenden Geſchlechter. äußern, ſpricht ſich darin
am meiſten die Bildungsfähigkeit eines Volkes aus.
Wenn das Weib auch unter dem härteſten Druck ihre
weibliche Würde und einen gewiſſen Anſtand in ihrem
Auftreten bewahrt, wie wir dies in hohem Grade bei
den Wallachinnen finden werden, ſo ſind die natür=
lichen Anlagen des Volkes noch kräftig genug, um

mit günstigen Erfolgen an seiner Cultur zu arbeiten, wenn es auch augenblicklich noch so roh und vernach=läsfigt erscheint.

Die Männer tragen weite weiße leinene Bein=kleider und einen eben solchen Kittel, im Winter, wie die Frauen, einen Schafpelz. Die Kopfbedeckung ist verschieden, meist ein breitkrämpiger schwarzer Hut.

Die Wohnungen sind elend von außen und in=nen, und wie die ganzen Umgebungen schmutzig und unordentlich. Die Häuser, von Holz gebaut und mit Stroh gedeckt, haben oft keinen Schornstein, gekocht wird im Ofen oder auf einer Art Herd im Vorhause. Die niedrigen Stuben, selten gedielt, im rohen Lehm=schlage oft große Löcher, erhalten durch die kleinen Fenster, welche man hier, wie bei allen Slaven, fin=det, nur wenig Licht, an frischer Luft ist den Be=wohnern überhaupt nicht viel gelegen. Das Haus=geräthe erscheint auf das Einfachste beschränkt, ein Tisch, einige Bänke, Stühle, vielleicht ein verschließ=barer Schrank oder Kasten, selten ein Bett, der Schafpelz auf der Bank bildet Lager und Decke. Oft wird die Wohnung noch mit den Hausthieren getheilt, daß dem Ungeziefer der Schmutz willkommen, bedarf kaum einer Erwähnung. Gärten mit Blumen sieht man selten, Blumen oder einen anderen Schmuck im Innern der Wohnungen niemals.

Wie so ganz anders ist das doch im hohen Norden. In Schweden, nicht an der großen Straße allein, sondern mitten im Lande weit hin nach Norden, wo sich der Reisende selten hin verirrt, findet man auch in der ärmsten Hütte saubere, meistens weiße Fenstervorhänge und höchst selten fehlt hier der Blumenschmuck. Mit welcher wirklich rührenden Sorgfalt pflegt der finnische Bauer unter dem Polarzirkel seine Hopfenlaube und die wenigen Blumen in seinem kleinen Garten und wie stattlich zeigt sich dort der Bauernhof, freilich nur mit hölzernen Gebäuden, aber nett angemalt mit rothen, gelben oder grauen Farben. Aber freilich war im Norden der Bauer stets ein freier Mann, ihn drückte nie das Joch der Leibeigenschaft, er hatte nicht für den Herrn seine besten Kräfte zu verwenden.

Um ein Volk richtig beurtheilen zu können, erscheint es sehr wichtig, seine Ernährung in's Auge zu fassen, denn abgesehen davon, daß sie ebenso auf die Entwickelung der Individuen von dem allergrößten Einflusse ist, als auf die Arbeitsleistungen derselben, so giebt auch eine reichliche und kräftige Ernährung einen sichern Maaßstab für die Wohlhabenheit und das Wohlbefinden eines Volkes. Darin finden wir in Galizien allerdings eine ärmliche Einfachheit, saure Rüben und Sauerkraut ist des Polen Hauptnahrung, Kartoffeln, Mehlbrei und nicht besonders gutes Brod gewähren einige Abwechselung. Fleisch wird nur an den hohen Festtagen genossen. Branntwein ist die Labung für Jung und Alt und leider in viel zu reichlichem Maaße.

2

An den Sonn= und vielen Festtagen sind alle Schen=
ken voll und wüstes Geschrei und Gebaren hört man
bis spät in die Nacht. Diese übertriebene Neigung
zum Trunke ist sicher eins der größten Uebel in Ga=
lizien, aber naturgemäß eine Folge der so tief stehen=
den sittlichen und geistigen Entwickelung, die wiederum
ihre Wurzel in dem langjährigen Drucke des Volkes,
in dem früheren Uebermuthe und der geringen Sorge
für ihre Bauern von Seiten der Gutsherren hat.
Wie kann es anders sein, wenn diese den Bauer nur
als ein nützliches Object zum Geldschaffen betrachteten,
welches sie fern von ihren Besitzungen in Warschau,
Paris oder wo immer verschwendeten. Ein eigentlich
wohlwollendes patriarchalisches Verhältniß zwischen dem
Gutsherrn und seinen Bauern bestand in Polen nie=
mals und besteht wahrscheinlich auch jetzt noch nicht,
denn man sieht so viele schöne Güter von ihren
Herren unbewohnt, sie sind, wie in Irland, absent.
Wie kann da Liebe und Anhänglichkeit entstehen, wie
kann sich da bei den jetzt veränderten Verhältnissen,
wo der Bauer ebenfalls ein unabhängiger Mann ist,
ein wohlthätiger Einfluß des Gutsherrn entwickeln,
wenn das Volk ihn nur durch seinen Verwalter ken=
nen lernt?

Aber eine schwere Schuld trägt hier auch die
Regierung, sie ist von großen Mißgriffen nicht frei
zu sprechen. Galizien erscheint als ein gesegnetes
Land, wo ich es sah, schön, mit einem fruchtbaren

Boden, bei geeigneter Bewirthschaftung reiche Ernten gebend, mit einem gemäßigten Klima, schönen, aber mißhandelten Wäldern, kurz mit allen Elementen zu einer gedeihlichen Entwickelung. Wie treffen wir aber das Volk? Arm, faul, trunksüchtig, verkommen in jeder Hinsicht, ohne Unterricht und ohne sittliche Hebung durch eine ächte Religiosität. Und dieses ist der Erfolg von einem fast hundertjährigen Besitze (1772) in der Hand des mächtigen Oesterreichs! Und die Regierung hatte hier freie Hand, sie war nicht wie in Ungarn gebunden durch eine Verfassung, welche nur eine Art von Menschen, den Adel, kannte. Sollte man hierdurch nicht zu dem oben ausgesprochenen Urtheile berechtigt sein?

Wenige Jahre sind erst verflossen, wo man, nach den vorhergegangenen grauenhaften Bauernaufständen, den Bauern die schweren Fesseln der Abhängigkeit vom Gutsherrn abnahm, aber man that es wohl zu rasch, ohne die erforderliche Vorbereitung, weil bis dahin so gar nichts für die Bildung und Aufklärung des Volkes geschehen war. Der Erfolg entsprach nicht der Erwartung, es konnte nicht sein. Der Bauer, gewöhnt an wenig Bedürfnisse, benutzt seine Freiheit um nur noch mehr als früher zu faulenzen, die Tagelöhne stiegen, es war leicht so viel zu verdienen, als man zum Leben und zum Saufen brauchte. Daher überall die Klage über Arbeitermangel und über schlechte Arbeiter, daher der oft laut werdende Wunsch zum Colonisiren, aber Deutsche will man haben, man fängt an den Werth des deutschen Arbeiters zu schätzen, um so mehr, da man gegen den Unterschied, welchen man in einzelnen ältern deutschen Dörfern wahrnimmt, nicht blind sein kann.

Ist das aber der rechte Weg? Ich glaube kaum, es scheint mir in diesem Falle kaum gerathen, die Colonisation zu befördern, denn abgesehen davon, daß der Deutsche sich sehr schwer zwischen den Slaven behaglich fühlt, sind arbeitende Hände im Lande genug, wenn sie nur arbeiten wollen. Man wecke nur die Bedürfnisse, man gewöhne den Bauer an bessere Wohnungen, an Hausgeräthe verschiedener Art, an bessere Nahrung u. dgl., man erwecke durch Behaglichkeit im Hause den häuslichen Sinn, durch das Bestreben sich zu schmücken den Sinn für Ordnung und Reinlichkeit und die Lust an häuslicher Arbeit bei den Frauen. Ich sage noch ein Mal, man vermehre die Bedürfnisse, man hebe die Consumtion und das Bestreben, sich dieselben zu verschaffen, wird zu größerem Fleiße und zu mehr Arbeitsleistung ganz von selbst führen. Allerdings kann eine so große sociale Umwälzung nicht auf ein Mal, nicht durch Gesetze und Schreiberei bewirkt werden, sie ist nur allmälig durchzuführen durch eine wahre Gesittung und Bildung des Volkes. Kirche und Schule sind die großen Hebel, welche in Bewegung gesetzt werden müssen, es muß Licht werden und man muß das

Dogma fallen laſſen, daß je dümmer das Volk, je
leichter es zu regieren ſei. Man muß eine wahrhafte
Aufklärung befördern, den Menſchen im Menſchen
achten und den Stock aus den Gerichtsſälen verban=
nen. Ich halte die Aufgabe gerade für Galizien ſehr
ſchwer, denn eine ſpätere Vergleichung mit den eben=
falls ſehr rohen Volksſtämmen im Banate wird zeigen,
daß dort der Urſtoff im Volke noch beſſer iſt, als
hier, aber ein Mal muß doch dazu geſchritten werden,
wenn Oeſterreich die Stelle im europäiſchen Staaten=
ſyſteme behaupten will, welche ihm mit Recht zu=
kommt. Und daß nicht eher dazu geſchritten, iſt eine
von den größten Unterlaſſungsſünden, welche begangen
wurden.

Eine andere Unterlaſſungsſünde will ich nur flüch=
tig berühren, es iſt die, daß man ſo wenig für die
innere Communication gethan hat. Man iſt im Be=
griff ſie zu verbeſſern, und die Eiſenbahn von Krakau
nach Lemberg wird auch hier ihre Wirkung auszuüben
nicht verfehlen.

Die Laſt der Centraliſation und des Bureaukra=
tismus drückt ebenſo auf Galizien, wie auf den übrigen
Ländern Oeſterreichs, der Mangel an guten Beamten,
der Mangel an Achtung vor den Beamten wird
auch hier gleich fühlbar. Da ich aber im Verfolg
meiner Reiſe mehr in den Stand geſetzt wurde, über
die Erfolge dieſes Syſtems mir ein Urtheil zu ver=
ſchaffen, werde ich das Weitere bis dahin verſparen.

Ohnmöglich kann man über Galizien sprechen, ohne der Juden zu gedenken, welche in diesem Lande sich einen Einfluß erworben haben, wie in keinem anderen. Man wird schwerlich viel fehlen, wenn man die Behauptung aufstellt, daß der ganze Handel und Verkehr in ihren Händen liegt. Dabei sind sie die Geschäftsleute aller Classen der Bevölkerung und fast ohne Ausnahme die Pächter der Wirthshäuser und Branntweinschenken. Doppelte Gelegenheiten also das Volk auszunutzen. Es wird in Galizien kein Güts= kauf gemacht, kein Getreide, Vieh, kurz kein Product von den größeren Gütern verkauft oder irgend was für ein Geldgeschäft abgeschlossen, ohne Vermittelung des Juden, aber auch der Bauer bedarf seiner bei allen seinen kleinen Geschäften, es ist unmöglich sich von ihnen zu emancipiren, weil sie fest zusammen= hängen und absolut kein Geschäft ohne sie zu machen ist. Die Juden sind mit der ihnen eigenen Betrieb= samkeit und Gewandtheit die eigentlichen Herrscher aller Geschäfte und den Bauern gegenüber unterstützt sie dabei ihre Eigenschaft als Wirthe in den Brannt= weinschenken vortrefflich. Vor Allem sucht der Jude den Bauern zum Borgen zu veranlassen. Hat er das erreicht, so wird diese Bande nie im Leben wieder abgestreift werden können. Der Bauer ist und bleibt der Leibeigene des Juden, aber nicht das allein, auch mancher Gutsherr theilt sein Schicksal. Wie die Ju= den geschickte Geschäftsleute sind, unermüdlich jeden, auch den kleinsten Vortheil mitnehmen, benutzen sie zugleich alle Wege, um diesen zu erlangen, sollen oft solche einschlagen, welche sich mit der strengen Recht=lichkeit nicht wohl vereinigen lassen.

So kann man sicher dem schon oft gehörten Ausspruch, daß die Juden eine wahre Geißel für Galizien geworden sind, beistimmen. Aber eine andere und sehr schwer zu beantwortende Frage ist die, wie das Uebel zu bessern sei? Die Juden sind in Ga=lizien eine Macht geworden, welche nicht so leicht zu werfen ist, ja ich behaupte, daß sie für dieses Land, für den Standpunkt seiner Bevölkerung bei dessen Unkunde in allen Geschäften vor der Hand gar nicht zu entbehren sind, denn es würde ohne sie eine totale Stockung alles Verkehrs sofort eintreten. Der Bauer hat von nichts, was das Geschäftsleben angeht, Kennt=nisse, er kann allein auch das Geringste nicht besorgen, er kann auch nichts beginnen, denn es fehlt ihm total an Betriebskapital. Alles das ersetzt und giebt der Jude, ja man sagt vielleicht nicht zu viel, wenn man behauptet, daß ohne ihn eine lange Zeit des noch größern Verfalls für Galizien kommen würde, so lange bis im Volke mehr Bildung und Intelligenz geschafft worden wäre.

Im Allgemeinen sind die Tagespolitiker sehr be=reit, diese Frage durch die Emancipation der Juden zu erledigen, allein es möge doch damit in Galizien fein vorsichtig zu Werke gegangen werden. Als die

wahrscheinlichste Folge einer Gleichstellung der Israe=
liten mit den christlichen Bewohnern würde ein großer
Theil des Grundbesitzes in die Hände der ersteren
kommen und es dürfte kaum zu bezweifeln sein, daß
viele große Güter zerschlagen und die Geltung des
großen Grundbesitzes wesentlich beeinträchtigt würde.
Man kann über die staatswirthschaftlichen Vortheile
oder Nachtheile der großen Gutskörper streiten, aber
ich kann im Allgemeinen die Auflösung derselben und
damit den Verfall so mancher alten, mit den histori=
schen Erinnerungen des Landes eng verbundenen Adels=
geschlechter, nur für ein großes National=Unglück hal=
ten, welches in einem Lande wie Galizien ohnfehlbar
mit einer bedeutenden Schärfe hervortreten würde. Mit
einer höheren Bildung und Gesittung wird das Volk
eine größere Selbstständigkeit und somit eine größere
Unabhängigkeit von den Juden nach und nach erlan=
gen, aber das wird lange dauern, und etwas mehr
Nachhülfe von Seiten der Regierung wäre daher sehr
wünschenswerth. Das hat man, glaube ich, auch sehr
wohl anerkannt, über die Art der Lösung dieser schwie=
rigen Aufgabe verlautet zur Zeit noch nichts.

Ich beendige hier den Ausflug in Galizien und
führe den geneigten Leser rasch dem eigentlichen Ziele
meiner Wanderung zu.

Mit der Eisenbahn ging es, abermals Krakau berührend, ohne Aufenthalt durch Schlesien und Mähren bis Gänserendorf, von wo ab die eigentlich ungarische Ostbahn beginnt, wenn sie auch erst bei Marchegg die Grenze Ungarns berührt. Bis Preßburg hält sich die Bahn fern von der Donau, durchschneidet ein anmuthiges wohl bebautes Hügelland, die Hügel mit Reben besetzt und häufiger mit Ruinen geschmückt. Bei Preßburg bleibt man eine kurze Strecke an der Donau, durchschneidet dann einen ziemlich einförmigen Landstrich und erst wenn die schönen Kuppeln des neuen Domes zu Gran am rechten Ufer des Stromes sichtbar werden, gewinnt man ihn wieder, um ihn bis Pesth nicht weiter zu verlassen. Das Land wird am linken Donau-Ufer immer flacher, während sich am rechten eine Bergkette fortzieht, auf deren letzten Hügeln sich Ofen erhebt, wogegen Pesth auf einer sandigen Ebene am linken Ufer seine große Häusermasse ausgebreitet hat.

II.

———

Am Endpunkte des von Westen sich heranziehen=
den Hügellandes, am Eingange zu der großen Pusta,
welche sich nach Osten zu in unabsehbarer Eintönig=
keit bis zu den Bergen des Banates oder den Vor=
bergen Siebenbürgens hinzieht, und an einem mäch=
tigen Strome belegen, bringt es schon diese geographische
Lage mit sich, daß die Städte Pesth und Ofen in der
ungarischen Geschichte stets eine große Rolle spielten.
War es doch auf dem Felde Rakos bei Pesth, wo die
adeligen Stammeshäupter des von Osten eingebro=
chenen Nomadenvolkes ihre Landes = Versammlungen
zu Pferde hielten und ihre Könige wählten.

Durch die Donau schon früh auf die Handels=
Vermittelung des Ostens mit dem Westen hingewiesen,

wurde in der Neuzeit Pesth durch die Eisenbahn, welche das Innere des Landes und die fruchtbare Theisgegend durchschneidet und bei Basiasch sich wieder an die Donau legt, unbestritten der Centralpunkt zwischen der Production und der Consumtion. Hier ist der große Stapelplatz für ungeheure Waarenmassen, welche mit dem Osten ausgetauscht werden, hier concentrirt sich der ganze Frucht=, Woll= und Oelhandel, sowie ein Theil des Weinhandels aus dem Innern Ungarns ebenso, wie der Verkehr mit Hornvieh und Schweinen, welche außerdem in großen Massen aus Serbien, der Moldau und Wallachei hierher geführt werden. So weit das österreichische Gebiet gen Osten reicht, steht jeder Kaufmann, welcher irgend größere Geschäfte macht, mit Pesther Häusern in Abrechnung, jenseits dessen wird nur gegen baares Geld gehandelt. Die Pesther Preise sind entscheidend für all' die weiten Länder nach Osten zu, welche hierher ihre Waaren bringen. Man braucht sich nur an dem schönen Donaukai umzuschauen, das Leben der Dampfschiffe und den Verkehr auf der Eisenbahn zu beobachten, um einen Begriff von der Wichtigkeit des Handels dieser Stadt zu erhalten. Man wird aber zugleich begreifen, daß bei den großen Schwankungen, welche die Natur des Vieh=, mehr noch des Getreidehandels mit sich bringt, zwei Dinge von der größten Bedeut=samkeit für die Producenten und also für die Hebung der Landwirthschaft sind, ich meine die Möglichkeit, für ben Landwirth in den Jahren, wo reiche Ernten in andern Ländern den Absatz hier stocken lassen, auf eine einfache Weise Geld bekommen zu können und möglichst geringe Frachtsätze für diese schwer in's Gewicht fallende Producte. In letzterer Beziehung wird sehr über die Staatseisenbahn-Gesellschaft geklagt, in ersterer hat man die Frucht- und Weinhalle, eine Niederlage für Wolle errichtet u. dgl. m. Aber Geld in Ungarn zu bekommen ist für den kleinern Landbesitzer fast nicht möglich und doch ist es für diesen ganz besonders wichtig, weil seine Producte, bei gesegneten Ernten in andern Ländern, geradezu unverkäuflich sind. Er hat bei Ueberfluß von Agrikultur-Producten und guten Preisen viel Geld, aber verbraucht auch viel, im entgegengesetzten Falle fehlt es. Ebenso fehlt es bei Anfängern oft am Betriebskapitale. Diesem Mangel abzuhelfen bestehen, so viel mir bekannt geworden, in Ungarn keine Anstalten. Zwar sollen von der Hypothekenabtheilung der Nationalbank in Wien auch Vorlehn auf ungarischen Grundbesitz gewährt werden, allein unter so erschwerenden Bedingungen, daß diese Verordnung für den kleinen Grundbesitzer gar nichts hilft. Unter der Summe von 5000 Gulden wird von der Nationalbank nicht geborgt und der Grundwerth wird auf die Basis des hundertfachen Grundsteuerbetrages berechnet. Dabei wird das Darlehn von der Bank nicht baar, sondern in Pfandbriefen gewährt, bei deren Umsatz der Empfänger einen mehr oder minderen

Verlust hat. Die Sparkassen, welche in Ungarn eine
weite Verbreitung haben, geben selten auf Hypotheken
Geld her, weil sie besser rentirende Wechselgeschäfte
machen. Von Privaten aber ist noch weniger etwas
zu mäßigen Zinsen aufzutreiben, denn der Wucher
steht, trotz der scharfen Gesetze dagegen, in Ungarn
in schönster Blüthe.

Wie unendlich wichtig dieser Gegenstand für die
Hebung der Landwirthschaft und insbesondere für ein
Land ist, dessen Reichthum überwiegend auf der Roh=
production vom Boden beruht, bedarf wohl einer
weitern Erörterung nicht.

Die Förderung dieser aber steht mit der Blüthe
von Pesth in der innigsten Verbindung, und so gewiß
hier die Zeit helfen wird, ebenso gewiß hat diese Stadt
noch eine große Zukunft.

Wer wollte es leugnen, daß in den reichen und
von der Natur so überaus begünstigten Ländern an
der mittleren und unteren Donau noch unberechenbare
Schätze vergraben sind, welche nur der geschickten Hand
sie zu heben warten. Man braucht die Blicke nicht
über die österreichischen Grenzen zu werfen, noch ist
innerhalb derselben viel, sehr viel zu thun, ehe diese
weiten Länder den Grad der Cultur erlangt haben,
welcher ihrer natürlichen Beschaffenheit entspricht, ehe
die Hülfsquellen, die der Wald und der Bergbau ge=
währen, gehörig flüssig gemacht sind, ehe eine dem
Reichthume dieser Landstriche entsprechende wohlhabende

Bevölkerung reiche Zuflüsse zum Schatze des Staates
geben wird. Aber die Zeit wird kommen, wo alles
dieses eintritt, sie muß kommen, weil der Gang der
Cultur ein unaufhaltsamer ist. So wenig bis jetzt
Oesterreich seine Aufgabe, die Cultur nach Osten zu
verbreiten, im eigenen Lande gelöst hat, so wird es
doch auch über die Grenzen hinausschauen müssen,
weil dieses die natürliche Verbindung mit den Donau
abwärts gelegenen Ländern mit sich bringt. Diese
werden von Jahr zu Jahr der Cultur zugänglicher,
die Zustände sind dort der Art, daß eine Veränderung
erfolgen muß, und die Aufgabe Oesterreichs ist, den
rechten Augenblick zu erfassen, um dort mit all' dem
Einfluß aufzutreten, welchen ihm seine Lage und seine
Machtstellung in die Hand giebt. Wird im Innern,
wie nach Außen eine gedeihliche Entwickelung dieser
Völker herbeigeführt, wer will den Einfluß ermessen,
welchen dieselbe für die österreichische Monarchie, für
ganz Deutschland und im Besondern für die Städte
Pesth und Ofen herbeiführen wird.

Der erste und wichtigste Schritt dazu wurde durch
Aufhebung der alten ungarischen Verfassung, durch
Wegräumen der Zollschranken mit der Monarchie und
durch Beförderung der Verkehrswege gethan. Bei der
alten Verfassung war letztes unmöglich, es mußte eine
größere Centralisation erfolgen.

Das Königreich Ungarn bildete früher mit dem
Temser Banate, der Wojwodschaft Serbien, Kroatien

und Slavonien ein Ganzes, eingetheilt in 47 Komitate und 5 Districte. So wie die Verfassung sich ent= wickelt hatte, war es gewissermaßen ein Förderativ= staat, dessen Gesetzgebung und sociale Sonderstellung der einzelnen Komitate jede Maaßregel unausführbar machte, welche für das ganze Land hätte wohlthätig wirken können. Die örtlichen Interessen und die be= sonderen Privilegien jedes Komitats waren stets im lebhaftesten Widerstreite, so wie von Reformen die Rede war, oder so wie Mittel zu nützlichen Unter= nehmungen für das Ganze verlangt wurden. Alle materiellen Fragen, und waren sie für das Land von der höchsten Bedeutung, mußten bei dieser Zerrissen= heit, bei dieser halsstarrigen Verfolgung localer Inter= essen unausgeführt bleiben.

Die Komitate bildeten Ungarn. Aus ihren öffent= lichen Verhandlungen entnahmen die Deputirten zum Reichstage ihre Instruktionen. An der Spitze der Komitate stand der vom Könige ernannte Obergespann, welcher aus dem höhern Adel genommen wurde, sein Stellvertreter war der Vicegespann, und durch die No= tare, Protonotare und Stuhlrichter wurde ein scharf ausgeprägtes adeliges Munizipalregiment geführt, wel= ches sich selbst durch Wahl erneuerte. So waren die Komitats=Versammlungen nicht nur die Grundlage für die Repräsentation am Reichstage, welcher aus dem Hause der Magnaten und aus den Komitats= Abgeordneten bestand, sondern sie wurden auch, so wie

letztere mehr und mehr die Leitung der Geschäfte an
sich rissen, als Pflanzschule der Redner und Staats=
männer Ungarns immer wichtiger. Damit kam aber
ein demokratisches Element in die ungarische Reichs=
verfassung, welches ursprünglich nicht darin enthal=
ten war.

Der Adel hatte in Ungarn die ungemessensten
Privilegien und benutzte sie unter andern auch dazu,
die Macht der Könige so viel als möglich herabzu=
setzen. Er war alleiniger Herr auf seinem Gute, er
konnte mit seinen Bauern so ziemlich nach Willkür
verfahren. Der Stock trieb sie unerbittlich zur Rob=
bot, selbst über Leben und Tod hatte bis etwa vor
50 Jahren der ungarische Grundherr noch zu ver= .
fügen. Der Bauer hatte vom Grundherrn, je nach
den Komitaten verschieden, 22 bis 62 Joch Land und
Wiese für eine eigene Wirthschaft im Besitz. Dafür
hatten sie 52 Tage Span= und 104 Tage Handdienste
zu leisten, einen Gulden Miethzins für die Wohnung,
ein Neuntel der Production dem.Gutsherrn, ein Zehntel
der Geistlichkeit zu geben und die Staatssteuer baar
zu zahlen. An die Scholle war der Bauer nicht ge=
bunden. Der Adel dagegen war steuerfrei und hatte
doch die Auflegung der Steuern auf dem Reichs=
tage in der Hand, denn die wenigen Stimmen der
Städte kamen nicht in Betracht, und die Geistlich=
keit, ebenfalls mit Adelsrechten, stimmte mit dem
Adel.

Die stürmischen, in der Regel mit blutigen Raufereien gewürzten Komitats=Versammlungen waren der Tummelplatz des niederen besißlosen Adels, welcher willig dem Eindruck der feurigen Rede folgte und seine Stimme Dem gab, welcher das meiste bot. Zwar fanden sich auch wohl die Magnaten und die höhere Geistlichkeit auf den Komitats=Versammlungen ein, aber nicht um für das Allgemeine zu wirken, sondern um Einfluß zu gewinnen und ihre Interessen zu vertheidigen, und um den Bauernadel zu Parteizwecken heranzuziehen und zu benutzen. So kam es, daß sich das verächtlichste und verderblichste Bestechungswesen, ein vollständiger Seelenhandel bei den Komitatswahlen ausbildete, der noch weit verderblicher als die Wahlbestechungen in England wirken mußte, weil dort nur der Parlamentssiß dadurch errungen wird, in Ungarn aber auch ein Einfluß auf die Interessen des Komitates oder der Wählerschaft, welche ihn gesandt hatte, die Folge war. Es war so weit gekommen, versicherten mich unbefangene Ungarn selbst, daß der unfähigste Mann, wenn er nur viele Mitglieder des Bauernadels auftreiben und für sich gewinnen konnte, keine Schwierigkeiten fand, zu den ersten Stellen im Komitate gewählt zu werden, wenn er nur genügendes Geld und dadurch für ihn bewaffnete Fäuste auftreiben konnte. Wußte der Mann. gar durch seine Person, durch seine Reden zu bestechen, so war er ganz sicher, während der bescheidene, arme, oder zu gewissenhafte

Mann, um derartige Mittel anzuwenden, und wenn er noch so klug und gelehrt war, zu nichts kam.

Nicht soll es bestritten werden, daß unter dem ungarischen Adel sich manche tüchtige Kraft hervorthat, aber ebenso wenig darf man verschweigen, daß in vielen Komitaten eine förmliche Oligarchie und ausgedehnter Nepotismus herrschte, wo am Ende Alles sich dem Interesse einiger Familien beugen mußte.

Erwägt man dazu den Stand der Intelligenz unter dem niedern Komitatsadel (Sandalenadel auch wohl genannt, weil er in Bauern-Sandalen einherstolzirte), welcher bei den Abstimmungen den Ausschlag gab, seinen lebhaften, leicht aufgeregten Sinn, mit einem guten Theil Nationalstolz gepaart, so wird man sich über das schließliche Resultat nicht wundern.

Kein Land in Europa hatte so früh wie Ungarn eine so freie Munizipalverfassung, aber sie war darum nicht die beste, sie konnte das Land nicht vor der Zersetzung schützen, weil ein eigentlicher Bauernstand nicht bestand und der Bürgerstand in den landesfürstlichen freien Städten einen viel zu geringen Einfluß hatte. So fehlte der rechte Gemeingeist, und das wirkte um so verderblicher, da auch der hohe Adel seine Pflicht nicht erfüllte. Ohne den vielen tüchtigen Mitgliedern desselben zu nahe zu treten, darf man doch behaupten, daß es den mehrsten großen Grundherren nicht darum zu thun war, sich die Liebe und Anhänglichkeit ihrer Unterthanen zu erwerben und nur wenige bemüht waren, die Cultur des Landes, wahre Gesittung und Bildung des Volkes zu heben. Sie suchten möglichst viel Geld aus ihren Besitzungen zu ziehen, um dasselbe in Wien, in Paris oder in den Bädern mit Glanz zu verschwenden.

Bei einer solchen Lage der Dinge war für Ungarn eine Aenderung geboten, die alten Munizipal= freiheiten waren in ihren Grundlagen untergraben und einsichtsvolle mit den Verhältnissen des Landes völlig vertraute Männer äußerten die Ansicht, daß auch ohne die Revolution von 1848 eine durchgrei= fende Abänderung der Verfassung, um eine größere Einheit in die Regierung zu bringen, nothwendig ge= worden wäre, wenn das Land in seiner Entwickelung solche Fortschritte machen solle, wie es die fortschrei= tende Bewegung im übrigen Europa verlange. Gewiß ist es für Ungarn geboten, den großen Grundbesitz zu erhalten und mehr und mehr zu kräftigen, ebenso ge= wiß wäre es von Haus aus besser gewesen, die hi= storischen Rechte und die althergebrachte Stellung der Magnaten mehr zu achten, als es geschehen ist. Hierin mag die neue Zeit gut machen, was versehen wurde, aber eine staatsbürgerliche Bevorzugung eines Standes auf Kosten der andern ist in unserer Zeit unhaltbar geworden. Das beweist die Geschichte und sie lügt nicht, wenn man ihre Stimme auch oft überhört.

Es läßt sich bei einer Reise in Ungarn leicht herausfühlen, daß eine gewisse Unbehaglichkeit und

3*

Unzufriedenheit mit den gegenwärtigen Zuständen be=
steht, allein das ist mehr oder minder in allen Theilen
des österreichischen Kaiserstaates der Fall. Die un=
glücklichen Experimente mit der Gesetzgebung, besonders
mit der Organisation des Gemeindewesens, das bu=
reaukratische Beamtenthum, die übertriebene Centrali=
sation und die Lage der Finanzen mit dem nicht ge=
ringen Steuerdruck sind die Hauptpunkte, welche man
überall als Klagepunkte hinstellen hört. Ich habe bei
meiner diesmaligen Reise in Oesterreich von so vielen
Männern in sehr verschiedener socialer Stellung ganz
entschieden die Ansicht aussprechen hören, daß eine
Besserung nur von Einführung einer Repräsentativ=
Verfassung, wenn auch nicht in der Form einer Par=
laments=Regierung, vielmehr die Verschiedenheiten der
unter Oesterreichs Scepter wohnenden, an Gesittung
und Cultur so durchaus von einander abweichenden
Volksstämme auf eine vernünftige Weise berücksichtigend,
zu erwarten sei, daß man sie wohl als eine allge=
meine Stimme bezeichnen kann. Man fühlt, daß eine
wirkliche Controle der Finanz=Verwaltung absolut
nöthig ist, wenn der Staatscredit gehoben werden
und wenn das Vertrauen zurückkehren soll. Man
erkennt sehr wohl, daß der Uebergang von der Ver=
waltung im alten Ungarn zu der jetzigen Beamten=
wirthschaft ein schroffer war, man verlangt erstere
zwar nicht zurück, aber man haßt den Schreiberei=
Unfug, welchen die Centralisation gebracht hat und

zeigt weniger Achtung für die Beamten, als zu wünschen wäre. Hierin, in Abschüttelung des absoluten Beamten-Regiments, sind Alle einstimmig und hier allein mögen wohl Wünsche zur Rückkehr nach dem Alten laut werden. Aber ebenso einig sind die wahrhaft gebildeten Männer darin, daß die Unwissenheit des Volkes bekämpft werden müsse, es kann in socialer, politischer und materieller Hinsicht erst besser werden, wenn Aufklärung, Bildung und Unterricht die Finsterniß der Geister besiegt und die Sittlichkeit hebt.

Man begreift aber auch, daß ein gewisser Einfluß auf die Gesetzgebung durch Männer, welche das Vertrauen des Volkes genießen, eine dringende Nothwendigkeit wird. Das letzte Experiment mit dem 376 Paragraphen haltenden Gemeindegesetze hat zum gesetzgeberischen Berufe des Reichsrathes alles Vertrauen gründlich zerstört. Ueber dieses Institut hört man einstimmig nur mißbilligende Urtheile. Es habe die Gesetze verschlechtert, statt sie zu verbessern, die Sachen verschleppt, statt sie zu förbern.

Die gegenwärtigen Bestrebungen der altmagyarischen Partei scheinen mir keinen Boden im Volke zu haben, sie können es auch nicht, denn das Volk würde geradezu gegen sich selbst wüthen. Sollte das Volk sich diesen Bewegungen anschließen, so kann das nur aus Unverstand geschehen, indem es über seine wahren Interessen nicht aufgeklärt, den lockenden Vorspiegelungen in seinem leicht zugänglichen Sinne Gehör giebt. Der beklagenswerthe Irrthum, daß man dieses kernige und edle Volk nicht zur bürgerlichen Freiheit heran= bildete, wie man ihm die Ketten des Adels abnahm, kann sich möglicherweise schwer rächen. Doch glaube ich es weniger, denn man verkennt nicht die großen materiellen Fortschritte, welche das Land seit 1851 gemacht hat, und würdigt vollständig die gesegneten Einflüsse, welche die Grundentlastungen und andere agrarische Gesetze gehabt haben. In den ungarischen Distrikten beginnt die Entwickelung eines Bauernstandes, welcher sich vor der Hand sehr wohl fühlt, keinen Robbot mehr leisten zu müssen, fleißig seinen Boden baut und bei wenig Bedürfnissen wohlhabend wird; vor Allem gilt das vom deutschen Bauer. Der Einfluß, welchen die Neu= gestaltung der Verhältnisse auf die Bauern bereits ge= habt hat, wird für die Ungarn und Deutschen als ein unverkennbar guter geschildert. Dagegen behauptet man, daß bei den slavischen Bewohnern nach der Aufhebung des Robbot eine größere Faulheit als früher eingetreten sei, daß in den slavischen Di= strikten die Bauern sehr geneigt seien, ihr Grund= eigenthum zu verkaufen und mit der ihnen angebornen Wanderlust auf die Wanderschaft gehen, sich als Hülfen bei der Landwirthschaft und mit anderer Tagelöhner= arbeit ihren Unterhalt zu erwerben.

Eine Rückkehr zum Alten scheint absolut unmög= lich, sie würde nur im Interesse der Adelsherrschaft, nicht im Interesse des Ganzen liegen, es würde eine Reaktion, unter dem Gewande des Liberalismus mit einem hervortretenden Nationalitätsprinzipe, nur den alten Druck der Bauern herbeiführen. Abgesehen davon, daß Oesterreich schwer fehlen würde, den Grundsatz der Einheit für die Monarchie aufzugeben, würde durch einen solchen Schritt den materiellen Fortschritten die allerempfindlichste Wunde geschlagen werden und das dürften die Finanzleute an der Steuer= kraft des Landes bald bemerken. Der Magharenadel hat ohne Zweifel dieselben Ansprüche auf eine ange= messene politische Freiheit, auf ein Mitrathen in seinen Angelegenheiten, als alle anderen Stämme und Stände des Kaiserstaates, aber es möchte schwer zu beweisen sein, weshalb derselbe besonders bevorrechtet zu wer= den beanspruchen und weshalb er verlangen kann, daß seine Sprache im Lande die herrschende werden soll, wo in der That von der überwiegend größeren Menge der Bewohner andere Sprachen geredet wer= den. Und so glaube ich auch, daß man dieses auf das Uebergewicht des magharischen Stammes gerichtete Bestreben um so weniger einen großen Werth bei= legen kann, als in Ungarn selbst die verschiedenen Volksstämme sehr bunt unter einander gemischt leben, häufig nicht einmal Dorfweise getrennt sind und weil, wenn man das ganze alte Königreich Ungarn betrach= tet, die Magharen nicht einmal das numerische Ueber=

gewicht*) haben, an Intelligenz aber sicher hinter der germanischen zahlreichen Bevölkerung zurückstehen.

· Ich habe öfter die Aeußerung gehört, wenn von Sonst und Jetzt die Rede war: „Freilich war die Gerichtspflege bei unsern Stuhlrichtern recht schlecht und kostete viel Geld, aber man bekam doch wohl oder übel einen Bescheid. Bei den jetzigen Gerichten kostet es ebenso viel und man zahlte gern, wenn man nur eine Erledigung seiner Klage erhalten könnte, so aber werden die Sachen auf eine unerhörte Weise verschleppt." Im Verlaufe meiner Mittheilungen werde ich Gelegenheit haben, auf diesen Punkt der Unzufriedenheit zurückzukommen und nachweisen kön=nen, in wie fern derselbe berechtigt erscheint. Im Banate habe ich über die Stellung der Behörden zum Volke eine ziemlich genaue Einsicht erlangt. Es ist ein Grundirthum, wenn man die frühere Verwaltung des Landes als wohlfeiler denn die jetzige hinstellt,

---

*) Wird das Banat mitgerechnet, so sind in Ungarn nach Czörnig's Berechnungen

9,200,248 Einwohner, darunter
4,222,113 Magyaren,
1,046,327 Deutsche,
2,737,093 Slaven und
933,327 Rumänen,

so daß erstere hier schon in der Minderheit sind; je mehr Nebenländer man zur Berechnung zieht, desto ungünstiger wird für die Magyaren das Verhältniß.

wie das von der magyarischen Seite geschieht; sie
war freilich wohlfeil für den Adel, aber nicht für
das Volk, womit aber keinesweges die Behauptung
ausgesprochen werden soll, daß die gegenwärtige Ver=
waltung das Prädicat als eine wohlfeile verdiene.

Die Städte Pesth und Ofen, wo ich den ersten
Halt im Ungarnlande machte, gaben mir zunächst Ver=
anlassung zu dieser kurzen allgemeinen Betrachtung,
welche zum Verständniß der Zustände beitragen wer=
den. Ich werde nun den Eindruck schildern, welchen
diese Städte auf mich gemacht haben.

Pesth hat in dem an der Donau belegenen Stadt=
theile und im Centrum der Stadt ein vollständig groß=
städtisches Ansehen. Es ist bis auf die ungarischen
Schilderinschriften an den glänzenden Läden, den Hau=
fen von Wasser= und andern Melonen, Massen von
Pfirsichen, Weintrauben, Zwiebeln, dem rothen Pa=
radiesapfel und dem so beliebten Paprica (spanischen
Pfeffer) auf den Märkten und den verschiedenartigen
Trachten der in der Stadt verkehrenden Landleute
nichts, was Pesth von einer andern großen Stadt so
unterscheide, daß ein ganz besonders ausgeprägter Cha=
rakter für dasselbe in Anspruch genommen werden
könne. Bis jetzt hat man eine der selten gebotenen
Gelegenheiten, um eine wundervolle Zierde der Stadt
an den Ufern der Donau herzustellen, gänzlich ver=

nachläſſiget, ich meine eine angemeſſene Bepflanzung
des ſchönen Platzes zu beiden Seiten der Kettenbrücke.
Wäre dieſer Platz nicht ganz dem merkantilen Ver=
kehre geopfert, ſondern mit ſchönen Baumgruppen und
derartigen Anlagen geziert, es müßte ein ſelten ſchö=
ner Platz werden, aber für derartige Verſchönerungen
ſcheint man keinen Sinn zu haben, denn auch im In=
nern der Stadt fiel mir der Mangel an Bäumen und
der Ueberfluß an Schmutz unangenehm auf. Uebrigens
zieren die Donauſeite viele hübſche Häuſer, große
herrſchaftliche Paläſte reicher Magnaten, moderne Gaſt=
häuſer, die Kornbörſe u. ſ. w. Auch im Innern der
Stadt findet man manches ſchöne Haus und das Ganze
macht einen wohlhäbigen Eindruck. Vor Allen aber ſpricht
der rege Verkehr auf den Marktplätzen und insbeſon=
dere auf dem Kai und auf der Donau an, welche über=
dem durch eine große Anzahl Schiffsmühlen belebt
wird.

Hier iſt auch der Uebergang auf der ſchönen,
ſchon oft beſchriebenen Kettenbrücke nach Ofen, eine
Stadt von einem ganz anderen, offenbar alterthüm=
licheren, ich möchte ſagen mehr hiſtoriſchen Charakter
als ihre Nachbarin am linken Donauufer. Ofen liegt
auf mehreren Hügeln, von welchen der Schloßberg der
höchſte iſt und war in alten Zeiten eine Feſtung von
Bedeutung, ein gewünſchter Beſitz des jeweiligen Herr=
ſchers Ungarns in den mannigfachen Kämpfen um
deſſen Krone. Jetzt ſind die Feſtungswerke nur un=

bebeutend, nach Osten liegt auf einem isolirten Hügel ein neues Fort, welches die ganze Stadt dominirt. Kommen wir über die Brücke, so führt durch den Schloßberg ein Tunnel, welcher uns auf der andern Seite in die Stadt der Raißen, wie man in Ungarn die Serben nennt, bringt, auf den Berg führt eine breite Straße, durch Terrassen, mit Gärten und Bäumen geschmückt. Von den argen Zerstörungen, welche Ofen bei dem Sturme im Jahre 1849 erlitt, sieht man gegenwärtig keine Spur mehr. Die Verwüstungen hatten größtentheils die serbische Seite getroffen.

Von dem Schlosse, welches nach der Donauseite mit einer breiten mit Linden besetzten und mit Blumen geschmückten Terrasse umgeben ist, hat man eine reizende Aussicht auf Pesth, die Donau, weit hinaus auf das flache Land und auf die mit Weinstöcken bepflanzten Hügel der Umgebung Ofens. Die weiter hinten liegenden Berge sind zum Theil ganz kahl und große Wasserrisse zeigen auch hier die verderblichen Folgen der Entwaldung solcher exponirten Höhen. In der Nähe von Pesth erblicken wir wohlgepflanzte Gärten, reich mit Obstbäumen, hochstämmigen Pfirsichen u. dgl. besetzt, worin dem Fremden besonders die Massen von Paprica auffallen, welche hier gebaut werden. Man sieht, daß es eine nationale Lieblingsspeise ist und in der That fehlt die rothe und grüne Paprica, in Essig eingemacht, sowie die getrocknete und pulverisirte als spanischer Pfeffer auf keiner Tafel.

Für den Ungewohnten ein sehr scharfes Essen, soll es aber gegen die Fieber dieses Landes ein treffliches Specifikum sein. Auch erzählte man mir, daß von Pesth aus alljährlich große Massen nach England ausgeführt würden, wohl nur in der Gestalt von spanischem Pfeffer. Auch Melonen in allen Formen, von der beliebten großen Wassermelone, mit ihrem rosenrothen Fleische und schwarzen Kernen, bis zu den feinsten Zuckermelonen werden hier viel gebaut, denn in diesem gesegneten Lande bedarf es zu deren Zucht weder Mistbeete noch eine besondere Sorgfalt. Man sagte mir, daß in der Nähe von Pesth ein Joch (gleich 2,25 preuß. Morgen) Gartenland auf 4—600 Fl. Reinertrag zu bringen sei.

Mit Ausnahme der Parthie um das Schloß, in dessen Nähe das Monument für den General Henzi und dessen tapfern Soldaten steht, welche bei dem Sturme von Ofen in der Revolution von 1848 hier den Heldentod fanden, sieht man in Ofen selbst wenig bedeutende Häuser, aber das Ganze ist eigenthümlich, man sieht mehr, daß man in einem fremden Lande weilt. Hier scheinen noch mehr Landleute zu verkehren als in Pesth und der längere Aufenthalt in einem von diesen besuchten Gasthause gab mir Gelegenheit, ihre äußere Erscheinung zu beobachten.

Die Männer des ungarischen Landvolkes, wovon ich hier nur spreche, sind im Allgemeinen nicht hoch gewachsen, mehr von mittler Größe, aber einer schlanlen, kräftigen Körperform im wohlgefälligen Ebenmaaß, wobei mir vorzüglich die wohlgebildeten, selbst kleinen Hände und Füße auffielen. Die Gesichtszüge sind scharf, mit einem vorherrschenden Ernste, dichten, buschigen Augenbrauen und starkem, nie fehlenden Schnurrbart. Die Haare sind meist braun, bis ins Dunkele schwarz, bei Kindern sieht man viel hellere, selbst blonde Haare. Die kleinen, lebhaften, durchbringenden Augen spre= chen, wie die ganze Erscheinung des Mannes, ein ge= wisses Selbstgefühl oder wenn man will, Stolz und Charakterfestigkeit aus, ihre Farbe ist selten so schwarz wie bei den Raizen oder Wallachen, mehr braungrau. Die Gesichtsfarbe ist sehr braun, eine ächte Wetter= farbe, die Bildung des Kopfes und Gesichtes mehr rundlich; so schöne Formen wie bei den Romanen sieht man nie, wohl eher die scharf hervorstehenden Backen= knochen der mongolischen Gesichtsbildung mit aufge= worfener Nase und etwas schief geschnittenen Augen, welche mich lebhaft an die Gesichtsformen der Lappen erinnerten, welche ebenfalls die mongolische Race nicht verleugnen können.

Es mag übrigens für den Fremden sehr schwer sein, ein ganz treffendes Bild von dem ächten Ma= gyarenstamm zu entwerfen, denn bei den vielen Volks= stämmen des Ungarlandes war eine Mischung dersel= ben unvermeidlich. Mir hat hier vorzugsweise ein Greis zum Modell gesessen, dessen schneeweiße Haare und Schnurrbart, scharf von dem braunen Gesichte ab=

stechend, mir den Eindruck machte, das sei ein ächter, unverfälschter Magyar. Seine Tracht war, wie mei= stens die des Landvolkes, weite weiße leinene Hosen, weite Hembärmel, das blaue ungarische Brusttuch, ein Mittelding zwischen einer Weste und Jacke, hohe derbe Schuhe und ein breitkrämpiger schwarzer Hut.

Der Charakter des Mannes spricht sich am mei= sten aus, wenn er mit seinem Pferde handthiert, sei es, daß er im tollen Jagen mit seinem kleinen, leich= ten Wagen dahin raset, sei es, wenn er zu Pferde über die weite Pusta fliegt, oder wenn er in Ruhe die Pflege seiner Lieblinge besorgt. Hier erkennt man den wahren rossebändigenden Steppensohn, den Nach= kommen des kühnen Reitervolkes, welches einst aus dem fernen Asien in die ungarischen Ebenen einritt.

Von dem weiblichen Geschlechte kann ich wenig sagen, die Frauen muß man im Hause, in der Fa= milie beobachten, wenn man sie beurtheilen will und dazu ward mir nur wenig Gelegenheit. Jedenfalls muß man sie aber, ohne dem schönen Geschlechte zu nahe zu treten, für weniger schön als die Männer er= klären. Runde, braune, gesunde Gesichter, mit rothen Lippen, weißen Zähnen, dunkelm, oft weniger sorg= sam gepflegten Haar und meist braunen Augen ohne besonderen Ausdruck, dabei mehr stark in ihren Kör= performen, ohne eine proportionirte Größe, als hübsch ist, und in den Bewegungen genau so graziös als die meisten unserer Bauerweiber. Die Tracht bot etwas

Bemerkenswerthes nicht dar, wohl aber war ein ge=
wisser Mangel an Sauberkeit zu bemerken, welcher
sich auch im Hauswesen, so viel ich davon sah, oder
auf den Schiffen und in den Gasthäusern, kurz, ziem=
lich weit verbreitet geltend macht, allerdings aber nicht
in dem Grade, wie man alles dieses in Galizien oder
selbst bei einem Theile der ungarisch=slavischen Bevöl=
kerung findet.

Die Einwohnerschaft von Ofen hat sich nach den
Stämmen mehr oder minder in eignen Quartieren
angesiedelt und dadurch erhält diese Stadt für etno=
graphische Beobachtungen ein eigenthümliches Interesse.
Hoch oben an und um die Burg lebt das Militair
und die Beamten. An den Höhen stromabwärts, wenn
ich nicht irre, nannte man diese Hügelreihe mit den mir
sehr heimathlich klingenden Namen „Blocksberg", haben
die Raizen ihre Wohnstätte aufgeschlagen, am Ufer
leben meist Magyaren und Deutsche, letztere weiter
stromaufwärts den Weinbau treibend und in dem als
Alt=Ofen bezeichneten Stadttheile findet man als fleißige
und geschätzte Handwerker wiederum vorzugsweise un=
sere Landsleute. Auch die Kinder Israels waren ver=
treten, doch vermag ich nicht anzugeben, ob sie einen
besondern Stadttheil bewohnen, jeden Falls gelangte
ich bei meinen Wanderungen nicht dahin. So ge=
mischt wie in der Stadt soll auch die Bevölkerung in
der Umgebung sein. Zur Zeit der Pesther Messe
aber nimmt das Bunte der verschiedenen Stämme

einen faſt orientaliſchen Charakter an, denn dann er=
ſcheint der Serbe aus dem Großfürſtenthume im Na=
tionalkoſtum und immer ſchwer bewaffnet, der Türke,
der Armenier, der wallachiſche und moldauiſche Kauf=
mann und um die Zahl voll zu machen, fehlt der
muſicirende Zigeuner niemals. In einzelnen Exem=
plaren aber findet man alle dieſe Nationen immer in
Peſth und Ofen vertreten und das iſt für den Frem=
den kein geringer Anziehungspunkt dieſer Schweſter=
ſtädte.

In Peſth verdient für den Geſchichts= und Alter=
thumsfreund das National = Muſeum, in einem
eigens für daſſelbe gebauten Hauſe untergebracht, eine
hervortretende Beachtung. Schon im Jahre 1802
legte der für die Entwickelung Ungarns ſehr bedeu=
tende Staatsmann, der Miniſter Szechenyi, den Grund
dazu. In einer ſeiner drei Abtheilungen, der hiſtoriſchen,
repräſentirt es ganz dieſelbe Idee wie das germaniſche
Muſeum in Nürnberg und es iſt zu wünſchen, daß
der deutſche Patriotismus ſich ebenſo zeigen möge, wie
das mit dem ungariſchen in ſo hohem Grade der Fall
war. In der That haben die edeln Geſchlechter der
Ungarn hier viele ihrer theuerſten und werthvollſten
Familienandenken zum öffentlichen Nutzen hinterlegt
und es wurde dadurch ein ungemein friſches Stück
der ungariſchen Geſchichte vor die Seele des Beſchauers
gebracht. Hier finden wir ſehr viele Erinnerungen
aus der Römer Zeiten, maſſig ſind die alten Waffen

aus der Türkenzeit, von den Bekennern Muhameds in reicher Zahl erbeutet, eigne Waffen von vielen ungarischen Helden u. dgl. m.

Die zweite Abtheilung enthält die naturhistorische Sammlung, sich indessen nicht so eng auf die Grenzen Ungarns beschränkend, wie das z. B. mit dem skandinavischen Museum in Stockholm der Fall ist. Es bringt auch schon die Lage Ungarns mit sich, daß hier so ziemlich — mit Ausnahme der hochnordischen Thiere — die ganze Fauna von Europa repräsentirt ist. Der Reichthum der Sammlung erscheint groß, so weit ein flüchtiger Durchblick zu einem Urtheile befähiget.

Am wenigsten bedeutend erscheint das Kunstkabinet. Mich zogen besonders die Portraits mehrerer bedeutender Männer an, man findet unter andern auch das des Stifters dieser Anstalt. Ueber den Werth der vorhandenen Bildhauerarbeiten vermag ich eben so wenig zu urtheilen, wie über die Bilder, ich bin kein Kunstkenner. Ueberhaupt ist es nur meine Absicht, auf dieses interessante Denkmal der Vaterlandsliebe aufmerksam zu machen, nicht dasselbe zu beschreiben.

———

Von Pesth nach Temeswar. Die Romantik einer Reise durch die Pusta verschwand mit der Dampfwagenfahrt, aber eine wahre Wohlthat ist es, rasch über diese einförmigen Ebenen fortgeführt zu werden.

Eine gute Strecke hinter Pesth führt der Weg noch
durch eine wohlbebaute Gegend, viele Dörfer reihen
sich am Wege, Holzungen von Eichen und neuere An=
lagen von gut wachsenden Akazien finden sich häufiger,
erst wenn man sich Niederungen oder der Theis mehr
nähert, hören diese auf, ebenso wie die Dörfer, wo=
gegen größere Städte in weiteren Entfernungen von
einander an deren Stelle treten. Die Bauernhäuser
sind hier durchgehends massiv, einstöckig, nach der
Hofseite mit einer offenen Galerie, vielleicht nothdürf=
tig mit einem Stück alten Zeug verhängt. Hier ist
die Schlafstelle der Familie während des Sommers,
wie die überall offen dastehenden Betten bezeugen.
Scheunen findet man in allen niederungarischen Dörfern
nicht. Das Getreide wird sofort nach der Ernte auf
dem Felde mit Ochsen oder Pferden ausgetreten, wo=
bei indessen der größte Theil des Strohes in kleine
Theilchen zerstückelt wird. Man hat mich wiederholt
versichert, daß selbst deutsche Bauern diese Sitte an=
genommen hätten, weil bei den hohen Holzpreisen
Scheunenbauten sehr kostbar seien. Selbst bei großen
Gütern sieht man die Strohseimen in der Nähe der
Ställe im frühen Herbste aufgebaut, ein Beweis, daß
auch diese der Landessitte folgen.

Der Boden wechselt zwischen Sand und dem
schwarzen humosen Steppenboden, welchen wir schon
in Galizien kennen lernten. Auf der Pusta findet
sich letzterer fast allein. Näher bei Pesth wird mehr

Getreide gebaut, dann beginnt der Mais (Kukuruz)
herrschend zu werden, zwischen welchen man vorzugs=
weise Kürbis zieht. Tabak, welcher früher in Ungarn
eine bedeutende Rolle spielte, wird jetzt nur wenig
erbaut, seitdem die Production in die kaiserlichen Ta=
baksfabriken verkauft werden muß. Je weiter man
nach Niederungarn kommt, desto mehr bemerken wir
die Cultur des Weizens; der Banater Weizen hat einen
besonders guten Ruf. Nur in den Districten, wo
vorzugsweise Wallachen wohnen, bleibt der Kukuruz
vorherrschend, da dieser deren Hauptnahrung ist. Die
größeren Güter widmen in den besseren Bodenlagen,
welche namentlich an der Grenze der Pusta überaus
wechselnd sind, auch dem Rappsbau die gebührende
Aufmerksamkeit. Auf den Feldern näher bei Pesth
bemerkt man eine sorgfältigere Ackerbestellung, der
Sandboden wird reichlich gedüngt, der schwarze Boden
dagegen wird weniger sorgfältig behandelt und erhält
niemals Dünger. Die landwirthschaftlichen Fuhren
und die Beackerung werden überwiegend mit Ochsen
geleistet.

Neben den Bahnhöfen sieht man, oft in langen
Reihen, größere oder kleinere Bretterverschläge (Szallas)
für die Aufnahme von Schweinen, ebenso sind die
Eisenbahnwagen so eingerichtet, daß sie für deren
Transport mit Tränktrögen versehen sind, denn nichts
bringt das Schwein rascher herunter, als Mangel an
frischem Wasser. Auch auf viele Hornviehtransporte

4*

deuten die zweckmäßig mit gehörigen Lüftungsöffnungen versehenen Wagen hin.

Die Pusta selbst wurde schon so oft beschrieben, so daß ich um so mehr von einer Beschreibung Umgang nehmen kann, da eigentlich nicht viel davon zu beschreiben ist. Weite Ebenen, dicht mit üppigem Gras bewachsen, wo das Auge nur auf den wenigen Viehställen und den reichlich vorhandenen Ziehbrunnen einen Ruhepunkt findet. Zahlreiche Rindvieh-, Pferde- und Schafheerden beweiden diese Flächen. Die Sonne ging unter und in lebhafter Erinnerung stand ein Bild von Kummer in Dresden vor meinen Augen: „Der Sonnenuntergang auf der Pusta", worin deren Charakter überaus treu wiedergegeben ist. Je mehr der Abend heran kam, desto mehr loderten überall einzelne Hirtenfeuer auf und warfen scharfe Schlagschatten in das Düster der Nacht. In einer schönen Sommernacht mag das Leben der Hirten sich ganz romantisch anschauen, wie in mir eine solche Betrachtung rege wurde, als ich die malerischen Gruppen von Menschen und Hunden um die Feuer betrachtete. Aber wenn der Herbst kommt und Sturm und Unwetter über diese baum- und schutzlosen Flächen unaufhaltsam und mit unwiderstehlicher Gewalt forttobt, dann hört sicher alle Romantik auf und der bittere Ernst eines solchen Lebens tritt scharf hervor. Und doch ist der Hirt der Pusta bei den mäßigen Ansprüchen, welche er macht, bei dem Gefühle der Frei-

heit, ein glücklicher Mensch, er sehnt sich nicht nach
den engern Verhältnissen des Dorfes und bleibt seiner
Beschäftigung treu sein Leben lang.

Als wir durch die meist nett und reinlich anzu=
schauenden Dörfer vor dem Eintritt in die Pusta
fuhren, äußerte ich mich gegen einen meiner Reise=
gefährten darüber mit einer gewissen Befriedigung und
hob den auffallenden Unterschied des bessern Aussehens
dieser Orte mit denen in Galizien hervor. Der Herr,
wie sich nachher herausstellte, ein großbegüterter echter
Magnat, ging zuvorkommend auf die Unterhaltung ein.

Er gab mir recht, meinte aber auch, im Innern
der ungarischen Dörfer sei es doch nicht Alles so, wie
es sein sollte. „Reisen Sie durch das ganze Land,"
fügte er hinzu, „und Sie werden es ohne zu fragen
sofort erkennen, wenn Sie in einem deutschen oder
einem ungarischen Dorfe sind, von den slavischen und
wallachischen gar nicht zu reden. In den ersteren
finden Sie stets mehr Ordnung, Reinlichkeit, Nettig=
keit, so in dem Dorfe, wie in den Häusern, in der
Wirthschaft mehr Intelligenz, einen bessern Betrieb,
im Allgemeinen mehr Wohlhabenheit."

Auf meine Frage, worin das liege, wurde mir
die Antwort:

„Die Deutschen, sie mögen auch noch so lange
im Lande sein, behalten ihren Fleiß, ihre Arbeitsamkeit
und Einfachheit, und wenn sie jetzt frisch in's Land
kommen, so haben sie mehr Einsicht von dem Ackerbau

und überhaupt mehr Bildung, als meine Landsleute. Nur das will mir nicht bei ihnen gefallen, daß sie so bald ungarische Sitten annehmen und sogar ihre Namen verleugnen. Sehr bald," fuhr er fort, „oft schon unter den ersten Eingewanderten weicht die deutsche Tracht der ungarischen; das mag indessen noch sein, denn sie paßt offenbar besser für unser Klima; dann aber wird der Name nach ungarischem Klange umgewandelt und in den Sitten sucht sich der Deutsche dem Ungar möglichst zu nähern. Es ist, als ob er sich seiner Nationalität schäme, und das gefällt mir nicht."

Nun, mir gefiel das auch nicht; daß aber der Deutsche bei dem auf seine Nationalität so stolzen Ungarn durch eine solche totale Ungarisirung nicht an Achtung gewinnt, scheint mir klar, wenn sie auch sonst seine guten Eigenschaften schätzen. Uebrigens hatte die Bemerkung vollen Grund, denn schon in Pesth hatte ich, nicht ohne Aerger, derartige in's Ungarische übersetzte ehrliche deutsche Namen auf den Schildern der Handwerker gesehen. Für uns Deutschen ist leider die Erfahrung nicht neu, denn wohl sind unsere Lands= leute zur Colonisation geschickt, aber nicht dazu, eine Verbindung mit dem Mutterlande zu erhalten. Wir haben aber ein gemeinsames und geachtetes Vaterland nicht, der kleinliche Stammesgeist begleitet uns in die Fremde, und so scheuen wir uns nicht, uns mit den Fremden zu mischen und uns ihnen zu beugen.

Indem ich meinem Reisegefährten meine Zu=
stimmung zu erkennen gab, bemerkte ich, daß dieses
leichte Nationalisiren den Ungarn gegenüber doch kein
Nachtheil sei, weshalb man sich dann nicht bemühe,
in das Land, dem es doch an Arbeitskräften fehle,
tüchtige und fleißige Deutsche, die neben ihren arbeit=
gewohnten Händen in ihrer höhern Cultur und oft
auch im Baaren bedeutende Capitalien mitbrachten,
mehr deutsche Einwanderer zu ziehen? Es sei mir oft
gesagt, daß der Ungar eben keine besondere Sympathie
für seinen westlichen Nachbar hege. Das, setzte ich
hinzu, müsse also seinen besondern Grund haben, denn
in dem edlen und biedern Charakter der Ungarn liege
eine solche Abneigung gegen ein Volk sicherlich nicht,
mit welchem sie doch so manche heiße Türkenschlacht
Mann an Mann gestanden und gefochten hätten?

„Ja, Herr," erwiederte mit funkelnden Augen
mein alter Magnat und wurde ganz eifrig, „darin
haben Sie ganz recht, wir erkennen der Deutschen
guten Eigenschaften, den Nutzen, den unser Land von
den Einwanderungen derselben hat, vollständig an,
aber wie können wir für ein Volk Sympathien hegen,
mit welchem wir Jahrhunderte lang in feindlichen
politischen Beziehungen gestanden haben? Daß dieses
durch die Jahre 1848 und 49 nicht besser geworden
ist, können Sie leicht denken. Aber dennoch wird
jeder vernünftige Ungar die deutsche Einwanderung
lieber sehen, als jede andere, wir würden auch weiter

damit sein, wenn man nicht seit der Theresianischen Zeit so manche Mißgriffe von Seiten der Regierung gemacht hätte. Erst das neueste Gesetz vom vorigen Jahre wird günstiger wirken."

Wir hielten an einer Station, ein junger Mann trat an den Wagen, mein Reisegefährte verabschiedete sich, bestieg einen vierspännigen kleinen Wagen und fuhr rasch landeinwärts. Mir war die Unterhaltung von großem Interesse und ich finde hier einen An= knüpfungspunkt, um dasjenige zu erzählen, was ich über die deutschen Ansiedelungen, so weit sie auf Ackerbau gerichtet sind, in Erfahrung gebracht habe. Ueber die Ansiedelungen in dem Banater Bergwerks= distrikte werde ich später sprechen.

Wahr ist es, was mein alter Reisegefährte sagte, die deutschen Dörfer, wie die von Deutschen cultivirten Felder zeichnen sich vor Allen aus. Diejenigen Dörfer, welche ich sah, waren alle schon älteren Ursprungs, immer sind die, welche allein von Deutschen bewohnt werden, besser wie die, wo eine gemischte Bevölkerung lebt, insbesondere tritt letztere nachtheilig auf, wenn sie verschiedenen christlichen Bekenntnissen angehören. Wahr ist es auch, daß man im Aeußern den Deutschen nicht mehr erkennt, aber Sprache und Sitten, Ein= fachheit, Ordnung, Reinlichkeit und Arbeitsamkeit hat der Bauer beibehalten, und das ist doch die Haupt= sache. Wo die Einwanderer einen guten Boden und eine gesunde Lage gefunden haben, befinden sie sich gut, Viele werden sehr wohlhabend. Ich lernte einen protestantischen Pfarrer von Klein = Schemlack, einer rein deutschen und ganz protestantischen Gemeinde von 600 Seelen, bei Verséc im Banate kennen, welcher mir viele Belege dafür anführte. Diese kleine Ge= meinde bauete in diesem Jahre eine neue Kirche fast ganz aus eigenen Mitteln, und der würdige Pfarrer meinte, wenn sie nur im laufenden Sommer nicht von der großen Ueberschwemmung so arg mitgenommen wären, so würden seine Bauern die nöthigen Mittel ganz allein geschafft haben.

Die deutsche Einwanderung in Ungarn hat schon von alten Zeiten her Statt gefunden, man führt sie auf die erste Verbreitung des Christenthums zurück. Die bedeutenden Einwanderungen meist aus Franken in die Zips in den Karpathen Nordungarns und nach Siebenbürgen fanden schon um die Mitte des 12. Jahr= hunderts Statt. Sie erhielten große Privilegien und haben sich namentlich die „Sachsen" in Siebenbürgen noch ziemlich unvermischt erhalten, obwohl ihre Blüthe durch die Türkenkriege sehr geknickt und die Bevöl= kerung bedeutend dadurch herabgebracht wurde. Mit den größten Erfolgen für die Einwanderung von Acker= bau = Colonisten aber ist die Regierung von Maria Theresia zu bezeichnen, indem man diese unter sehr vortheilhaften Bedingungen auf den Cameral = Gütern ansiedelte, und da manche Private und Städte dem Beispiele der Regierung folgten, wurden in dieser und der folgenden Joseph'schen Zeit viele neue Dörfer, meistens von Deutschen, begründet und fremde Hand=werker aller Art ließen sich in den Städten nieder. Die Einwanderungen auf Staatskosten fanden jedoch in dem großen Kostenaufwande bald ihre Beschränk=ung und sind seit der Regierung von Kaiser Joseph II. nicht wieder aufgenommen worden. Die spätern Kriege mit Frankreich brachten sie gänzlich in's Stocken, wenn=gleich einzelne Einwanderungen niemals ganz aufge=hört haben und besonders in der neuern Zeit einzelne Deutsche, bei der leichteren Verbindung mit Ungarn, dort ihr Glück suchen oder gelegentlich dort hinge=rathen und hängen bleiben.

Unter den größeren Deutschen Einwanderungen der neuesten Zeit hat die von einer Anzahl Hannoveraner im Jahre 1858 in die Gegend von Szolnok und Debreczin unternommenen, viel von sich reden gemacht und es sind über deren Erfolge manche ungünstige Gerüchte in Umlauf gebracht. Ich bin zwar selbst nicht in diesen Ansiedelungen gewesen, habe indessen Gelegenheit gehabt, mit wohlunterrichteten Männern darüber zu sprechen, welche den Zustand derselben im Allgemeinen befriedigend darstellten und versicherten, daß die Einwanderer mit ihrer Lage zufrieden seien und voll Zuversicht auf die Zukunft blickten.

Gegen früher hat sich das Verhältniß der Ein=wanderer wesentlich verändert, indem der Preis des Bodens in ganz Ungarn so gestiegen ist, daß es

Niemandem mehr einfallen wird, Grund und Boden, selbst in den am wenigsten bebauten Landstrichen, unentgeltlich abzugeben. Die näher der deutschen Grenze gelegenen Landstriche, z. B. die ehemaligen Oedenburger und Wieselburger Comitate haben Preise von 3—400 Gulden für das Joch guten Bodens, wogegen man in der Pusta von Niederungarn, in der Theiß-Gegend, dem fruchtbaren Banate und der serbischen Wojwodschaft noch das Joch um 80—150 Gulden kaufen kann. Die Theiß-Gegenden, wo die Regulirung des Flußes nicht stattgefunden hat, sind zwar fruchtbar, aber ungesund, es herrschen dort die dem Fremden so verderblichen Fieber, aber die übrigen genannten Distrikte bieten bei ihrer geringen Bevölkerung und den für den Ackerbau günstigen Verhältnissen noch ein weites Feld für Ansiedelungen dar. Gewiß wird hier für deutschen Fleiß und deutsche Capitalien mit weit größerer Zuversicht eine neue Heimath zu gründen sein, als jenseits des Oceans.

Einwanderungen in größerer Anzahl, so daß die Deutschen gleich eine Gemeinde bilden, Pfarrer und Lehrer erhalten können, in einer gesunden Gegend und durch Ankauf des Bodens von einer Pusta, oder in den mehr gebirgigen Theilen des Banates nach Siebenbürgen zu, werden als die geschildert, welche am ersten den besten Erfolg haben. Einzelner Anbau kann nur in schon vorhandenen deutschen Ortschaften gerathen werden, immer aber eher zwischen den

Magyaren und Wallachen, als zwischen Slavaken oder gar Serben.

Jede Familie muß genügendes Kapital zum An= kauf, den Anbau und die Einrichtung des Betriebes haben. Ist das nicht da, thut sie besser, gleich als Handarbeiter zu beginnen, wobei ein guter Verdienst auch für Weiber und Kinder ist, z. B. bei den Wein= bergsarbeiten. Der Tagelohn steht sehr verschieden hoch, im Banate wechselt er in den Acker= und Wein= bau treibenden Gegenden zwischen 35 Kr. bis 75 Kr. für die Weiber und zwischen 75 Kr. bis 1 fl. 40 Kr. für die Männer. Ein fleißiger und sparsamer Mann ist im Stande, sich nach und nach eine Summe zu ersparen, womit er sich eine eigene Existenz gründen kann, denn die Lebensbedürfnisse sind billig.

Die Colonisten begehen darin einen großen Fehler, daß sie meistentheils im Frühjahre ankommen. Es ist das an sich für Fiebergegenden, und man trifft das Fieber weit verbreitet, selbst bis in's Banater Ge= birge hinein, die ungesundeste Jahreszeit, dann kommt der heiße Sommer, welchen, arbeitend gesund zu er= tragen, einige Gewöhnung verlangt, und wenn dann bei einem ohnehin schon angegriffenen Körper, im Genusse des vielen und schönen Obstes eine vernünf= tige Diät nicht gehalten, vielleicht etwas viel Wein getrunken wird, so sind die Wechselfieber, welche nur zu leicht in Typhus ausarten, sofort da. In kurzen Worten, vom Frühjahre ab überstehen die Einwanderer

die Acclimatifirungs = Epoche viel schwerer, als wenn
sie im Herbste anlangen, wo sie sich nur gegen das
Gelüste des Obstessens zu waffnen brauchen.

Ein anderer Fehler wird sehr häufig darin be=
gangen, daß neben heimischen Ideen, welche alle so=
fort ausgeführt werden sollen, viele Colonisten auch
mit schweren Kosten heimische Ackerwerkzeuge und son=
stige Geräthe mitbringen. Die ungarische Landwirth=
schaft steht zwar in den meisten Orten auf einer tiefen
Stufe, allein es giebt in jedem Lande und für jede
Oertlichkeit gewisse aus der Erfahrung gewonnene
Anhaltspunkte, welche man ohne Schaden nicht ver=
lassen darf. Daher thut ein jeder neue Ankömmling
wohl, nur erst nach sorgfältiger Erwägung Neuer=
ungen einzuführen und nicht von vorn herein, mit
dem Glauben an sein besseres Wissen, verachtungsvoll
auf die Landessitte zu blicken. An diesem Glauben
an seine Ueberlegenheit scheiterte schon Mancher beim
Uebertritte in ein fremdes Land.

Größere Herrschaften sind in Ungarn immer zu
kaufen, am wohlfeilsten soll man jetzt noch in den nörd=
lichen von Slavaken bevölkerten Landestheilen kaufen
können. Eine sehr beachtenswerthe Vorsicht ist aber
die, daß man sich genau nach den Arbeiterverhältnissen
erkundiget. Fehlt es an Menschenhänden, und das ist
sehr häufig der Fall, so mag man wohl überlegen,
ob Mittel und Gelegenheit da sind, Arbeiter mitzu=
bringen, weil sonst von einer Verbesserung des land=

wirthschaftlichen Betriebes nicht die Rede sein kann.
Was die Mittel anbetrifft, so muß, aus den oben
rücksichtlich der Creditverhältnisse bemerkten Gründen,
baares Geld zum Ankaufe und zum Betriebskapitale
da sein. Der gewöhnliche Zinsfuß, wozu, wiewohl
selten, in Ungarn auf Hypothek Geld ausgeborgt wird,
steht zu 6 Procent.

In den meisten Fällen werden die großen Güter
zwar noch in eigener Regie bewirthschaftet, allein in
neuester Zeit findet auch das Pachtsystem mehr und
mehr Eingang, und die Besitzer werden, die großen
Vorzüge desselben anerkennend, dasselbe gewiß noch
weiter ausdehnen. Hier ist offenbar ein lohnendes
Feld für den deutschen Landwirth, welcher bei ange=
messenen Mitteln, Kenntnissen und Thätigkeit bei einer
Pachtung einen sichereren Erwerb findet, als bei einem
Ankauf, und dabei weit mehr die Wahl hat, in die
ihm zusagendsten Lagen sich niederzulassen, die Größe
und die seinem Geschmacke entsprechenden landwirth=
schaftlichen Gewerbe u. dgl. mehr zu berücksichtigen,
als das bei einem Kaufe der Fall sein kann.

—————

In Szegled geht die Theis=Bahn nach Arad,
Großwardein und Debreczin ab. Sie wird später
ohne Zweifel die Verbindung nach Siebenbürgen ver=
mitteln. Bei Szegedin überschreitet man die Grenze

des Banates und zugleich die Theis auf einer mäch=
tigen eisernen Brücke, welche als ein Meisterwerk an=
gesehen wird, um so mehr, da deren Erbauung wegen
des weichen, schlammigen Grundes eine schwierige
Arbeit war. Szegedin, eine Stadt von mehr als
80,000 Einwohnern, hat durch ihre Lage an der
schiffbaren Theis und der Eisenbahn einen lebhaften
Verkehr mit den Rohproducten der fruchtbaren und
reichen Theis=Niederungen. Hier concentrirt sich ins=
besondere der Handel mit dem Banater Weizen, wel=
cher meistens auf der Theis zur Donau geführt wird.

Auf dem größten Theile des Weges hat man
sich satt und müde an der Pusta geschaut und man
ist froh, endlich in Temesvar einen Ruhepunkt zu
finden.

III.

———

Temesvar, die Hauptstadt des Banates und der
serbischen Wojvodschaft, liegt völlig in der Ebene an
der Teines, welche in den Bergen der Militairgrenze
entspringt, für kleine Fahrzeuge bei Lugos schiffbar
wird und bei Panscova in die Donau fällt. Im
Sommer wird ihr Wasser zur Speisung des Bega-
Canals verwendet, welcher die alte Bega mit der
Theis verbindet. Der Canal versorgt Temesvar mit
Holz aus den an demselben liegenden ärarischen
Wäldern.

Die Stadt hat nahe 30,000 Einwohner, eine
regelmäßige Bauart, mehrere schöne Häuser an den
größern Plätzen. Sie ist eine starke Festung, der Sitz
der Statthalterei, des Civil= und Militair=Gouverneurs

über das Banat, die Wojvodschaft und die Militair=
grenze der drei Regimenter, deutsch Banater, illirisch
Banater und roman Banater, eines römisch=katholischen
und griechischen Consistoriums, des Oberlandesgerichtes,
der Oberstaatsanwaltschaft, der Finanz=Landes=Direc=
tion und einer großen Menge mittlerer und unterer
Behörden.

Das Temeser Banat und die Wojvodschaft mit
dem genannten Theile der Militairgrenze umfaßt den
südöstlichsten Theil der Donauländer der österreichischen
Monarchie, ist im Norden von Ungarn, im Osten von
Siebenbürgen und der Wallachei, im Süden von der
Donau, Serbien und Syrmien und im Westen von
Ungarn und Slavonien begrenzt. In der Militair=
grenze des Roman=Banater Regiments und in dem
Bergwerks=Distrikt von Oravicza ist das Land ge=
birgig, die Berge steigen nach der Siebenbürgischen
Grenze bis über 7000 Fuß an, während der Donau=
spiegel bei Basiasch nur 180 Fuß über dem schwarzen
Meere liegt. Das übrige Land ist bis auf einige
kleinere Erhebungen bei Versécs eben und hat nach
der Donau zu einige bedeutende Sümpfe.

Der Flächenraum des Banates und der Woj=
vodschaft beträgt 544 geogr. Quadratmeilen und der
der hierher gehörigen Militairgrenze 181 Quadrat=
meilen.

Bunter wie hier wird schwerlich in einem an=
dern europäischen Lande die Bevölkerung gemischt sein.

5

Mit Ausnahme der Militairgrenze finden wir unter 1,496,390 Bewohnern*):

416,930 Wallachen,
402,890 Serben,
351,730 Deutsche,
232,730 Magyaren,
26,860 Slavaken,
23,900 Bulgaren,
16,270 Juden,
12,000 Zigeuner,
7,120 Ruthenen,
3,000 Kroaten und
2,960 Griechen.

In der Militairgrenze wohnen ohne den Grenz=waffenstand

im Deutsch=Banater Regimente 84,584,
= Illirisch= = = 69,942,
= Roman= = = 78,568,

zusammen 233,094 Einwohner.

Die Regiments=Orte sind Panscova für das Deutsch=Banater, Weißkirchen für das Illirisch= und Karansebes für das Roman=Banater.

---

*) Die Zahlen sind aus Nain's Statistik und zwar vom Jahre 1846. Sie mögen jetzt anders sein, aber das Verhältniß unter sich wird sehr wahrscheinlich eine erhebliche Veränderung nicht erlitten haben.

Man hat versucht, die Sprachgebiete dieser ver=
schiedenen Volksstämme zu trennen und somit ihre
Hauptsitze zu constatiren, allein es ist das nur in
großen Umrissen möglich, weil selbst in den compakten
Sprachgebieten meistens doch Untermischungen vor=
kommen. Die Romanen z. B. leben mehr im Osten
des Banates, die Magyaren im Westen, am rechten
Ufer der Theis, die Serben bilden nur in den beiden
Syrmi'schen Distrikten am rechten Ufer der Donau
eine compakte Masse. Die Deutschen haben drei
Punkte, wo sie in größerer Menge auftreten, die sind
im ehemaligen Temeser Komitate, dann weiter westlich
in den früheren Komitaten Torontala und Bacs, aber
man findet sie sonst überall nicht nur einzeln, sondern
Ortschaftsweise, wie das die vielen Ortsnamen in=
mitten der andern Sprachgebiete, welche ein Zusatz
von Deutsch oder ganz Deutsch sind, beweisen, z. B.
Deutsch=Fascat, Deutsch=Oravicza, Deutsch=Reschitza,
Deutsch=Lugos ꝛc., oder Steierdorf, Franzdorf, Fer=
dinandsdorf, Liebling, Moritzfeld u. s. f. Die Bul=
garen sind im Bezirke von Kraszova, Jabolcsa und
Lupak ebenfalls fast rein, die übrigen Volksstämme
aber leben im ganzen Gouvernement zerstreut.

Eben so bunt findet man die verschiedenen Re=
ligionsbekenntnisse durch einander. Nach einer von
Nain gegebenen Uebersicht waren im Temeser Banate
und in der Wojvodschaft

614,577 Römisch=Katholische,

11,612 Griechisch=Katholische (Uniirte),

679,556 Griechen (Nichtuniirte),

50,911 Protestanten, Augsb. Confession,

26,127 Reformirte,

16,214 Juden.

Ob sie friedlich mit und unter einander leben, hängt lediglich von den persönlichen Eigenschaften und Ansichten der Geistlichen ab. Sind diese tolerant und vernünftig, wahrhafte Prediger des Christenthums, dieser Religion der Liebe, so geht es gut, im ent= gegengesetzten Falle nicht. In Bezug auf Proselyten= macherei spricht man am wenigsten günstig von den römisch=katholischen Priestern. Wie ich im Banate war, wurde eben das neueste Edikt über die Gleich= stellung der Protestanten bekannt; diejenigen Prediger, Augsburger Confession, welche ich darüber sprach, waren davon befriedigt, sagten aber die beklagens= werthen Wirren voraus.

Temesvar ist, wie schon gesagt, der Sitz der Statthalterei, an dessen Spitze der Militairgouverneur mit einem Stellvertreter (ad latus) steht, in derselben Eigenschaft, so weit es den Civildienst anbetrifft, wie der Statthalter in andern Kronländern. Uebrigens ist die Statthalterei mit einem Hofrathe, einer ent= sprechenden Zahl von Statthaltereiräthen besetzt und die Banater Forstdirection bildet ein Departement in derselben. Diesem steht ein Forstdirector vor, welchem

ein Forstmeister, ein Forstcommissair und ein Förster
beigegeben sind, um unter dem commandirenden Ge=
neral die obere Leitung der Forstverwaltung, so weit
sie zu dem Temesvarer General=Commando gehört,
wahrzunehmen. Die Waldmasse in demselben giebt man
auf 600,000 Joch an. Vor Kurzem wurde das Forst=
wesen in der Grenze neu organisirt, wonach für die Ver=
waltung 4 Forstmeister oder Oberförster mit 40 Re=
vierförstern eingesetzt sind. Die Forstmeister und Ober=
förster stehen unter dem Regiments=Commando und
haben, mit Ausnahme des einen zu Mehadia wohnen=
den Oberförsters, ihren Sitz an dem Regimentsplatze.
Die Forstmeister sind die forstlichen Beiräthe des
Obristen, haben von diesem Befehle zu empfangen,
wie die Förster von dem Hauptmanne, in dessen
Compagniebezirke ihre Reviere liegen. Wenn ich wei=
ter unten von der Militairgrenze überhaupt spreche,
werde ich noch einige Specialien über das Forstwesen
beibringen.

Die Organisation der Statthalterei ist rein bu=
reaukratisch, der oberste Chef hat allein zu entscheiden,
die Räthe haben nur eine berathende Stimme.

Das Temesvarer Verwaltungsgebiet war seit
1782 ein Theil des Königreiches Ungarn und um=
faßte 4 alte Komitate und 2 Distrikte des Syrmier
Komitates. Bei der neuen Organisation wurde das=
selbe als ein selbstständiges Militair= und Civil=Gou=
vernement in 5 Distrikte oder Kreise abgetheilt, welche

wiederum in eine verschiedene Anzahl Bezirke, im
Ganzen deren 26, zerfallen. Die Kreisbehörden haben
ihren Sitz zu Groß=Beckeret, Lugos, Neusatz, Te=
mesvar und Zombor. Die größern Städte Neusatz,
Temesvar, Teresiopel, Zombor und der Markt Groß=
Beckeret bilden eigene Verwaltungsbezirke.

In der untersten Instanz, in den Bezirksämtern,
ist die Justiz von der Verwaltung nicht getrennt. Sie
haben die politische Verwaltung, die Justiz=Pflege, die
Polizei und die directe Besteuerung. Sie sind rein
bureaukratisch organisirt und der Vorstand an der
Spitze trägt die alleinige Verantwortung. Die Be=
setzung dieser Bezirksämter ist nach der Größe sehr
verschieden, das zu Oravicza aus etwa 67,000 Seelen,
welches zugleich politische und Untersuchungs=Behörde
ist, hat neben dem Vorstand 2 Adjuncten, 3 Actuare,
4 Kanzlisten als Angestellte.

Ueber den Bezirksämtern, eine Mittelbehörde
zwischen denselben und der Statthalterei bildend, stehen
die Kreisämter, in welchen ebenfalls der Kreis=
Vorstand die alleinige Entscheidung hat. Ihnen liegt
insbesondere die Ueberwachung der untergeordneten
Beamten ob, die Beaufsichtigung des Verwaltungs=
dienstes, die Oberleitung der Polizei=Angelegenheiten,
das Conscriptionswesen, Vorspann, Bequartirung 2c.
des Militairs, die Instanderhaltung der öffentlichen
sog. Kreisstraßen, Brücken u. dgl., Ueberwachung der
Grundbuchsführung, der Verlassenschafts= und Waisen=

Sachen, des Arreſte und des Zuſtandes der Verhaf=
teten. Ebenſo die Steuer= und Medicinal=Angelegen=
heiten des Kreiſes. Das Perſonal eines Kreisamtes,
z. B. Lugos, einer rein politiſchen Behörde, beſteht
aus dem Kreisvorſtande, 3 Kreiscommiſſaren, 1 Kreis=
arzt, 1 Regiſtrator und 3 Kanzliſten. Die Entbehr=
lichkeit dieſer Kreisämter wird vielfach behauptet.

In Bezug auf die Juſtiz ſind die Bezirksämter
den Kreis=Gerichten für einen jeden Kreis unter=
geordnet und von dieſen geht der Inſtanzenzug an die
für den ganzen Verwaltungsbezirk des Temeſer Ba=
nates und der Wojvodſchaft Serbien eingeſetzten Ober=
landesgerichte. Als oberſte Juſtizbehörde für den
ganzen Kaiſerſtaat mit Ausnahme der Militairgrenze
gilt der oberſte Gerichtshof zu Wien. Die ſämmt=
lichen Juſtizbehörden haben eine collegialiſche, ſchriftliche
und heimliche Organiſation. Ob Oeffentlichkeit und
Mündlichkeit nicht einen beſſeren, raſcheren Rechtsgang
herbeiführen, welcher eben dadurch auch wohlfeiler wer=
den würde, erſcheint kaum zweifelhaft.

Ich werde über die untern Verwaltungsbehörden
noch einige Bemerkungen hinzufügen. Da in deren
Händen doch zunächſt und zumeiſt das Wohl und Weh
des Volkes liegt, ſind ſie für mich der Gegenſtand
beſonderer Beachtung geweſen.

Die öſterreichiſche Organiſation der Verwaltungs=
behörden erſcheint an ſich nicht zuſammengeſetzter oder
ſchwerfälliger, als die in den meiſten andern deutſchen

Staaten. Klagt man aber in diesen schon, und das mit wohlbegründetem Rechte, über viele unnütze Schreiberei, so ist das in Oesterreich noch mehr der Fall. Man betreibt hier die Geschäfte mit einer ganz ungemessenen Weitschweifigkeit, es hat sich dadurch eine Schwerfälligkeit in dem Geschäftsverkehr und in der Form entwickelt, welcher man fast in jedem Erlasse begegnet. Jeder, auch der geringfügigste Gegenstand wird schriftlich verhandelt und zwar mit einer Umständlichkeit und Gründlichkeit, als ob es nur der Zweck wäre, recht viele und recht dicke Acten zu schreiben. Der Sache wird aber doppelt dadurch geschadet, einmal indem die Erledigungen nicht erfolgen und dann, weil diese unendlichen Verschleppungen das Ansehen der Behörden untergraben. Ueber diese Verschleppungen hört man allgemeine und bittere Klagen und nach vielen mir darüber gemachten Mittheilungen erscheinen sie wohlbegründet. Es sind mir darüber so manche Thatsachen von durchaus glaubwürdigen Männern erzählt worden, daß ich keinen Anstand nehme, einige davon als Belege für das Angeführte mitzutheilen.

Vormundschaftssachen sollen oft Jahre lang auf Erledigung warten lassen, eine Abnahme von Vormundschaftsrechnungen sei äußerst schwer zu erlangen, ja es sei vorgekommen, daß nach 5 Jahren noch kein Vormund bestellt sei. Bagatellsachen zu Ende zu bringen, hält äußerst schwer.

Unterſuchungen von geringen Polizei=Vergehen, z. B. Forſtbußſachen, werden öfter Jahre lang nicht vorgenommen, und wenn die Erkenntniſſe auch endlich gefällt ſind, wird an die Vollziehung derſelben gar nicht gedacht. Ja es iſt vorgekommen, daß bei der Viſitation eines Bezirksamtes gegen 4000 erledigte, aber unabgeſchriebene Sachen vorgefunden wurden. Man fand das und — es blieb beim Alten! — —

In peinlichen Sachen wird allgemein den Be= hörden eine große Läſſigkeit, eine Scheu, ſich mit der Arbeit zu befaſſen, vorgeworfen. Mir ſind darüber eine Menge Geſchichten erzählt, wovon ich beiſpiels= weiſe eine mittheilen will. Nicht weit von der ſieben= bürgiſchen Grenze, aber nicht in der Militairgrenze, denn da iſt mehr Ordnung, wurde vor nicht zu lan= ger Zeit in einem Dorfe ein Bauernhaus überfallen, von deſſen Beſitzer bekannt geworden war, daß er kürzlich Geld erhalten habe. Um die Bewohner zur Herausgabe zu zwingen, wurde der ſchwangern Frau vor ihrem Mann der Leib aufgeſchlitzt und der Mann mit Feuer ſo lange gemartert, bis er verbrannte. Eine Rotte von 7 Mann wurde durch die Gensd'ar= merie eingefangen, in Gegenwart eines Hüttenbeamten, welcher zugleich Ortsvorſteher war, geſtanden die Böſe= wichter ihre That ein, ſie wurden zum Amte trans= portirt und — ſo ſagte der betreffende Hüttenbeamte, welcher mir die Sache als Theilnehmer bei dem Verhöre selbst erzählte — „noch früher wie die Gensd'armen waren die Kerle alle wieder zu Hause.“

Mir ist ein Fall bekannt geworden, wo die Vermuthung einer böswilligen Brandstiftung sehr nahe lag. Auf eine desfallsige Anzeige bei dem Amte ist nicht einmal der Augenschein eingenommen worden. —

In den obersten Stellen hat man gewiß den besten Willen, solche schreiende Uebelstände, welche in den meisten Fällen wohl nur durch die Geschäfts-Ueberhäufung der Behörden veranlaßt werden, abzustellen, es sollen wiederholte Versuche gemacht sein, den Geschäftsgang zu vereinfachen und die unselige Vielschreiberei in gemessene Schranken zurückzuweisen, aber es hat nichts gefruchtet, im Gegentheil soll oft die Sache dadurch noch schlimmer geworden sein. So viel aber ist gewiß, die Geschäftslast wurde bei den gegenwärtigen Formen zu einer erdrückenden.

Das Uebel scheint mir höher zu liegen, nämlich in der in Oesterreich so ganz scharf ausgeprägten Centralisation und dem Bureaukratismus. Man muß, um dem zu entsprechen, alles nach Oben ziehen; um die Maschine im Gange zu erhalten, werden unendlich viele Tabellen, Uebersichten und Berichte erfordert, welche mit ihrer ganzen Wucht auf die unteren Behörden drücken. Die bureaukratische Form derselben hat die unabwendbare Folge, daß Jeder, die Verantwortung scheuend, sich nach Oben hin durch Berichtserstattungen zu sichern sucht. Nur wenn die

Beamten unter eigener, strenger Verantwortlichkeit
mehr zu entscheiden haben, wenn man es aufgiebt,
oben stets auch von den geringsten Details unterrichtet
sein zu wollen, wird es möglich sein, gründlich zu
helfen. Der Beamte sucht seine Befriedigung darin,
die arärischen Angelegenheiten wie Steuer, Militair=
sachen u. dgl., welche überall prompt erledigt werden,
unbedingt rasch abzumachen und durch dickleibige Be=
richte bei den Oberbehörden zu glänzen; sich mit den
wichtigen Angelegenheiten des Volkes eingehend zu
beschäftigen, dazu bleibt ihm dann wenige Zeit übrig.
Erst wenn diese durch Aufgabe der Vielschreiberei und
durch Einführung eines rascheren Geschäftsbetriebes
erlangt wird, kann mit Zuversicht eine Besserung er=
wartet werden. Man legt jetzt viel Werth darauf,
durch eine zweckmäßige Gemeinde=Organisation diesen
eine größere Selbstständigkeit zu geben und ihnen eine
Menge Geschäfte der Unterbehörden zu übertragen;
allein man kann sich dabei leicht täuschen. Eine Ueber=
wachung der Gemeinden auf eine oder die andere Weise
muß doch immer stattfinden, soll diese nach dem bis=
herigen Systeme ausgeführt werden, so wird die Ge=
schäftslast der Behörden wahrscheinlich nicht viel ver=
mindert. Das Regieren vom grünen Tische ab muß
aufhören, dann erst wird mehr Leben in das Ganze
kommen. •

Allerdings ist es, um den Beamten eine ent=
sprechende Selbstständigkeit gewähren zu können, noth=

wendig, gute Beamte zu haben. Darin liegt offenbar eine große Schwierigkeit, besonders für die Gegend, welche uns hier vorzugsweise beschäftigt. An sich ist es in gewisser Hinsicht offenbar schon ein Opfer, in einem so fernen Theile der Monarchie zu amtiren, wo doch dem dort nicht Geborenen manche Entbehr= ungen treffen. Das Banat liegt sehr ab von einem regeren geistigen Verkehr, und die Cultur des Volks, womit der Beamte zu thun hat, ist eine sehr geringe. Der Fremde ist außerdem sehr abgeschieden von dem Kreise der Verwandten und Freunde, in welchem er sich gern bewegte, und das Alles sind große Hinder= nisse für die Uebersiedelung tüchtiger Beamten aus andern Theilen der Monarchie. Aber noch schwerer fällt hierbei die nothwendige Sprachkenntniß in die Wage, wie ein Blick auf die oben mitgetheilte Ver= schiedenartigkeit der hier hausenden Volksstämme er= giebt. Ein Banater Beamter muß wenigstens deutsch, serbisch, ungarisch und wallachisch sprechen, erwünscht wird es sein, wenn er auch noch eine andere slavische Sprache, slavakisch oder böhmisch spricht. Darin liegt es, daß die Auswahl für Banater Beamte nicht groß sein kann, und deshalb erscheint der Vorwurf, welchen man der Regierung wohl gemacht hat, daß sie bei der neuen Organisation in Ungarn und in dem Banate in Bezug auf die Auswahl der Beamten nicht mit der entsprechenden, einen guten Erfolg sichernden Um= sicht zu Werke gegangen sei, nicht ganz gerechtfertigt.

Die erste Bedingung, um als Beamter mit dem Volke
in befriedigender Weise verkehren zu können, bleibt
doch immer die, daß man sich in seiner Sprache mit
ihm verständlich machen kann.

Dazu kam noch, als nach der Revolution von
1848 und 49 die neue Organisation in's Leben trat,
ein um so größerer Mangel an Beamten war, weil
von den früheren zu viele politisch compromittirt waren
und deshalb nicht angestellt werden konnten. Daher
wurden theilweise vollkommen unfähige Männer, selbst
ohne die nöthigen juridischen Studien nachzuweisen,
angestellt, selbst simpele Schreiber und derartige un=
tergeordnete Personen machten dabei ihr Glück.

Soll der Beamte in seinem Kreise wahrhaft
segensreich wirken, so muß er in seinem bürgerlichen
Leben, ebenso wie im dienstlichen, unantastbar hoch
stehen. Er muß nicht nur tüchtig als Beamter, son=
dern auch sittlich und human als Mensch sein. Und das
wird gegenüber einer zwar rohen, aber nichts weniger
als unbegabten und fühllosen Bevölkerung, wie die
Wallachen und Serben sind, um so mehr nothwendig.
Ohne den vielen tüchtigen und redlichen Beamten,
welche Oesterreich ohne Zweifel besitzt, zu nahe treten
zu wollen, muß man doch gestehen, daß in dieser
Beziehung über die österreichischen Beamten im All=
gemeinen ein ungünstiges Urtheil gefällt wird. In
der That scheinen manche leichter zugänglich zu sein,
wenn die in der Sache liegenden Gründe mit Gaben

und Geschenken unterstützt werden. Die allgemeine
Stimme spricht sich darüber sehr deutlich aus, und
mögen deshalb manche mir darüber erzählte Details
auf sich beruhen.

Unverkennbar aber steht · dieser Punkt mit der
schlechten Bezahlung der Beamten in Verbindung.
Wenn z. B. ein Mann in einem so ausgedehnten
Wirkungskreise, wie der Vorstand eines Bezirksamtes,
nur 1050 Gulden österr. Währung Besoldung nebst
freier Wohnung bezieht, so mochte das früher, wo im
Banate ein sprichwörtlich wohlfeiles Leben war, wohl·
genügen, jetzt aber gewiß nicht, um sich und eine Fa=
milie standesgemäß zu unterhalten. Letzteres muß
aber hier noch mehr, wie in anderen Orten geschehen,
denn diese noch etwas wilden Völkerschaften gleichen
darin den Orientalen, daß sie auf das äußere Auf=
treten viel geben. Man muß ihnen imponiren durch
Glanz, Persönlichkeit, Sittlichkeit und, wenn es sein
muß, durch Strenge, dann geht es ·gut.

Sittlichkeit und wohlangebrachte Strenge, beson=
ders wenn der Untergebene von der Humanität des
Beamten Ueberzeugung gewonnen hat, sind zwei Haupt=
pfeiler einer gedeihlichen Wirksamkeit in jeder, beson=
ders aber in solcher Stellung, worin der Banater
Beamte sich befindet. Was sagt aber der geehrte
Leser zu folgender Geschichte, die ich ohne irgend=
welche Zusätze einfach wiederhole, wie sie mir erzählt
und verbürgt wurde. ·

Im Frühjahre v. J. erschien ein Beamter von einem Bezirksgerichte Nachts 11 Uhr in einem ziemlich berauschten Zustande, mit einer Doppelflinte bewaffnet, in dem Wirthshause eines kleinen Ortes, wo derselbe Tags darauf Amtsgeschäfte zu besorgen hatte. Er fand das Schlafzimmer des Wirths verschlossen und verlangte höchst aufgeregt und laut das Oeffnen der Thür. Der Wirth, welcher sich bereits zur Ruhe begeben, stand auf und ging in das Gastzimmer. Kaum dort eingetreten, fuhr ihn der Beamte in Gegenwart einiger Gäste in den gröbsten Reden auf den Leib, ihn ausscheltend, daß er einem kaiserlichen Beamten nicht sofort die Thüre geöffnet habe. Während diesen Hin= und Herreden spannte derselbe die Hähne seines Gewehres, hielt dasselbe dicht an den Kopf des Wirthes und drückte einen Lauf ab. Glücklicher Weise hatte der Wirth das Gewehr zur Seite geschlagen und so ging der Schuß, ihm nur das Gesicht schwärzend, zur Seite und die Ladung von einigen 20 starken Schroten fuhr in die Schrankthüre. Der Wirth zog sich darauf eilig in sein Schlafzimmer zurück und verschloß die Thür. Nachdem der Beamte unter höchst unanständigen Reden vergeblich das Oeffnen der Thüre nochmals verlangt hatte, verließ derselbe unter verschiedenen unzweideutigen Zeichen der Trunkenheit das Wirthshaus.

Die Geschichte wurde aktenkundig bekannt, obwohl sie der Wirth nicht anzeigte. Es erfolgte aber nichts darauf und der Beamte ist noch heute im Dienste.

Würde etwas nur entfernt dem ähnlichen bei uns vorkommen, so wären alle öffentlichen Blätter voll davon; aber, obwohl es überall räubige Schafe unter einer feinen Heerde giebt, solche Brutalität ist in Deutschland unmöglich, würde es auch in Oester= reich sein, wenn man halbweg eine freie Presse hätte, zu deren Benutzung durch das Volk freilich ein höherer Bildungsstand erforderlich wird, als man ihn in einem großen Theile der österreichischen Monarchie findet.

Damit, ich meine mit der Unwissenheit des Volkes, steht in einer nicht zu verkennenden Wechsel= wirkung der für den Deutschen sehr auffallende Ge= brauch, daß auch in diesen österreichischen Hinterländern, wie in Galizien, äußerst viel von Gerichtswegen ge= prügelt wird. Man hört bei Polizeivergehen fast nur von 25. — Ob das mit den Gesetzen so ganz vereinbar ist, weiß ich nicht, zulassen thun sie es. Jeden Falls aber entspricht es der allgemeinen An= sicht, welche man selbst von humanen und fein ge= bildeten Männern aussprechen hört, vollständig, daß man bei diesen rohen Völkerschaften nicht anders als mit dem Stocke regieren könne.

Für mich war es eine höchst betrübende Er= scheinung, von einem solchen systematischen Prügeln ohne alles Bedenken als von etwas sprechen zu hören, welches, völlig gerechtfertigt, diesem Volke gegenüber,

absolut naturgemäß sei. Allerdings ist das Volk roh
und mag demgemäß oft eine Handlungsweise entwickeln,
bei welcher andere Strafen unwirksam erscheinen. Allein wer trägt die Schuld daran? Gewiß nur die
rohe Behandlung und vor Allem der Mangel aller
Erziehung durch Kirche und Schule, wie ich weiter
unten noch begründen werde. Offenbar muß von der
weltlichen Obrigkeit ebenfalls ein Anfang gemacht
werden, das sittliche Gefühl des Menschen zu heben,
ihm nicht alle Ehre zu rauben, indem man ihn als
ein Object des Prügelns betrachtet. Gern will ich
zugeben, daß dieses nicht mit einem Schlage oder
einfach durch Ordonnanzen geschehen kann, denn jetzt
wird das Volk so viel geprügelt, daß der Sinn für
die Schande dieser Behandlungsweise ganz entschwun-
den ist. Aber der Stock mag als das äußerste Mittel
betrachtet werden, und zur Ehre der Menschheit will
ich glauben, daß nach und nach Mittel gefunden werden, ihn zu entbehren, wenn man nur ernstlich darnach suchen will.

Man sieht aus dieser Darstellung der thatsäch-
lichen Verhältnisse, daß die Aufgabe, welche die österreichische Regierung jetzt zu lösen den ernsten Willen
zu haben scheint, eine leichte nicht ist. Eine totale
Aenderung mit einem Male herbeizuführen, alles Ver-
säumte mit einer neuen Organisation auf ein Mal
nachzuholen, ist unmöglich und man muß daher billig
sein, wenn die Erfolge der reformatorischen Bestreb-

ungen nicht gleich allen Anforderungen entsprechen.
Daß es aber unumgänglich nothwendig ist, mit Ernst
und Consequenz zum Besseren vorzugehen, wird nach
der vorstehenden ganz aus dem Leben gegriffenen Be=
schreibung der Zustände im Banate Niemandem mehr
zweifelhaft sein.

Es war ein schöner duftiger Herbstmorgen, die
Sonne ging gerade über der weiten Pusta auf, welche
noch in todtem Schweigen da lag, als ich Temesvar
verließ, von wo ab die Eisenbahn nach Basiasch sich
ganz nach Süden wendet. Die weiten Maisfelder,
welche mit ihrer schon gelblichen Färbung, so scharf
von der aufgehenden Sonne beschienen, einen ganz
eigenthümlichen Anblick gewährten, hörten nach und
nach auf und die Pusta trat mit ihrer Oede voll=
ständig in ihr Recht.

In das Coupé erster Classe war mit mir eine
wallachische Familie, ein Vater mit zwei auffallend
schönen jungen Töchtern, und ein Kaufmann aus
Semlin, ein österreichischer Serbe, eingetreten. Die
Wallachen waren in einem in Ungarn wohlbekannten
Babe, Busiasch, nicht weit von Temesvar, gewesen
und jetzt auf der Heimreise. Die älteste Tochter sah
sehr leidend aus und als ich bemerkte, daß sie gut
deutsch sprach, begann ich eine Unterhaltung mit ihr.

Sie erzählte mir, sie sei brustkrank und von ihrem Arzte nach Mehadia geschickt. Nach Mehadia! rief ich aus, dieser heißen Schwefelquelle?

Ja, es ist mir auch recht schlecht bekommen und so wurden wir nach Busiasch geschickt, allein auch das (eine der Franzensbader Quelle in Böhmen sehr ähnliche) hat mir nichts geholfen. Nun soll ich nächstes Jahr nach Deutschland.

Gewiß, erwiederte ich, wurde Ihnen Ems oder Salzbrunn empfohlen?

Nein, ich soll nach Gräfenberg.

Das schöne kranke Mädchen dauerte mich herzlich, wahrscheinlich ein Opfer des ärztlichen Unverstandes.

Mit dem Vater begann ich eine Unterhaltung über den Zustand seines Vaterlandes und fragte speciell nach dem Fürsten Kusa. Er schilderte ihn als eine Persönlichkeit, durchaus nicht geeignet, eine Ordnung in den Wirrwarr jener Staaten zu bringen. Es entscheidet bei uns Alles das Gold, Alles und Alle sind käuflich, sagte er, wer das meiste Gold hat, der wird Fürst und so wurde es Kusa durch das französische Gold, er wird sich vielleicht mit Mühe eine Zeit lang halten, eine feste, dauerhafte Regierung begründet er nicht, dazu sind die Parteiungen und der Ehr= und Geldgeiz bei uns zu mächtig. Uns fehlt ein wahrhaft großer Mann, vor dem sich Alles beugen muß, und den müssen wir in unsere Mitte finden,

wenn wir zur Ruhe kommen sollen, ein fremder Fürst.
würde uns nichts helfen und er sich niemals halten
können. Von unserm Lande macht man sich meistens
im Auslande eine ganz falsche Vorstellung und daher
kommen so unpassende Vorschläge für die Verbesserung
unserer Zustände. Wir sind reich, denn unser Boden
ist unerschöpflich, aber es fehlt uns an aller Cultur.
Man gebe uns diese und Ruhe, so wird sich das Land
auf eine ungeahnte Weise entwickeln.

Als ich ihm darüber meine Verwunderung aus=
drückte, daß er und seine Töchter so fertig deutsch
sprächen, entgegnete er:

Ich habe selbst eine deutsche Erziehung genossen,
bin in Deutschland gewesen und ließ meinen Töchtern
auch eine deutsche Bildung geben. Ich halte sie für die
beste, denn sie ist gründlich, indem man sonst bei uns nur
auf das Aeußerliche sieht. Männer wie Frauen haben
selten eine wahre Bildung und darin liegt ein Haupt=
grund unserer verwirrten Zustände, denn wie sollen
Männer auf die rohe Masse des Volkes wirken, wenn
sie selbst nicht viel gebildeter sind? Ich meine im
Innern, setzte er hinzu, die äußere Tünche ist bei
uns oft bestechend genug.

Der Mann sprach so ernst, mit einer so düsteren
Trauer von seinem Vaterlande und Volke, unumwunden
seine guten Seiten und seine großen Schwächen ent=
wickelnd, daß ich sah, ich habe eine bedeutende Persön=

lichkeit vor mir, doch konnte ich Näheres darüber nicht erfahren.

Im Laufe des Gespräches fragte ich auch nach dem russischen Einflusse.

Rußlands Einfluß erscheint in Folge seiner Religion als ein bedeutender, allein eine russische Herrschaft wird bei uns nicht gewünscht; die kleine Partei, welche etwa dafür ist, kann nur durch das russische Gold wirken, nicht durch wirkliche Sympathien. Wir haben noch aus dem letzten Kriege genug an dem russischen Regimente. Ueberhaupt wäre es gut, wenn die fremden Mächte sich nicht so viel mit uns beschäftigen wollten. Man lasse uns unsern Gang gehen, das Bedürfniß nach einer dauernden Ordnung der Verhältnisse ist da, und wenn es auch noch manche innere Kämpfe geben wird, so werden sich doch am Ende die rechten Männer finden, um uns Ruhe zu geben, welche immer in weitere Ferne hinausgerückt wird, je mehr von den Fremden intriguirt wird. Das, setzte er hinzu, glauben Sie mir, ist das Allerschlimmste für uns. —

Noch düsterer war die Schilderung, welche der Semliner Kaufmann von dem Regimente in Serbien machte.

Der alte Milosch, sagte er, der weder lesen noch schreiben kann, regiert nur durch Furcht. Er ist der ausgeprägteste Thrann, welchen man sich denken kann, seine Befehle sind allein Gesetz. Nie giebt er sie anders als mündlich, geht die Sache gut, so schreibt er sich die Erfolge zu, geht sie schlecht, so sagt er, man habe ihn mißverstanden und straft die Werkzeuge seines Willens. Unter den muß sich Alles beugen, er ist sehr schlau und scheuet vor keinem Mittel zurück. Die Fortschritte in der Cultur, welche man in Serbien unter der vorigen Regierung angebahnt hatte, sind ganz in's Stocken gerathen. Milosch haßt alle Ausländer und alles Ausländische, wenn er könnte, würde er selbst den auswärtigen Handel unterdrücken und Serbien ganz isoliren. Dabei aber — und das wurde mir später mehrfach bestätiget — herrscht im Innern des Landes eine große Sicherheit, man kann ohne irgend eine Gefahr in Serbien reisen, denn Jeder weiß, daß eine höchst summarische Justiz rasch den Schuldigen ereilen wird. Ob aber immer dabei der Rechte als der Schuldige getroffen wird, das wird allerdings häufig bezweifelt, Gewissensbisse aber macht sich Niemand darüber, am wenigsten der Fürst. — Von dem Sohne des Fürsten sprach mein Reisegefährte mit großer Achtung; er habe jetzt gar keinen Einfluß, aber man sei berechtigt, für die Zukunft viel von ihm zu erwarten.

Zu meinem lebhaften Bedauern mußte ich mich in Jassenova von meiner anziehenden Reisegesellschaft trennen, indem dort die Bahn nach Oravicza abgeht, und dieses mein nächstes Ziel war.

Schon bei Versèc trat ein sehr schöner Gebirgs= zug hervor, welcher gleichsam die Vorberge des Banater

Gebirgsstockes, dem südlichsten Ausläufer der Karpathen, bildet. Diese Gegend liefert einen vortrefflichen Wein. Die Reben werden hier, wie durchgehends in ganz Niederungarn, nicht an Weinpfählen, sondern ganz niedrig gezogen; die Weingärten haben daher in mä= ßiger Entfernung eine weit größere Aehnlichkeit mit Kartoffeläckern, als mit Weinbergen, wie wir sie ge= wohnt sind. Man nimmt im Banate für diese Art der Weincultur die Vortheile in Anspruch, daß bei dem niedrigen Schnitte der Reben saftigere Trauben und reichere Ernten erzielt werden. Obwohl ersteres im hohen Grade der Fall ist, glaube ich doch, daß mehr der Mangel an Weinpfählen der Grund zu dieser abweichenden und mit den Erfahrungen unserer Weinbauer in Widerspruch stehenden Behandlung des Stockes sein mag. Der Banater Wein, der in reicher Menge und Mannigfaltigkeit um das Gebirge herum wächst, ist gut, nur sehr feurig und stark. Der Wein von Moldowa, Weißkirchen, Versèc, Borbosa u. a. m. ist der vorzüglichste und bei einer bessern Pflege würde er ganz ausgezeichnet sein. Man kann kaum bezweifeln, daß bei günstigeren Verkehrs= und Zoll=Verhältnissen dieser Banater Wein sich einst vielen Beifall in Deutsch= land erwerben wird.

Je näher man Oravicza kommt, desto mehr steigt das Gebirge in scharfen Umrissen mit steilen Hängen, tiefen Einschnitten und den schönen Abwölbungen, welche dem Kalkgebirge eigen sind, hervor. Es ent=

wickelt sich in einer compakten Masse und man er=
kennt, daß die ganze Bewaldung aus Laubholz besteht.
Leider zeigen aber auch die dem Lande zunächst lie=
genden Hänge die deutlichen Spuren der unvernünf=
tigen Eingriffe des Menschen, unterstützt durch den
scharfen Zahn des Weideviehes. Sie sind entweder
nur mit niederem Gestrüpp bewachsen, welches in
diesem Lande selbst dem Viehe widersteht, oder ganz
kahl mit tiefen Wasserrissen durchfurcht. So gewähren
sie einen traurigen Anblick der Veröbung, kaum einen
höchst dürftigen Weideanger darbietend. Wie mein
Auge das Gebirge nach der langen Reise in der
Ebene erquickte, so betrübte mich doch dieser Anblick,
der mir zeigte, daß der Unverstand der Menschen
unter allen Breiten rücksichtlich der Waldbehandlung
derselbe sei.

Der Bahnzug hielt und wir befanden uns vor
einem tiefen Thale, in welchem langgestreckt die Berg=
stadt Oravicza liegt.

IV.

Cameral= und Montan=Orte. — Oravicza. — Imprägnir=Anstalt. — Parafin=Fabrik. — Die Bewohner des Banates. — Deutsche. — Wallachen. — Bulgaren und Zigeuner. — Die Wallachen in physischer und sittlicher Hinsicht, ihre Kleidung, Nahrung, Sitten und Gebräuche. — Kirche und Schule. — Der Popa. — Landwirthschaft und Viehzucht.

In dem östlichen Theile des Banates wird ein wesentlicher Unterschied zwischen den Cameral=Orten und den Montan=Orten gemacht.

Die ersteren waren früher Staatseigenthum, sie waren ärarisch, das Aerar war der Grundherr. Hier galt der Grundsatz, daß zu jedem Hofe, eine sogenannte Session, 32 Joch Grund und Boden zugetheilt wurden. Die Flur wurde nach ihrer Bonität geschätzt und eingetheilt, z. B. Weinland, Waizen=, Kukuruz=land u. s. f., und von jeder dieser Bonitäten der Session entsprechend viel zugetheilt, bis die 32 Joch erfüllt waren. Das übrig bleibende Land hieß „Ueber=land" und gehörte dem Grundherrn, es waren dieses natürlich die schlechtesten Stücke. Es ist nicht un=

interessant zu bemerken, daß man in Schweden und
Finland eine ganz ähnliche Einrichtung findet, auch
dort wird für jeden Bauernhof so viel Land, Wald
und Weide, wie man für den Unterhalt einer Familie
nöthig hält, ausgewiesen, das Uebrigbleibende, im Nor=
den stets Wald, heißt öfverlops jorden, welches man
genau als Ueberland übersetzen muß. — Wald haben
in diesen Cameral=Orten die Bauern niemals erhal=
ten, dagegen war ihnen das Recht auf Klaubholz —
Raff=, Lese= und Fallholz — und die Waldweide zu=
geständen. Jetzt wird hier commassirt, d. h. die Zu=
sammenlegung der Grundstücke findet statt.

Einen Theil dieser ärarischen Besitzungen hat der
Staat, wie später noch specieller nachgewiesen werden
wird, der k. k. privil. österr. Staats=Eisenbahn=Ge=
sellschaft verkauft. Hier ist die Gesellschaft Grundherr
und die Verhältnisse bleiben im Uebrigen ebenso wie
im früheren.

In den Montan=Orten bestand gar kein fremder
Besitz. Es lebten dort nur Kolonisten, welche zur
Bearbeitung der Bergwerke oder als Hütten= und
Forstarbeiter angesiedelt waren, zu welchen im Laufe
der Zeit noch Handwerker, Kaufleute, Wirthe u. dgl.
sich gesellten. Allen diesen wurde so viel Grund und
Boden zugetheilt, als sie sich urbar machen wollten,
aber der Grundherr blieb der Eigenthümer und zahlte
als solcher die Grundsteuer. Der Besitz des Kolo=
nisten wurde zwar vererbt oder verkauft, aber nur mit

Genehmigung und dem ausdrücklichen Vorbehalt der Rechte des Grundherrn. Im Jahre 1859 hat die Eisenbahn=Gesellschaft auf dieses Recht, so weit die Grundstücke innerhalb der Orts=Gemarkung liegen, förmlich entsagt.

Die Bergstadt Oravicza liegt, fast eine Stunde lang, in einem sich nach dem Gebirge zu verengenden Thale, von hohen und steilen, zunächst des Ortes von Wald entblößten Bergen begrenzt. Die Lage ist sehr milde, im Sommer, durch die nackten Kalkberge ver= mehrt, wird es drückend heiß. Die Jahres=Mittel= Temperatur beträgt nach einem 15jährigen Durch= schnitt $+$ 8,7 ^{0} R. Dem entsprechend werden hier alle südlichen Gartengewächse, Pfirsichen, Wein u. dgl. erzogen, obwohl das höhere Gebirge so nahe vorliegt.

In Oravicza, welches etwa 7000 Einwohner hat, ist der Sitz eines Bezirksgerichtes und der k. k. Berg= hauptmannschaft für das Banat und die Militair= grenze und eine Grundbuchsbehörde. Die Berghaupt= mannschaft, nur Bergpolizeibehörde, hat auf den Be= trieb einen weitern Einfluß nicht, als daß sie dar= auf zu sehen hat, daß er bergordnungsmäßig geführt wird. Außerdem ist Oravicza der Amtssitz des gesell= schaftlichen Oberforstamtes für die Banater Forsten und Domainen, eines Forstamtes, einer Oberverwal= tung der Metallwerke, einer Rechtsanwaltschaft, der gesellschaftlichen Centralkasse und Eisenbahnverwaltung.

Die Stadt treibt einen lebhaften Landhandel mit

der Umgegend. Der Bergbau war in der Nähe von
Oravicza früher bedeutend, jetzt liegt er ganz dar=
nieder, nur einige Pochwerke sind noch im Betriebe.

Zunächst des Bahnhofes hat die Eisenbahn=
Gesellschaft eine Anstalt, um Holz, besonders Buchen,
für Eisenbahnschwellen zu imprägniren, im großartigen
Maßstabe angelegt. Man imprägnirt hier nach der
neuesten Methode von Boucherie monatlich 10,000
Cubik=Fuß mit Kupfervitriol, und es werden täglich
120 Slieper fertig. Die Buchenhölzer werden, so weit
sie nicht im Inneren einen todten Kern haben, voll=
ständig imprägnirt und wenn sich ihre Haltbarkeit als
Bahnschwellen bewährt, so wäre das ein großer Ge=
winn, denn das aus Slavonien bezogene Eichenholz
ist wenig dauerhaft. Die eichenen Schwellen auf der
Bahn von Oravicza nach Jaszenova lagen 7 Jahre
und wurden gegenwärtig sämmtlich ausgewechselt.

Neben dieser Imprägnir=Anstalt fand ich im Bau
begriffen eine ebenfalls gesellschaftliche große Parafin=
Fabrik, worin das aus den Kohlenschächten bei Steier=
dorf gewonnene Bergöl zu Gute gemacht werden soll.

Oravicza zerfällt in zwei Haupttheile. Der am
Ausgange des Thales belegene heißt Roman=Oravicza
und wird fast ausschließlich von Wallachen bewohnt,
thalaufwärts schließt sich dann Deutsch=Oravicza an.

Die Bewohner des Montan=Districts und der dem
Gebirge zunächst liegenden Ebenen sind Deutsche, Wal=

lachen, Bulgaren, Zigeuner und einzelne eingemischte
Serben und Magyaren.

Die Deutschen finden sich in allen Bergorten,
wo sie gemeinschaftlich mit den Wallachen wohnen,
doch giebt es auch einige, wie z. B. Steierdorf, wo,
wenige Familien ausgenommen, eine rein deutsche Be=
völkerung lebt. Die meisten Deutschen waren Berg=
oder Hüttenleute und sind bei der Aufnahme des Berg=
baues aus Oberungarn und aus den deutschen Pro=
vinzen Oesterreichs eingewandert, theils schon im 15.
Jahrhundert, theils erst unter Maria Theresia. In
der neuesten Zeit sind diese Einwanderungen für die
Vermehrung der Arbeitskräfte beim Bergbau von der
Eisenbahn=Gesellschaft wieder lebhafter aufgenommen
und man hat vorzugsweise Böhmen ins Land gezo=
gen. Außerdem aber finden sich durch den vermehrten
berg= und hüttenmännischen Betrieb manche einzelne
deutsche Arbeiter angezogen und so findet man Erz=
gebirger und Harzer, Westphalen und Schwaben u. s. f.
hier vertreten. Auch von den Nachkommen der frühe=
sten Einwanderer werden deutsche Sitten, Gebräuche,
Kleidung und Sprache beibehalten. Solche Annäherun=
gen an die Eingebornen, wie ich oben von den Deut=
schen in Ungarn erzählte, findet man hier nicht. Ich
glaube, es liegt das theils an der klimatischen Lage
der Bergorte, welche der in Mitteldeutschland mehr
entspricht, wodurch eine Umänderung der Kleidung,
wie in den heißen Ebenen Ungarns, nicht geboten war,

und in dem Berufe, welcher die Menschen mehr isolirt. In Steierdorf trat ich eines Sonnabends Abends in ein Bergmannshaus, es waren Nachkommen einge= wanderter Steiermärker. Die Wohnräume waren reinlich gescheuert und geputzt, das Küchengeschirr blank gescheuert und der Mann saß bei einem tüchtigen Stück Schweinebraten. Ich äußerte meine Befriedigung über die Ordnung und Reinlichkeit im Hause, worauf der Bergmann mit einem gewissen Stolz und einem An= flug von Empfindlichkeit, als ob sich das von selbst verstehe, erwiderte: „Ja Herr, wir sind aber auch Deutsche." Und ich freute mich, hier noch das leb= hafte Nationalgefühl zu finden.

Die banater Landebene nahm viele Einwanderer aus Württemberg auf, welche unter der Regierung von Maria Theresia vorzugsweise begünstigt wurden. Die meisten Deutschen sind dem römisch=katholischen Be= kenntniß zugethan, die Zahl der Protestanten ist nur geringe.

Die Wallachen, welche die Bergorte bewoh= nen und entweder als Berg= und Hüttenleute oder als Fuhrleute, Holzschläger und Köhler ihren Unterhalt erwerben, sind aus der Wallachei unter Cautacuzem im 17. Jahrhundert eingewandert. Sie werden Po= sanen genannt und sind insbesondere in ihrer Tracht, weniger in ihren Sitten von den Land bewohnenden Wallachen unterschieden. Diese waren schon vor 1000 Jahren als ein nomadisirendes Hirtenvolk hier zu

Hause, bezogen aber erst im 18. Jahrhundert zusammen=
liegende Dörfer und widmeten sich mehr dem Land=
baue. Sie heißen Frabutzen, nannten sich von Alters
her Romani, während die Pofanen sich erst in der
neuern Zeit, seit 1848, so nennen. Man unterschei=
det auch noch die in späterer Zeit aus der Wallachei
eingewanderten, in den Werksorten wohnenden Wal=
lachen als Zirenen, ihre Tracht ist der der Pofanen
gleich, auch sind mir besondere Stammesunterschiede
nicht bekannt geworden. Mit wenigen Ausnahmen
gehören die Wallachen der griechisch = nicht = uniirten
Kirche an.

Die **Bulgaren** oder Krassovener, wie sie in
dieser Gegend genannt werden, weil sie einen kleinen
Landstrich des ehemaligen Komitates Krasso bewohnen,
sind aus Bulgarien eingewandert und halten sich um
so mehr unvermischt von den Wallachen, da sie zur
römisch=katholischen Kirche gehören. Sie sind Land=
und Obstbauer und treiben Viehzucht. In den Berg=
orten leben sie nicht. Ihre Kleidung ähnelt sehr der
der Wallachen.

Die **Zigeuner** haben sich theils in den Berg=
orten niedergelassen, wo sie bei dem Hüttenbetriebe als
tüchtige Feuerarbeiter gern gesehen werden, theils zie=
hen sie nomadisirend, meistens vom Betteln lebend
umher. In der Grenze, z. B. nicht weit von Weiß=
kirchen, findet man reine Zigeunerdörfer zum Theil
noch im Urzustande. Ueber ihre Religion schwebt ein

gewisses Dunkel, und ihre Begriffe von Mein und Dein erscheinen ziemlich ungeordnet.

Ueber die beiden zuletzt genannten Volksstämme werde ich bei der Erzählung meiner Streifereien im Innern des Landes, wo ich dieselben kennen lernte, Einiges mittheilen, die Wallachen aber, dieses ungemein interessante, in der That poetische Volk wollen wir gleich hier näher betrachten. Ich habe häufiger wallachische Wohnungen von Reichen und Armen besucht und mich mit Vorliebe damit beschäftiget, ihre Sitten und Lebensweise kennen zu lernen und so glaube ich hier manches Neue, gewiß aber viel Interessantes darbieten zu können.

Die Wallachen.

Bei den Wallachen sind die Männer meist von mittlerer Körpergröße, abweichend davon sieht man mehr große als kleine Gestalten, schlank gewachsen und mit regelmäßigem Gliederbau. Sie sind schwerfällig und langsam in ihren Bewegungen, doch hat diese Schwerfälligkeit mehr den Charakter der Faulheit als der Unbeholfenheit. Das Gesicht ist langgeschnitten und der Kopf ebenso geformt, bei vielen Männern trifft man eine durchaus edele Gesichtsbildung. Die dunkele Gesichtsfarbe erscheint mehr als eine Wetterfarbe, denn als natürliche Färbung der

Race, so wie bei den Zigeunern; die vorherrschend
schwarzen Augen haben fast immer einen tückischen
Ausdruck, blitzen bei Erregung lebhaft auf, werden
aber, sowie der Mann sich beobachtet sieht, sofort de=
müthig niedergeschlagen. Die dunkeln, langen und
dichten Haare hängen unordentlich, wild und ungepflegt
um den Kopf. Der fein gebildete Mund, voller schö=
ner weißer Zähne, wird von einem dichten und lan=
gen Schnurrbart beschattet, einen Kinnbart dagegen
trägt der Wallache niemals, diesen zu tragen ist ein
Vorrecht des Priesters (Popa). Im Allgemeinen macht
der Wallache den Eindruck eines kräftigen, wohlgebau=
ten Mannes und nicht selten sieht man unter den
Burschen und Männern von mittlerem Alter wirklich
schöne Gesichter und Gestalten.

Das schöne Geschlecht verdient in der Jugend
diese Bezeichnung in der That, ich sah noch bei keinem
Volke so viele wirklich schöne und anmuthige Frauen=
gestalten. Die Kopf= und Gesichtsbildung zeigt das
schönste und regelmäßigste Oval, die Nase von einer
echt römischen Form, die Augen mit langen Wimpern
und dichten Augenbrauen sind meist dunkel, öfter
ganz schwarz wie die Haare und zeigen einen sanften,
man kann sagen schwärmerischen Ausdruck, der aber
bei der Aufregung, z. B. beim Tanz, ein lebhaftes,
aber nie wildes Feuer annimmt. Lange Haare wer=
den für eine besondere Schönheit gehalten und nicht
nur, daß die junge Wallachin durch Einbinden von

falschen Zöpfen das Haar verstärkt, wird ihm auch
eine besondere Sorgfalt gewidmet. Man sieht es
immer glatt, glänzend, wobei Schweineschmalz aller=
dings die Stelle der feinen Pommade vertritt, und
wohlgescheitelt. Ich sah häufig, daß junge Mädchen,
wenn sie Mittags von der Arbeit ruheten, an das
Wasser gingen, ihr Gesicht wuschen und das Haar
aufs Neue ordneten, wobei nicht selten ein Stückchen
Spiegel benutzt wird. Die Figur und der Wuchs
sind schlank und untadelhaft, schön gerundete Formen
ohne irgend eine störende Fülle. Füße und Hände
schmal und klein. Die Bewegungen der jungen Mäd=
chen sind, wie ihre Haltung, im hohen Grade graziös
und elastisch, sie würden in jedem unsrer Salons alle
unsere Damen darin übertreffen. Ich glaube, daß
diese ausnehmende Leichtigkeit der Bewegungen, ver=
bunden mit einer Sicherheit des Auftretens, daher
kommt, daß sie von Jugend auf gewohnt sind, klei=
nere Lasten auf dem Kopfe zu tragen. Man sieht
oft die Wallachin in einem länglichen Korbe ein klei=
nes Kind auf dem Kopfe tragend, ein Bündel auf dem
Rücken und im Gehen eine Spindel mit Wolle ab=
spinnend, und dabei sind die Wege, welche sie zurück=
legen, meistens nicht eben und glatt. Die jungen Wei=
ber haben eine frische Gesichtsfarbe und glatte Haut,
leider behalten sie diese nicht lange, denn es herrscht
unter den Mädchen die Unsitte, sich weiß und roth zu
schminken, auch die Augenbrauen zu färben. Die

nachtheiligen Folgen davon für die Haut sind bekannt. Die Mädchen sind im Allgemeinen reinlich, bei den Frauen aber läßt das, wohl durch den harten Druck der Arbeit, bald nach. · So hübsch und liebenswürdig die wallachischen Mädchen in ihrer äußeren Erscheinung sind, so wenig kann man das von den Frauen sagen, sie vernachlässigen sich mehr und mehr und selbst bei den Reicheren bleibt am Ende nicht mehr die Spur der früheren Schönheit.

Der Wallache ist feig, hinterlistig, tückisch, grausam und faul. Er wird niemals einen Mann, besonders wenn er mit Feuergewehr bewaffnet ist, vor dem er eine heilige Scheu hat, offen angreifen, er thut es nur aus dem Hinterhalte, oder wenn er weit an Zahl überlegen ist, in räuberischer Absicht, z. B. durch Ueberfallen im Hause, wobei er zwischen seinen Stammesgenossen und andern Leuten einen Unterschied nicht macht. · Dabei begeht er die raffinirtesten Grausamkeiten, wovon ich oben schon ein Beispiel anführte und ich später noch einige folgen lassen werde. Nichtsthun ist sein Lebensglück, er läßt wie der Orientale sein Weib für sich arbeiten und seine größte Wonne ist es, wenn er gegen die Reifezeit der Zwetschgen in seinem Garten liegen kann, um das Wachsen derselben, im Vorgefühle des Rakia (Zwetschgenbranntwein), mit Wonne zu betrachten. Oft sieht man auf dem Markte große Männer tagelang an einem Korbe Obst verkaufend sitzen. Er arbeitet eben nur, um das

Nothdürftigste an baarem Gelde zu erwerben, um die
Steuern zahlen zu können, für das Wenige, welches
das Haus bedarf, und höchstens, um sich ein Paar
Ochsen zu kaufen. Der Wallache beschäftigt sich vor=
züglich gern als Fuhrmann und liegt mit seinen Och=
sen oft wochenlang auf der Straße oder im Walde,
wo er Kohlen frachtet oder Holz fährt. Wenn ihn
die Nacht ereilt, spannt er seine Thiere aus, treibt
sie auf die Weide in den Wald, macht sich ein Feuer
an, bereitet sein spärliches Mahl und schläft. Ist
das Wetter schlecht, legt er sich, in seine Decke (Kotze)
oder seinen Pelz gewickelt, unter den Wagen mitten
auf die Straße und ruhet so sanft wie mancher Städter
nicht in seinen weichen Kissen. Oft begegnet man
dergleichen Fuhren, wo der Mann auf dem Wagen
schläft und das Weib fährt. Uebrigens ist der Wal=
lache ein sehr geschickter Wagenführer, er bringt das
Holz auf so unglaublich steilen und schlechten Wegen
von den Bergen, daß man alle Augenblicke denkt,
Mann, Ochsen und Wagen müßten zerschmettert un=
ten ankommen und doch fällt selten ein Unglück vor.
Will man viel Arbeit von einem Wallachen haben,
so muß man ihm niedrige Accordsätze machen, ver=
dient er viel, so arbeitet er nur wenige Tage in der
Woche, ein Bestreben, sich ein Capital zu sammeln,
ist ihm fremd.

Das sind allerdings große Schattenseiten im
Character, aber es sind größtentheils solche, welche

man mehr oder minder bei jedem unterdrückten, ge=
knechteten Volksstamme findet, er trägt sicher weniger
die Schuld, sie sind ihm anerzogen und eingeprügelt.
Man hat ihn gewöhnt, in jedem Höherstehenden einen
Stockschwingenden zu sehen. Es ist in der That
nicht übertrieben, wenn ich sage, daß den Wallachen
zu prügeln als etwas so in der Ordnung seiendes
erscheint, daß sich die meisten, selbst wirklich gebildete
Männer, gar nichts dabei denken. Es muß so sein,
heißt es, ohne Prügel ist der Wallache nicht zu regie=
ren. Er selbst kennt das auch gewissermaßen an,
denn wenn er von Jemandem tüchtige Schläge be=
kommen hat und ihm nicht geradezu Unrecht geschah,
sagt er, „das ist ein ganzer Herr", während er den
verspottet, welcher ihn nur mit Worten zur Ordnung
verweiset. Dennoch hat ihn die Natur auch mit man=
chen guten Anlagen ausgestattet.

Der Wallache ist im Allgemeinen sehr mäßig,
kennt äußerst wenig Bedürfnisse, wenn man die Nei=
gung zum Trunke abrechnet. Seine geistigen Anla=
gen sind von Natur gut, ja ich bin zu glauben geneigt,
noch mehr als das. Der schlichte Bauer, Köhler oder
Fuhrmann ist im Stande, seine Sache mit einer sol=
chen folgerechten Logik und mit einem solchen notorischen
Schwung vorzutragen, daß man erstaunen muß. Schla=
gende Antworten hat er gleich bereit. Auf einer meiner
Streifereien kam ich in Begleitung eines banater Forst=
und Domänenbeamten in ein Holzhauer= und Köhler=

Dorf Pavina Matje (91 Hausnummern und 630 Einwohner), wo wir eine kleine Kapelle von etwa 25 Fuß Länge und 15 Fuß Breite besahen, sie war roh von Brettern zusammengeschlagen, durch die Fugen pfiff der Wind, die unten angefaulten Hölzer droheten jeden Augenblick zusammenzubrechen. Die Schule war zur Zeit abwechselnd, wie die unzweideutigsten Spuren verriethen, ein Pferde=, Kuh= oder Schweinestall, nahm ein Zimmer von etwa 12 Fuß ins Gevierte ein und hatte zwei Bänke für etwa 12 Kinder und eine schwarze Tafel, woraus man auf das Schulzimmer schließen konnte. Mein Begleiter sagte dem uns führenden Richter, es sei eine Schande, in einem doch nicht so ganz kleinen Orte eine so schlechte Kirche und Schule zu haben.

„Ja Herr, das ist wahr — erwiderte der Richter — aber wir sind arm und wenn uns die Grundherrschaft nicht unterstützt, so können wir nicht bauen und bessern.“

Nun, wenn Ihr hier in Pavina Matje erst nicht mehr so arge Diebe und Räuber seid, wird Euch sicher geholfen werden, war die Antwort des Beamten, worauf sofort der Richter entgegnete:

„Ja, Herr, das ist wahr, aber eben weil die Kirche und Schule so schlecht, sind wir solche Räuber und Diebe.“ —

Der Wallache ist sehr geschickt in allen Handarbeiten, in gewisser Beziehung ein mechanisches Genie.

Es beweisen das z. B. seine einfachen Löffelmühlen.
Das Wasser steigt mit einem entsprechenden Fall gegen
das horizontal liegende Rad, dessen Schaufeln löffel=
artig in die Höhe gebogen sind, und treibt so die ver=
ticale Welle. Offenbar die Idee der Turbine. —
Seine geistige Bildung ist gleich Null. Lesen und
Schreiben gehört zu den Künsten, welche er nur in
äußerst seltenen Ausnahmen sein eigen nennen kann.
Die Schulen werden selten, auch wohl gar nicht be=
sucht, dann aber lernen die Kinder nichts als Beten!
d. h. geist= und gedankenlos die gewöhnlichen Gebete,
wie sie die Kirche vorschreibt, ableiern. Es ist ein
wahrer Jammer und eine Schande, wie elend der
Unterricht bestellt ist, und das bei einem Volke, wel=
ches ich für ungemein bildungsfähig zu halten geneigt
bin. Es wäre sicher der Mühe werth, sich ernstlich
mit der Bildung und dem Unterrichte dieses Volkes
zu beschäftigen, das Material ist gewiß gut, beson=
ders bei den Frauen, wie wir gleich sehen werden.
Und wo die Frauen körperlich und geistig verhältniß=
mäßig so hoch stehen, wie bei den Wallachen, wird
die Einführung eines bessern sittlichen Zustandes ent=
sprechend leicht, denn der Keim zum Guten, welchen
die Mutter in die junge Brust des Kindes pflanzt, wird
selten ganz ausgerottet.

Die Wallachen betteln niemals; mir ist es we=
nigstens nicht begegnet, angesprochen zu werden. Sie
sind zu stolz dazu. Giebt man ihm bei irgend einer

Gelegenheit ein Trinkgeld, so danken sie, ohne einen Blick auf die Gabe geworfen zu haben, sie zeigen durch die wahrhaft noble Art, womit sie das Gebotene an= nehmen, daß sie entfernt nicht hübsüchtig sind und beschämen damit alle unsere feinen Kellner und Stuben= mädchen. Ebenso wenig ist der Wallache neugierig, selbst die Frauen nicht, niemals wird man mit den sonst so gewöhnlichen Fragen über Herkommen und dergleichen belästiget.

Die wallachischen Frauen sind, nach orientalischer Art, ihren Männern durchaus untergeordnet und sie leben eigentlich nur für sie und ihre Kinder. Sie sind ausnehmend fleißig und geschickt. Schon die klei= nen Mädchen sieht man selten ohne die Spindel. Sitzen die Frauen auf dem Markte, so haben sie die Spindel als Begleiterin oder sie nähen an den Ver= zierungen ihrer Hemden' und dergl. Die Wallachin webt das wollene Zeug, welches ihr Mann gebraucht, das Leinen, die Kotzen u. s. f. Kurz, sie verfertiget alles Material für ihre Kleidung. Dabei verziert sie die weite Hose des Mannes mit selbst verfertigten Spitzen, stickt ihre und des Mannes Hemden mit gro= ßer Kunstfertigkeit und färbt die dazu nöthige Wolle und Baumwolle, sie besorgt den ganzen Haushalt und hilft dem Manne bei seiner Feld= und Gartenarbeit, im Weinberge, im Walde, selbst als Handlangerinnen bei Mauerarbeiten u. dgl. sieht man sie thätig. Da= bei sieht man sie häufig mit ihren kleinen Kindern

bepackt, und nach der Sorge, welche sie diesen wid=
met, erscheint sie als eine zärtliche Mutter. Un=
terricht erhält das Mädchen eben so wenig oder so
viel als die Knaben, mit denen sie eine Schule be=
sucht oder nicht besucht. In dem Dorfe Plavischoviza
an der Donau in der Militairgrenze sah ich ein hüb=
sches junges Bauernweib stehen, dessen besonders schön
gesticktes Hemde mir so auffiel, daß ich näher zu ihr
trat und vermittelst eines Dolmetschers eine Unter=
haltung begann. Sie war die Tochter eines Popa,
an einen Bauer verheirathet, konnte weder lesen noch
schreiben, hatte auch niemals eine Schule besucht.
Eines Geistlichen Tochter! Das giebt ein treues und
schlagendes Bild des Volks=Unterrichts. Und das in
einem Staate, von dem man eine Verbreitung der
Cultur gen Osten erwartet.

Die wallachischen Mädchen werden im Allgemeinen
als sittsam geschildert, der Bursche sieht auf den guten
Ruf seiner Auserwählten. Die verheiratheten Frauen
aber sollen eben keine Muster von Sittenreinheit sein.

Die Sprache der Wallachen, eine echt romanische
mit sehr vielen lateinischen Anklängen, z. B. domini,
Herr, porta, Thor, bun, gut, frapsin, Esche, car-
pin, Weißbuche, fag, Rothbuche, ist wohllautend und
klangvoll.

Die Kleidung der Männer besteht im Sommer
aus einem leinenen oder hanfenen Hemde (gamasc),
mit einem kleinen stehenden Kragen, welcher, wie der

Schlitz, mit einer schmalen rothen, blauen oder grünen
Kante in Wolle gestickt ist. Diese Stickerei ist nach
Muster und Farbe in den Dorfschaften verschieden, so
daß man darnach die Heimath des Mannes zu er=
kennen vermag. Das Hemd wird über die weiten
leinenen Hosen (ismenje) getragen. Ueber einer Ban=
dage von verschiedenen farbigen Tuchstreifen (obelje),
womit das Bein bis über die Wade bekleidet ist und
welches meistens durch rothe Bänder gehalten wird,
bekleidet den Fuß eine mit Riemen befestigte Sandale
(opinces). Strümpfe kennt der Wallache nicht. Diese
Fußbekleidung bleibt für den Sommer und Winter
gleich. Ueber das Hemde wird eine weiße oder graue
Weste von Wollstoff getragen, vorn mit einer dichten
Reihe Knöpfe besetzt. Um den Leib ist ein 6 Zoll
breiter dicker, oft 3 bis 4 Pfund schwerer Lebergurt,
mit drei großen Messingschnallen befestigt, in welchem
Messer, Feuerzeug, Pfeife, Tabak u. dgl. untergebracht
werden. Bei rauhem Herbst= und Frühjahrswetter
wird ein weiter Ueberrock von weißem oder dunkelm,
meist braunem oder blauem Wollzeuge, mit reicher
bunter Stickerei in Wolle, oft auch in Gold und
Silber verziert, angelegt. Der weiße heißt Labanitza
und wird für schöner als der dunkle, Burka genannt,
gehalten. Im Sommer bedeckt ein breitkrämpiger, aber
niedriger Filzhut (palaria) den Kopf, im Winter eine
Pelzmütze (klebecz), welche mit den meistens sehr
langen Wollzotteln· dem Manne ein wildes Ansehen

giebt. Die Leinwandhose wird im Winter mit einer
wollenen (nadras) vertauscht und der Oberkörper mit
einem kurzen, der Weste ähnlichen Schafpelz (peptare)
oder mit einem bis an das Knie reichenden (coscok)
bedeckt. Bei Regenwetter wird die rauhe Seite nach
auswendig, bei Kälte nach inwendig getragen.

So tragen sich die Pojanen, bei den Frabuzen
ist der Stoff gröber, die Verzierungen sind weniger
geschmackvoll, der lederne Gurt ist 12—15 Zoll breit
mit 5—6 Schnallen und oft 5—6 Pfund schwer.
Der Hut wird größer, gröber in Filz und stärker
aufgekrämpt getragen.

Das ganze weibliche Geschlecht bei den Pojanen
trägt nur ein langes, bis fast zum Enkel reichendes
weißes leinenes Hemde, am Schlitz und auf den
Achselstücken mit rother, schwarzer und blauer Wolle
in verschiedenen Mustern gestickt. An Feiertagen ist
dasselbe sehr fein, mit besonderer Sauberkeit und vielem
Geschmack reich gestickt und mit breiten Spitzen besetzt.
Ueber das Hemde tragen sie im Festschmuck ein vorn
offenes Leibchen von dunklem Wollstoffe, sonst ist das
Hemde das einzige Kleidungsstück. Um die Taille
schlingt sich ein 6—8 Zoll breiter Gürtel von bunter
Wolle und verschieden gemustert, an welchem vorn
und hinten eine Art Schürze von gleichem Stoffe und
Färbung, aber mit bunt gestickten Rändern (vorn
Schurz, hinten Obregg genannt) verbunden ist, welche
bis zum Knie herabreichen, so daß an den Seiten

das Hemde sichtbar bleibt. Diese Schürzen tragen auch die kleinsten Kinder. Im Sommer gehen alle Weiber barfuß, nur beim Tanze und sonstigen festlichen Gelegenheiten tragen sie Strümpfe und Schuhe, im Winter Sandalen, wie die Männer, und dann wird von den Frauen ein Pelzleibchen ohne Aermel, das Rauhe nach inwendig getragen, die Mädchen gehen selbst bei der strengsten Kälte nur im Hemde.

Die Frabutzen unterscheiden sich von den Posanen vorzugsweise dadurch, daß Obregg und Schurz gleich von dem Bunde um die Taille an mit roth, schwarz, grün und blau gefärbten Franfen, die bis an die Kniee reichen, besetzt sind.

Die Frauen tragen entweder eine niedrige Haube, hinten mit einem breiten Bande, welches für den Putz mit Gold und Silber durchwirkt ist, oder ein Kopftuch, auf der Stirn zusammengebunden. Die Mädchen gehen meistens in bloßem Kopfe, 'tragen sie das Kopftuch, so binden sie es unter dem Kinn zusammen. Das Haar wird sorgfältig in Scheitel getheilt, bei festlichen Gelegenheiten, wie ich schon oben sagte, werden falsche Zöpfe eingeflochten, und der Kopfputz durch Bänder, künstliche oder natürliche Blumen vervollständigt. Mit natürlichen Blumen schmückt sich das wallachische Mädchen gern, an Werkeltagen aber nur mit einem kleinen Strauß, oft nur einer einzelnen Blume an jeder Seite der Schläfe. Bei den Posanen hängen die Flechten lang auf den Rücken hinab, bei den Frabutzen werden sie um den Kopf gewunden. Als Schmuck trifft man auf dem Kopfe häufig eine, zwei oder selbst drei Reihen Geldstücke von der Stirn bis zum Wirbel und gehenkelte Geldstücke um den Hals. Reiche Mädchen tragen Dukaten, ärmere um den Hals Kronenthaler oder Zwanziger und im Haare Sechskreuzerstücke. Auf diesen Geldschmuck wird viel Werth gelegt und die Wallachin macht lieber Schulden, ehe sie sich zur Zeit der Noth von diesem Geschmeide trennt.

Bis gegen die Mitte des vorigen Jahrhunderts wohnten die Wallachen meistens als Hirten im Lande zerstreut in ihren Szallas. Erst unter Maria Theresia wurden sie mehr an feste Wohnsitze gebunden, es wurde ihnen Land angewiesen, sie begannen Ackerbau zu treiben und zogen sich in geschlossenen Dörfern zusammen, wo jeder Familie ein Wohnplatz mit Hausgarten angewiesen wurde. Daher die auffallend regelmäßige Bauart fast aller wallachischen Dörfer im Banate. Neben der Schule oder in der Grenze neben dem Offiziersquartier findet man die sog. Klopfe, ein an einer Schnur aufgehängtes kleines Buchenbrett, an welches mit hölzernen Hämmern geschlagen wird, um die Gemeinde zusammen zu rufen. Mich erinnerte das lebhaft an die „Hillebille" der Harzer Köhler. In der Fastenzeit wird eine solche Klopfe neben den meisten Häusern von den Kindern aufgehängt und von diesen, oft auf mehreren zugleich, ein gewissermaßen harmonisches Geklopfe betrieben. Man betrachtet das als eine Aufforderung, daß in dieser Zeit das Beten nicht verabsäumt werden dürfe.

Die Wohnungen der Wallachen sind in den Bergorten größtentheils roh von Holz, auf steinerne Fundamente, aufgebaut und mit Schindeln gedeckt. Der Schornstein ist tief am Dache angesetzt, von Ruthen geflochten und mit Lehm überklebt. In den Dörfern des Flachlandes sind die Häuser meist von Stein mit Stroh= oder Rohrdächern. Die Fenster sind nicht auffallend klein, weit größer, wie bei den Slaven, statt Glasscheiben aber nicht selten mit Papier oder kleinen in Papier eingeklebten Glasstückchen versehen. Im Innern befinden sich selten mehr als 1—2 Zimmer nebst Küche und der Stall ist meistens in Verbindung mit dem Hause. Neben demselben fehlt niemals ein kleiner Hausgarten; Knoblauch und Zwiebeln finden wir vorzugsweise cultivirt, jedoch auch einige Blumen, an Obstbäumen wird die Zwetschge mit Vorliebe angebaut, welche hier vorzüglich gut ist. Im Lande erscheint um und neben den Häusern der Wallachen die Akazie als ihr Lieblingsbaum.

Höchst einfach sind die Hausgeräthe. Ein niedriger, höchstens 2 Fuß hoher Tisch mit einigen niedrigen Schemeln ohne Lehnen. Der Boden ist selten gedielt. Vier in die Erde gerammte Pfähle mit Querstangen, auf welchen Bretter liegen, vertreten die Bettstelle, ein mit Kukurutzstroh oder Heu gefüllter Sack mit

einer Decke die Stelle des Bettes. Oft fehlt selbst
die Letztere und der Pelz oder alte Kleidungsstücke
werden statt ihrer benutzt. Die Bettdecken (Kilim)
sind, besonders bei reichen Leuten, schön gewirkt mit
bunten Farben, ebenfalls eigenes Fabrikat der Haus=
frau, und ist dieselbe auf derartige Erzeugnisse be=
sonders stolz. Bei Wohlhabenden trifft man mitunter
sogar ein Kopfkissen. Ein großer Lehmofen, in den
Montanorten häufig durch eiserne Oefen ersetzt, nimmt
nicht selten den vierten Theil des Zimmers ein. In
der östlichen Ecke des Zimmers wird ein heiliges Bild
aufgehängt, ihm oft ein kleiner Altar erbaut, ein
Gegenstand der häuslichen Verehrung. Geschmacklosig=
keit, wie das auch bei uns der Fall ist, herrscht bei
diesen Bildern vor, denn der Wallache will dabei viel
Gold und bunte Farben. Auf dem Raume, welcher
die Hausflur ausmacht, befindet sich der Herd, einige
Bleche, eine große Haube von Eisenblech, einige Töpfe,
hölzerne Teller und Löffel machen das ganze Küchen=
geräthe aus.

Das Hauptnahrungsmittel der Wallachen liefert
der Kukuruz, von welchem sie eine Art Brod (Malay
oder Kolesce) bereiten, indem das Mehl mit Wasser
und etwas Salz angemacht und in der Asche geröstet
wird. Auch kochen sie das Maismehl mit etwas Speck
zu einem Brei, welcher Mamaliga heißt. Milch liebt
der Wallache wohl, doch ist der Genuß derselben
wegen der vielen Fasttage äußerst beschränkt, und so

werden seine Kühe nur zeitweise gemolken, er braucht
sie eigentlich nur zur Zucht. Sonst liebt er Schaf=
käse, Zwiebeln, Knoblauch, ißt selten Hammelfleisch,
aber mehr Speck und getrocknete Fische, niemals Butter
und viel Obst, womit das Banat reichlich gesegnet ist.
Nur an Feiertagen wird Rindfleisch gegessen, die
Suppe davon aber als ungenießbar fortgegossen. In
der Fastenzeit, welche alles zusammengerechnet, etwa
200 Tage*) ausmacht, wird nur Malay, Bohnen,
Zwiebeln und häufig Brennnesseln, als Gemüse ge=
kocht, genossen. Die Fasten werden streng gehalten,
und Alles, was vom Thiere kommt, selbst Eier, Milch
sind verboten, selbst mit Fett darf nicht gekocht wer=
den, es wird durch schlechtes Baumöl ersetzt. Kar=
toffeln liebt der Wallache nicht, sie werden daher
sehr wenig gebaut. Das Getränk besteht in Wein
und Rakia. Man kann nicht in Abrede stellen, daß
der Wallache nicht selten zu viel trinkt, allein das
Laster der Trunkenheit tritt doch nicht so hervor als
in Galizien, denn hier wird mehr Wein, dort nur
Branntwein getrunken. Nie sah ich ein wallachisches

---

*) Mir wurde die Fastenzeit angegeben wie folgt: 56
Tage vor Ostern, Maria Geburt 14 Tage, Peter und Paul
28 Tage, vor Weihnachten 42 Tage. Alle übrigen Frei=
tage mit 32 und alle übrigen Mittwochen mit 32 Tagen.
Letztere werden in neuerer Zeit nicht mehr gewissenhaft
gehalten.

Weib betrunken, wohl aber bei einem kurzen Aufent=
halt in Galizien mehrere Polinnen.

Man giebt, wie wir oben gesehen haben, dem
Wallachen Faulheit Schuld und allerdings ist er es
nach unseren Begriffen. Seine Arbeitsleistungen sind
weit geringer als von einem Deutschen. Allein man
sei gerecht. Gewiß muß bei einer so elenden und der
menschlichen Natur so wenig entsprechenden Nahrung
dem Manne die Kraft fehlen. Die sehr wenige Fleisch=
kost, dabei die vielen auf einander folgenden Fasttage,
wo auch das wenige Fett, welches sonst zur Speise
verbraucht wird, verboten ist, kann einem Manne
keine Kraft geben. Kraftlosigkeit dürfte man daher
eher bei den Wallachen dasjenige nennen, was man
gewöhnlich Faulheit zu nennen beliebt. Man nähre
das Volk besser und man wird sehen, was das für
eine unerwartete Wirkung in Bezug auf Arbeitsleistung
äußern wird.

Das Hauptvergnügen der Wallachen ist der Tanz,
Zsok, welcher meist alle Sonntage, nach dem gegen
Abend stattfindenden Gottesdienste, abgehalten wird.
Der Tanz beginnt von den Mädchen und Burschen
im Freien vor dem Wirthshause und wird bis zum
gänzlichen Dunkelwerden fortgesetzt. Dann gehen diese
nach Hause und die Weiber und Männer tanzen im
Wirthshause, wo niemals ein Mädchen, welche auf
ihren guten Ruf hält, erscheint. Beim Tanze sind
die Burschen sehr eifersüchtig, sie tanzen den ganzen

8

Abend nur mit ihrer Auserwählten und obwohl sonst der Wallache keine Neigung zu Raufereien hat, so kommt es doch über die Mädchen und über die Ehre des Vortanzes öfters zu tüchtigen Schlägereien unter den Burschen. Nach einer höchst eintönigen Musik, welche zwei oder drei Zigeuner auf elenden Geigen mit drei Saiten abkratzen, bewegen sich in einer Ronde die Paare im langsamen Takte, mehr gehend in einem dreifachen Schritt, mit wenigem Ausdrucke in Figuren oft Stunden lang. Dieser Tanz heißt Hora. Der zweite, Kalusche$te, ist ein hüpfender Kreistanz, und der dritte, Deboi, ebenfalls hüpfend, wird aber paar= weise wie unser Walzer getanzt.

Ihr Gesang ist überaus eintönig und fast ganz ohne Melodie, meistens in langsamen, schwermüthigen, ungefälligen Weisen, welche selbst Musiker vom Fache sich schwer zu merken vermögen. Besondere musikalische Instrumente besitzen sie nicht. Poesie ist unter den Wallachen wenig zu Hause, namhafte Dichter fehlen ganz; überhaupt wird die National=Literatur wenig cultivirt.

Bei den Hochzeiten schmückt sich die Braut, so gut es ihr Vermögen gestattet, mit dem feinsten Hemde oder Obregg, das Haar mit seidenen Bändern von bunten Farben und künstlichem Blumenkranz verziert, eine Schnur Dukaten oder Silberstücke um den Hals oder über der Stirn, Schuhe und Strümpfe fehlen dann nicht. Der Bursche legt ebenfalls seine besten

Kleider an, trägt an diesem Tage auch Stiefeln und den Hut mit Federn und Bändern aufgeputzt. Die Braut wird von den Beiständen des Bräutigams zu Wagen, womöglich mit vier Pferden bespannt, abge= holt. Diese sind mit bunten Bändern geziert und den Wagen umgeben die Burschen zu Pferde. Hinter dem Kutscher sitzen gewöhnlich drei zerlumpte Zigeuner, welche auf ihren Geigen wallachische Tänze und Weisen spielen. Auf dem Wagen nehmen nebst der Braut deren Eltern und nächsten Verwandten Platz und dann geht es im schnellsten Jagen zur Kirche. Nach der Trauung begiebt sich der Zug zu den Eltern der Braut, wo die Feier zunächst mit einem Gastmahle, wobei Schweinefleisch und Sauerkraut die Hauptrolle spielt, beginnt und mit Sang und Tanz im Freien wie im Zimmer bis zum nächsten Morgen fortgesetzt wird, wo dann die Gäste mit Musik zu Hause geleitet werden. Auf das Gastgebot wird viel gehalten und, um das gehörig auszurichten, auch der letzte Kreuzer nicht geschont. Nach demselben wird die Braut von der Mutter und einigen andern Frauen in den Keller geführt, ihr der Zopf abgeschnitten und das Kopftuch umgebunden. Das geschieht aber nur bei den Posanen und wird in der neuern Zeit häufiger unterlassen. Während des Tanzes sammelt der Brautvater die Gaben von den Gästen ein, wovon die Kosten der Musik bestritten werden. So wird drei Tage fort jubilirt theils bei den Eltern der Braut, theils bei

8*

den Beiständen. Die drei Festtage ziehen früh Mor=
gens die jungen Burschen mit Musik durch den Ort,
um die Hochzeitsgäste einzuladen, führen ein kleines
Faß Wein (Schuttera) mit sich, woraus jedem Be=
kannten zum Trinken angeboten wird. Daß dabei
viele schöne Räusche abfallen, wird der Leser ohne
besondere Versicherung glauben.

Bei den Kindtaufen geht es stiller zu, doch giebt
der Vater jedesmal einen Festschmaus, wozu neben
den Taufpathen (Nasc) der Popa und die nächsten
Verwandten eingeladen werden. Während des Mahles
wird vom Kindtaufsvater Geld gesammelt und es ist
Sitte, daß die Gabe nach der des zuerst gebenden
Nasc von den übrigen Gästen bemessen wird. Daher
kommt es wohl vor, daß der Wirth dem Nasc 5
selbst 10 Gulden giebt, um sie auf den Teller zu
legen und dadurch die Uebrigen zu einer gleichen Gabe
zu bestimmen. Zum Nasc gebeten zu werden, hält
der Wallache für eine besondere Ehrenbezeugung, daher
die Sitte, daß gewöhnlich diese Pathenstellen in einer
Familie erblich sind.

Ganz eigen sind die Gebräuche der Wallachen
bei einem Todesfalle in der Familie. So wie der
Kranke die letzte Oelung erhalten, erscheinen die be=
zahlten Klageweiber, bekleiden oft den noch lebenden
Kranken mit der Leichenkleidung, zünden die Todten=
kerzen an und umgeben den Sterbenden oder Todten
während 24 Stunden weinend und wimmernd mit

den herzzerreißendsten Klagen und Jammern. Ebenso
wird oft noch 8 bis 14 Tage Tag und Nacht auf dem
Grabe des Vorstorbenen fort geweint und gejammert,
zuweilen von den Angehörigen aus Liebe für denselben,
häufiger von den Klageweibern für Geld. In den
Sarg wird ein Stock, ein neues kleines Tuch und ein
Kreuzer gelegt, ersterer zum Uebergang über den Jor=
dan zu benutzen, das Tuch zur Bekleidung und den
Kreuzer, um den heiligen Petrus zum Oeffnen der
Himmelspforte geneigt zu machen. Wenn der Todte
zum Kirchhofe geführt ist, wird häufig ein Schuß ab=
gefeuert, damit die Seele nicht zurückkehrt, und auf
der Sterbestätte zerbrechen sie einen neuen Topf als
Zeichen der irdischen Vergänglichkeit. Von diesen
Gebräuchen kommen manche in der neuern Zeit in
Abnahme, aber im alten Glanze muß nach dem Be=
gräbnisse das Todtenmahl, die Pomana, wozu alle
Verwandten eingeladen sind, abgehalten werden. Dabei
wird stark geschmauset und noch stärker, oft zum Ueber=
maß, getrunken. Diese Pomana wiederholt sich nach
6 Wochen und zum dritten Male nach etwa 6 bis
9 Monaten. Sie glänzend abhalten zu können, wird
als eine Ehrensache betrachtet, und oft verkauft der
Wallache die einzige Kuh aus dem Stalle, um die
Kosten dazu zu erlangen.

Eine andere Gelegenheit zu Gastereien bietet der
im Kalender verzeichnete Heiligentag des „Hauspatrons“
(Hausheiligen) dar. Diese Tage heißen Prasnec,

welches man nur mit Freßtag übersetzen kann, wobei
Verwandte und Freunde zu einem festlichen Mittags=
mahle zusammen kommen.   Die Feier dieser Tage
wird mit großer Gewissenhaftigkeit gehalten, indem
der Wallache glaubt, daß sich sonst der Hauspatron
dieser Vernachlässigung wegen rächen werde.

Die Romanen sind voll von Aberglauben und
halten viel auf Vorbedeutungen, Hexerei u. dgl. Ich
werde mehrere der interessanteren oder eigenthüm=
licheren dieser Glaubensartikel mittheilen.

Alte Weiber besprechen junge Mädchen, mit wel=
chen sie eine Heirath zu Stande bringen wollen.

Rothhaarige Männer hält man für Vampire,
welche, wenn sie verstorben sind, vorzugsweise, aber
nicht allein, den jungen Mädchen das Blut aussaugen.
Die Leiche wird deshalb mit einem großen eisernen
Nagel, welcher an der Unterseite des Sarges umge=
nietet wird, in demselben festgenagelt.

Es können aber auch Andere, als Rothhaarige,
Vampire sein. Folgen in einer Familie rasch mehrere
Todesfälle nach einander, so ist das ein sicheres Zei=
chen, daß sich unter den Verstorbenen ein Vampir
befindet. Man öffnet dann das Grab derer, auf
welche man deshalb Verdacht hat; findet man ein
Loch im Sarge, so wird in denselben ein Schuß ab=
gefeuert oder man schlägt einen hölzernen Pfahl durch
den Sarg, um so den Vampir zu bannen.

Bei heftigem Sturm soll man Mehl und Salz in die Luft werfen, um den Sturm zu füttern und so zu beruhigen.

. Bei Hagelwetter hilft es, wenn eine Holzaxt mit der Schneide nach aufwärts gestellt wird, oder man wirft Schloßen oder Palmzweige (von der Saalweide) in das Feuer.

Auf der Reise bedeutet das Zusammentreffen mit Zigeunern oder Juden Glück, Unglück aber, wenn man einem Popa begegnet. Letzteres kann abgewendet werden, wenn man eine Hand voll Heu hinter sich aus dem Wagen wirft oder hinter sich drei Male ausspeiet.

Donnert es über dem dürren (unbelaubten) Wald, so haben die Räuber Unglück.

Kommt zu Neujahr oder zu Ostern eine fremde Person mit einem leeren Gefäße in der Hand in's Haus, bedeutet es Unglück.

Läuft während der Reise ein Hase über den Weg, so ist es eine unglückliche Vorbedeutung.

Eben die Bedeutung hat eine krähende Henne, oder wenn man im Frühjahre zuerst ein schwarzes Lamm sieht, oder wenn eine schreiende Hauskatze durch das Fenster eingelassen wird.

Ein heulender Hund im Hause zeigt an, daß in demselben bald eine Person sterben werde.

Beim Gewitter muß der Hund aus der Stube, sonst schlägt es ein.

Nach dem Waschen darf man die nassen Hände weder rechts noch links schleudern, denn das macht mager.

Ebenso wird ein mit dem Besen geschlagenes Kind mager.

Wer einen Löffel nach dem Essen in der Speise stecken läßt, hat eine schlaflose Nacht.

Steht ein hölzerner Schemel im Hause mit den Füßen nach oben, weinen die armen Seelen im Fege=feuer.

Kauft man Geflügel, so kann man es an's Haus binden, wenn man die Köpfe desselben an den Herd schlägt und dabei spricht: „So wie der Herd in der Küche bleibt, sollst auch du im Hause bleiben."

Werden Pferde oder Hornvieh durch Kauf oder Tausch übernommen, so muß man sie über eine Schürze, welche über der Thürschwelle ausgebreitet ist, in das Haus führen, dann den Thieren in derselben Schürze rasch das erste Futter bringen, weil sie sich da=durch schneller an das Haus und dessen Bewohner gewöhnen.

Einem neugebornen Füllen muß ein hölzerner Löffel um den Hals gehängt werden, damit es durch böse Augen nicht behext werde.

Giebt eine Kuh viele Milch, so ist es zweck=mäßig, daß derselben in die Mitte des Schweifes ein rother Faden umgebunden werde, damit sie durch böse Augen die Milch nicht verliere.

Ueber einem Milchtopf darf kein Brod geschnitten werden, weil dadurch das Euter der Kuh leidet.

Bei einem neugebornen Kinde spricht die Mutter: „möge dem bösen Geiste ein Stein in den Rachen fallen."

Wallachische Sprichwörter giebt es sehr viele. Die meisten sind den deutschen, welche man bei uns mehr im Munde des Volkes findet, ganz gleich; ich setze deshalb nur diejenigen her, welche mir auffielen.

> Floh auf der Hand,
> Brief aus dem Land.

Wer bei Tage schläft, muß bei Nacht hungern.

Vom Hunde wird kein Speck erzeugt.

Schlagt den Sattel und meint das Pferd.

Das Haus brennt und die Alte kämmt sich.

Der Kluge verspricht, der Dumme erwartet.

Wer von einem Ei nicht satt wird, den sättiget auch kein Ochse.

Gieb mit der Hand, suche mit den Füßen.

Im Früheren habe ich schon wiederholt auf den ganz elenden Zustand der Schulen im Allgemeinen und auf die durchaus ungenügende Volksbildung hingewiesen. Außer den wallachischen Schulen sind in den vorwaltend deutschen Ortschaften deutsche Volksschulen, Elementarschulen mit zwei Classen, wo ebenfalls Knaben und Mädchen zusammen unterrichtet werden. Diese deutschen Schulen sind viel besser als die wallachischen, sie werden aber selten von den Wallachen besucht, am ehesten in der Grenze, weil dort die durch Kenntniß der deutschen Sprache gegebene Möglichkeit, zum Unterofficier avanciren zu können, einen Anreiz dazu giebt.

So elend es mit der Schule bestellt ist, ebenso jammervoll sieht es mit der Kirche aus. Man findet im Banate unter den römisch-katholischen Landgeist-lichen in der Regel eine entsprechende, selbst gute Bildung, wogegen unter dem niedern Clerus in der griechischen nichtuniirten Kirche ganz und gar das Gegentheil stattfindet. An sich bewegt sich der Gottes-dienst dieser Kirche fast ganz in äußeren Formen, Predigt und Katechese machen nur den geringsten Theil davon aus. Dagegen wird viel auf die Sinne ge-wirkt, durch Gesang der eigens dazu bestimmten Kirchensänger, da die Gemeinde nicht singt, durch Räuchern und durch viele, aber meistens herzlich schlechte Bilder in den Kirchen. Unter den Buß-übungen nehmen die Fasten die erste Stelle ein, welche meistens sehr strenge gehalten werden. Die äußeren Gebräuche, wie Bekreuzen, Anrufen der Heiligen, Her-sagen der angelernten Gebete, Besuch der Messe, welche als die Hauptsache beim Gottesdienste angesehen wird, diese äußere Religion ist es, welche wir bei Laien und den Priestern des niedern Clerus allein antreffen. Die Sittenlehre der christlichen Religion ist bei beiden we-nig oder gar nicht eingedrungen, wohl vorzüglich deshalb, weil sich der Popa eher zu allem Andern, nur nicht zur Sittenlehre eignet.

Die Bildung des Popa ist eine äußerst geringe. Zwar soll ein Jüngling, welcher sich dem geistlichen Stande widmet, die lateinischen Schulen absolvirt und das Seminar zu Versėc besucht haben; allein es erfolgt gegen ein gut Stück Geld von dem Bischofe so häufiger Dispens, daß man mir von allen Seiten versicherte, eine sehr große Anzahl Priester könnten kaum lesen oder schreiben. Deutsch verstehen nur wenige. Sie eignen sich die äußern Formen an, lernen die Messe und die nöthigen Gebete, Sprüche, Heiligenlegenden u. dergl. auswendig und amtiren so rein als Handwerker. Es wurde mir unter Anderm von einem protestantischen Geistlichen erzählt, daß einst ein Popa, welcher als solcher schon zehn Jahre functionirt habe, in äußerster Verlegenheit zu ihm gekommen und ihm seine Noth geklagt habe, wie der Bischof bei der Versetzung auf eine andere Stelle von ihm die Haltung einer Predigt verlange. Er möchte nun gerne wissen, was das eigentlich sei. Nach der ihm darüber gewordenen Aufklärung habe der Popa ihn ersucht, ihm eine Predigt zu machen, was der Pastor jedoch deshalb abgelehnt habe, weil er nicht wallachisch schreiben könne. — Derselbe protestantische Pastor erzählte mir eine andere in einem wallachischen Orte seiner Nachbarschaft vorgekommene ebenfalls charakteristische Anekdote. In dem betreffenden Orte waren häufige Brandstiftungen an den Getreide= oder Heuschobern vorgekommen und die Grundherrin läßt den Popa auffordern, dieserhalb der Gemeinde eine Strafpredigt zu halten, mit dem Bemerken, sie werde dann selbst die Kirche besuchen. Der Popa beginnt: Es ist häufig vorgekommen, daß ihr Schober anbrennt, das ist ganz unvernünftig, denn ihr habt nichts da= von, besser ihr stehlt einen Ochsen, das bringt euch doch Vortheil. — So weit hörte die Grundherrin diese moralische Predigt an, dann sprang sie auf; gebot dem Popa Schweigen und hielt nun ihrerseits der Gemeinde eine solche einbringliche Strafpredigt, daß fortan Brandstiftungen nicht mehr stattfanden.

Das mag genügen, um den Standpunkt des niedern Clerus der griechischen Kirche in Bezug auf ihre Kenntnisse und der Auffassung ihrer Amtspflichten darzulegen. Man sagte mir, die Bischöfe könnten deshalb nicht mit der erforderlichen Strenge auftreten, weil sonst der Popa gleich mit seiner Gemeinde zur uniirten Kirche überträte, etwas, was überdem von der Regierung begünstigt werde.

Der sittliche Zustand des Popa ist in der Regel noch weit elender und dem. entsprechend auch seine bürgerliche Stellung. Die griechische Geistlichkeit darf sich in den niedern Graden verheirathen, nur vom Bischof an aufwärts nicht, die hohen Geistlichen und die Klostergeistlichen leben im Cölibate. Der Popa auf den Dörfern ist genöthigt Landwirthschaft zu treiben

und er thut das ganz wie ein Bauer. Er führt seine
Ochsen selbst, ackert, besorgt die Ernte u. f. f.; im
Aeußern erkennt man ihn, wenn er nicht etwa in der
Stadt seine Amtstracht, einen langen blauen Talar,
angelegt hat, nur an dem Kinnbart. Um das An=
sehen zu bezeichnen, worin er steht, brauche ich nur
zu bemerken, daß mir ganz übereinstimmend von Per=
sonen in der verschiedensten bürgerlichen Stellung ver=
sichert wurde: der Popa sei stets der größte Räuber
im Orte. Werde Raub, Diebstahl oder eine ander=
weite Schlechtigkeit begangen, so stehe in der Regel
der Popa, nächst ihm der Richter des Dorfes, an der
Spitze. Unter Anderm wurde mir folgende Thatsache
erzählt. In dem Dorfe Kriwina nächst der sieben=
bürgischen Grenze wurde bei einem Bauer eingebro=
chen. Um denselben zur Herausgabe seines Geldes
zu zwingen, schnitt man ihm die Ohren ab, ebenso
ein Stück der Nase, und brannte den Unglücklichen
mit glühenden Ketten. An der Spitze dieser scheuß=
lichen Bande standen drei Popa's und nächdem zwei
Lehrer, ein Notariatsschreiber und zwei Kirchendiener.
Diese Bande war damals bereits mit dem Gerichte
in Conflikt gerathen, indessen man hatte ihnen nichts
nachweisen können; die Theilnehmer blieben im Amte
und setzten ihr sauberes Getreibe fort. Allein am
5. Januar 1860 sind, nach einer Notiz in der Presse,
sieben dieser Gesellen, welche bei einer andern Ge=
legenheit ergriffen, wobei die vorerwähnte Geschichte

ebenfalls zur Geltung gebracht wurde, vom Kreis=
gerichte zu Lugos, als Standgericht, zum Strange
verurtheilt.

Die Feldwirthschaft der Wallachen ist sehr ein=
fach, sie beschränkt sich meist nur auf den Anbau von
Kukuruk, seltner Weizen, öfter noch Hafer. Die Feld=
arbeiten werden in der Regel mit Ochsen besorgt,
welche mittelst eines einfachen Joches um den Hals
an die Deichsel gespannt werden. Von regelmäßigem
Düngen oder einer entsprechenden Ackerbestellung ist keine
Rede, die Pflüge und sonstigen Ackergeräthschaften sind
urwüchsig. Das Getreide wird auf den Feldern aus=
getreten. Die nachherige Reinigung geschieht dadurch,
daß die Wallachin im Freien eine flache Mulde mit
Getreide, Erbsen oder dgl. gefüllt auf den Kopf nimmt
und dasselbe langsam auf ein ausgebreitetes Tuch laufen
läßt, so daß der Wind die Spreu fortführt. Die
Gärten werden ebenso sorglos behandelt, Obst bauet
man viel, doch findet eine irgend pflegliche Behandlung
der Obstbäume äußerst selten Statt. Zwetschgen sind
die Lieblingsfrucht der Wallachen, nächstdem aber wer=
den Pfirsiche, Aprikosen, Aepfel und Birnen erzogen.
Pfirsiche und Aprikosen giebt es oft so viele, daß die
Schweine damit gefüttert werden. Weinbau wird, so
wie ich früher beschrieb, mit wenig Sorgfalt betrieben,
obwohl der Wallache die Trauben wie den Wein liebt,
erstere sieht man oft fuderweise auf den Märkten zum
Verkaufe ausbieten.

Die Wiesen findet man fast allgemein sehr ver=
nachlässigt, häufig mit Gesträpp bewachsen. Auf gut
gepflegten und gedüngten Gebirgswiesen rechnet man
einen Ertrag von 40 Ctr. Heu und 20 Ctr. Grummet
pr. Joch. Die Viehzucht, Pferde, Rindvieh, Schweine
und Schafe, steht ebenfalls auf keiner entsprechenden
Stufe. Die Pferde, meist kleinere Gebirgspferde, sind
dauerhaft, gehen bewunderungswürdig sicher und haben
dabei doch ein lebhaftes Temperament. Eine eigene
Race findet man im Banate nicht, die Pferde kommen
aus Ungarn, Serbien, mehr noch aus Siebenbürgen.
Der Wallache pflegt in der Regel seine Pferde gut,
hat man eine schärfere Tour gemacht und hält stille,
so tritt er sogleich vor dieselben, reibt ihnen Ohren
und Maul, wonach sie wieder munter werden sollen.
Das Rindvieh ist meist ungarischer Race. Man legt
viel Werth darauf, da der Wallache mehr mit Ochsen,
als mit Pferden fährt. Im Sommer geht es auf die
Weide meist im Walde, wo bei einem üppigen Gras=
und Kräuterwuchs die Nahrung vortrefflich ist. Auf
der Weide findet man eigene Hirtenwohnungen, Szal=
las, wo die Hirten über Sommer ihr Wesen treiben.
Viehweiden ist so recht ein Lieblingsgeschäft des Wal=
lachen, er kann dabei nach Herzenslust faulenzen. So
sieht man häufig Vater und Sohn, an einem schat=
tigen Platze hingestreckt, einer beschaulichen Muße ob=
liegen. Ich bin überzeugt, daß ein guter Theil der
Faulheit der Wallachen von diesem nichtsthuenden

Hirtenleben kommt. Im Winter muß sich das Rind=
vieh mit Kukuruzstroh und Heu begnügen. Letzteres
wird, weil der Scheunenraum sehr unzulänglich ist, in
Schobern auf den Wiesen aufbewahrt, und damit das
Weidevieh nicht dazu gelangen kann, etwa 10 Fuß
von dem Boden auf abgeköpfte Baumstümpfe, deren
untere Aeste die Unterlagen bilden, aufgebracht und
von diesen gelegentlich nach Hause geführt.

Die Schweine sind größtentheils von der serbi=
schen Race. Der Wallache hält viel auf die Schweine=
zucht, des Speckes und des Schmalzes wegen, womit
im ganzen Banate gekocht wird und welches daher ein
nicht unerheblicher Handelsartikel ist. Eine besondere
Sorgfalt für die Thiere bemerkt man aber nicht, sie
laufen in den Dörfern, Höfen und Gärten so ziemlich
nach ihrem Gefallen umher. Giebt es im Walde
Eicheln oder Bucheln, so werden sie zur Mast aus=
getrieben, sonst mit Kukuruz gemästet.

Die Schafzucht beschränkt sich, so viel ich gesehen
habe, nur auf eine langwollige, starkknochige Landrace,
welche die so sehr verbreiteten Pelze giebt. Sie werden
auf den Weiden oder im Walde erhalten, im Winter
möglichst spät zum Stalle getrieben und dort mit Heu
gefüttert. Ziegen findet man in den Montan=Distrikten
nicht viele, häufiger aber in der Militairgrenze.

In den wärmeren Lagen des Banates wird der
Bienenzucht viele Aufmerksamkeit gewidmet. Der Ba=
nater Honig ist sehr geschätzt.

Manchem unserer Leser wird es von Interesse sein, die Banater Vieh= und Getreidepreise kennen zu lernen. Ich setze daher diejenigen her, welche mir im Herbste 1859 als für die Gegend von Moldowa an der Donau, ohnweit des Endpunktes der Eisenbahn zu Baſiaſch, als geltend angegeben wurden.

Ein Paar Ochſen, 7 Ctr. ſchwer, 100—170 Fl.

=   =   =   5   =   =   80 =

=   =   Kühe,   3   =   =   50 =

=   =   Schöpſe   10—12 =

=   =   Ziegen   4—5 =

=   =   Junglämmer   2—5 =

=   =   Ziegenkitzen   2—3 =

=   Schwein, 1 Ctr. ſchwer,   15—18 =

=   =   3   =   =   50 =

Der Wiener Metzen Weizen   4 =

(1 Wiener Metzen = 1,118 Berl. Schffl.)

Der Wiener Metzen Kukuruß   3 =

=   =   =   Hafer   2 =

Werfen wir einen Rückblick auf den Zustand des wallachiſchen Volkes, der uns jeden Falls vollſtändig zur Beurtheilung des culturlichen Standpunktes der in Ungarn und dem Banate wohnenden Serben und Slavaken dienen kann, ſo muß dem Menſchenfreunde das Herz ſchwer werden über eine ſolche grauenhafte

Vernachläffigung, über folche halbbarbarische Zustände, und wahrlich, es erscheint das um so betrübender, wenn man, wie ich, die Ueberzeugung hat, daß hier ein an sich edles und sehr bildungsfähiges Volk so hart betroffen wird durch Nichtbeachtung der ersten Grundfäße einer vernünftigen Staatswirthfchaft.

Und das gefchah unter dem Schuße der als Mufter der Freiheit gepriefenen ungarifchen Verfaffung! Und es können jeßt noch ungarifche fog. Patrioten nicht nur wünfchen, fondern auch ernftlich daran arbeiten, die alte Verfaffung mit ihren Einwirkungen auf das Volk zurückzuerhalten! Gewiß kann man nicht einen Augenblick zweifelhaft fein, daß diefes ein Unglück für das Land fein würde, und Staatsmänner, welche das= felbe kennen, werden einen folchen Rückfchritt nimmer= mehr zugeben können und dürfen.

Aber auch Oefterreich, ich meine das Neue nach 1848, ift in dem vorliegenden Falle von großer Schuld nicht ganz freizufprechen; es hat zwar dem Wortlaute des Gefeßes nach freie Menfchen hier gefchaffen, aber fie doch nicht frei gemacht. Sie liegen in den Ketten des Beamtenthums und noch mehr ihr Geift in den Banden der Unwiffenheit und Finfterniß. Oefterreich hat hier nichts gethan, um Kirche und Schule zu heben, es hat acht koftbare Jahre verloren, fich die dankbare Anerkennung feiner Unterthanen zu erwerben.

V.

Wenn man die letzten Häuser der Bergstadt Ora=
vicza hinter sich hat, beginnt der Wald und die Berg=
straße nach Steierdorf. Der Hauptstock dieses gan=
zen Gebirges ist Jura= und Kreidekalk. Dem ent=
sprechend erscheinen die Berge schön gewölbt, zeigen
eine anmuthige Gruppirung über einander mit scharf
geschnittenen Thälern und auf den Höhen mit meist
kessel= oder trichterförmigen Einsenkungen von verschie=
dener Tiefe und Ausdehnung reichlich bedeckt. Die
Bewaldung bildet in der Hauptsache die Rothbuche,
deren dunkelgrünes Laub durch einzelne Eichen, Ahorn,
Linden u. dgl. mehr eine angenehme, für das Auge
wohlthuende Schattirung erhält, während dasselbe in

9 *

ben einzeln dazwischen stehenden mächtigen alten Weiß=
tannen einen Ruhepunkt findet. Die nächste Um=
gebung der Bergstadt bietet freilich eine so schöne
Waldansicht nicht dar, dort hat die Hand des Men=
schen und der Zahn des Weideviehes verderblich das
Walten der Natur gestört, dort findet man ganz kahle,
von Wasserrissen durchfurchte Hänge, nur eine elende
Weide darbietend oder eine Bedeckung mit Buschholz.
Steigt man aber weiter in das Gebirge hinan, so
wird der Wald mächtiger und mit Wohlbehagen ruhet
das Auge auf den schön bewachsenen Hängen und auf
den herrlich entwickelten Bäumen. Freilich erkennt
man auch hier die Nähe eines größeren Ortes und
die Nähe einer Straße, von welcher ab die Zugthiere
vielfach den Wald beschädigen. Solche Bilder einer
urkräftigen Waldvegetation, wie uns in den Urwäldern
im Innern des Gebirges, weit ab vom Getreibe der
Menschen, entzücken, findet man hier nicht mehr.

Die Bergstraße nach Steierdorf wurde noch von
dem Aerar gebaut. Sie bringt uns mit einem mä=
ßigen Ansteigen in mannigfachen Schlangenlinien auf
die Höhe des Gebirgskammes, wodurch uns der Ge=
nuß wird, bald eine ruhige, erhabene Berg= und Wald=
ansicht, bald eine reizende Fernsicht in das zu unsern
Füßen liegende schöne Flachland, worin die Gebirge
von Versec malerisch hervortreten, in steter Abwech=
selung zu erblicken. Der Weg ist vortrefflich ange=
legt und gut erhalten, nur wird dem Reisenden, wel=

cher an Gebirgsfahrten nicht gewöhnt ist, durch die
jähen Abhänge an den Thalseiten, welche nicht ein=
mal durch eine Barriere geschützt sind, der Genuß
dieser schönen Natur durch eine stete Besorgniß, in
den Abgrund zu stürzen, verkümmert.

Die Straße wurde vorzüglich gebaut, um die
Kohlen von den Steierdorfer Gruben nach Oravicza
zur Bahn bequemer transportiren zu können und um
die Versorgung mit Lebensbedürfnissen für den großen
Bergort Steierdorf leichter zu vermitteln. Man be=
gegnet auf derselben einer großen Menge, von Wal=
lachen geführten, meistens mit Ochsen bespannten Koh=
lenwagen und man hat hinlänglich Gelegenheit, sich
über die Indolenz dieser Wagenführer zu ärgern, und
die Gleichgültigkeit zu bewundern, mit welcher sie oft
buchstäblich nur eine Hand breit am Abgrunde her=
fahren, so daß man sie im Geiste augenblicklich hinab=
stürzen sieht. Bei Nacht machen die Feuer, um welche
die Wallachen, während ihre Ochsen im Walde wei=
den, rasten, einen malerischen Effect und wir erblicken
da Gruppen, welche aufzufassen des Pinsels eines
Meisters würdig wären.

Allmälig erreicht man die Höhe bei dem Lup,
wo die Eisenbahn=Gesellschaft eine Anzahl Pferde,
ebenfalls zum Kohlentransporte, stationirt hat. Hier
ist man 2335 Fuß hoch gestiegen, während der Bahn=
hof in Oravicza nur 655 Fuß über dem schwarzen
Meere liegt. Von dem Lup ab senkt sich der Weg

bald und nach kaum einer halben Stunde erblickt man die ersten Kolonisten=Häuser von Steierdorf, die böh= mische Kolonie, auf einem schmalen Bergkamme eine Straße von etwa 15 Häusern an jeder Seite bil= dend. Das Gebirge erweitert sich nun zu einem großen Thalkessel, in welchem, von mehrern kleinern Thälern durchschnitten und von Wiesen umgeben, der Berg= ort Steierdorf liegt. Die meistens weißen, kleinen, einstöckigen Häuser mit Schindeln gedeckt, die überall in jedem kleinen Seitenthale angebaut sind, eine ge= wisse Regelmäßigkeit der Straßen, die Gleichheit vie= ler Häuser, die größern hellern Fenster und eine ge= wisse Sauberkeit des Ganzen, dabei überall im Hinter= grunde die schön bewaldeten höheren Berge und nur geringe Spuren von Ackerbau, fast nur durch einzelne Kartoffelstücken vertreten, alles das zeigt uns, daß wir einen Bergort von neuerem Ursprunge und vorzugsweise von Deutschen bewohnt, vor uns haben. Ueber das Ganze breitet sich der Duft des Gebirges aus, das rauhere Gebirgsklima ist demselben aufgeprägt. So ist es auch, Steierdorf liegt 1990 Fuß hoch und obwohl wir noch in vielen Gärten Obstbäume erblicken und die Buche die Berghöhen einnimmt, ist die Lage im Vergleich mit Oravicza eine rauhe, wenn sie auch im nördlichen Deutschland noch für eine mildere Gebirgs= lage gelten würde. Man muß dabei erwägen, daß Steierdorf zwischen dem 44. und 45. Grad nörd= licher Breite und dem 39. und 40. Grad östlicher

Länge liegt und daß die umgebenden Berge bis zu 2600 Fuß ansteigen.

Der Gebirgszug, auf welchem wir uns hier befinden, gehört den südlichen Karpathen an und erstreckt sich von Nordost nach Südwest. Nach Osten steht derselbe mit den siebenbürgischen Alpen in Verbindung, gegen Westen fällt er schroff nach der banater Ebene ab und lehnt sich südlich an die Donau. Die größte Höhe im Montan = Distrikte erreicht die Muntje Semenik nächst Franzdorf mit 4600 Fuß. Sie trägt bereits einen subalpinen Charakter, während die siebenbürgischen Grenzgebirge in der Militairgrenze mit mehr als 7000 Fuß eine ausgeprägte hochalpine Beschaffenheit haben.

Die Hauptgebirgsmasse ist auch hier Jura= und Kreidekalk, nächst diesem herrscht Glimmerschiefer und Gneis vor. In Steierdorf und Reschitza ist die Kohlenformation durch eine bedeutende Erhebung in einer Länge von 4000 Klaftern unter dem Kalke zu Tage hervorgetreten und wir bemerken hier: Rothen Sand, Keupersandstein und Kohlenschiefer, welche letztere beiden den großen Reichthum an Kohle, Eisenstein oder Oel bergen. Das Kalkgebirge hat eine Menge Höhlen und Schlotten, neben den oben schon erwähnten trichterartigen Vertiefungen. Es ist arm an Quellen und Wasser, während das Schiefergebirge und der Gneis reicher daran erscheint.

Die ausgedehnten Werke des Banates, sowohl

für Metall= als Kohlenbergbau, wie Kupfer=, Silber=
und Eisenhütten nebst Zubehör wurden lange Zeit auf
ärarische Kosten betrieben. Sie sind zum Theil sehr
alt, besonders der Bergbau auf edele Metalle war
schon den Römern bekannt. Trotz der mannigfachen
Drangsale, welche diese Grenzprovinz durch die unaus=
gesetzten Einfälle der wilden Nachbarvölker und vor=
züglich durch die Raubzüge der Türken erlitt, trotz
des mannigfachen Wechsels in der Herrschaft über die=
selbe, wurde der Bergbau mit mehr oder minderer
Kraft fortbetrieben. Die österreichische Regierung wid=
mete demselben von Zeit zu Zeit eine größere Auf=
merksamkeit, allein wie in den meisten Fällen, wo
dieselbe als Gewerbtreibende auftrat, sie hatte dabei
kein Glück, es fehlte am Geschicke dazu. Obgleich
man sich im zweiten Viertel dieses Jahrhunderts aber=
mals viel Mühe mit der Hebung der banater Werke
gab und dabei manche Fortschritte unter Benutzung
der neueren Entdeckungen in der Wissenschaft machte,
war das Resultat durchaus ungenügend. Der erwar=
tete Ueberschuß blieb aus, man bedurfte stets bedeu=
tende Zuschüsse und doch war der Zustand der Werke
in baulicher Hinsicht, sowie rücksichtlich des Betriebes
ein befriedigender nicht.

So war es, unbefangen betrachtet, dem öster=
reichischen Finanzminister nicht zu verdenken, wenn der=
selbe darnach trachtete, sich dieses kostspieligen Berg=
baues und der eben so kostbaren Hütten zu entledigen,

um so mehr, da klar vor Augen lag, daß die Fort=
schritte, welche man bei dem Eisenhüttenbetriebe ander=
wärts gemacht hatte, gebieterisch verlangten, ein gro=
ßes Capital zu verwenden, damit diese Hütten eine
jede Concurrenz zu bestehen im Stande wären. Die
banater Werke sind aber ohne die Forsten nicht zu
nutzen, sie können nur mit Vortheil betrieben werden,
wenn der Besitzer der Werke zugleich Forstherr ist,
denn der Einfluß, welchen der Forstbetrieb auf die
Hütten und Werke hat, ist ein viel zu großer, als
daß man sich als Besitzer der letzteren dem guten
Willen des Forstherrn preisgeben könnte. Beides
mußte zusammenbleiben. Da nun überdem die banater
Forste dem Aerar einen Reinertrag nicht gaben, so
konnte der Entschluß nicht schwer fallen, auch die
Forste mit zu verkaufen. Ebenso war es mit dem
übrigen Domanial=Gründen und den grundherrlichen
Rechten. Erstere als Wiesen oder Aecker im Walde
belegen, oder als Pertinenzstücke zu den Kolonien u. dgl.
gehörend, konnten vom Ganzen ebensowenig abgetrennt
werden, als die grundherrlichen Rechte, die in den
Werkesorten befindlichen ärarischen Wirthshäuser, Müh=
len u. dgl.

Nachdem der Verkauf der Staats=Eisenbahnen an
die s. g. französische Gesellschaft ausgeführt war, mel=
dete sich in dieser ein Käufer für den ganzen Besitz,
welchen der Staat inne hatte, den banater Montan=
Distrikt.

Man wurde darüber einig, daß der Staat für die Summe von 11 Millionen Gulden C.=M. der k. k. privilegirten Eisenbahn=Gesellschaft eigenthümlich verkaufe: sämmtliche Metall= und Kohlenbergwerke, sämmtlich damit in Verbindung stehende Hütten und Werke, in den ehemaligen Montan=Distrikten die nutz= baren Grundrechte, ferner 156,604 österr. Joche Wald mit einer summarisch veranschlagten Holzmasse von 7,136,610 Cub.=Klafter größtentheils nutzbares Holz und endlich 56,861 Joch Domanial=Gründe als Wie= sen, Aecker, Gärten, Weinberge u. dgl. m.

Die Staatsregierung hat dabei gewiß ein gutes Geschäft gemacht, wie aus dem früher Gesagten un= zweifelhaft hervorgeht, denn im Allgemeinen ist der Staat überall und unter allen Verhältnissen im Nach= theil, wenn er selbst als Gewerbtreibender auftritt und mit Privaten concurriren soll. Verpachten aber lassen sich Bergbau, Hütten und Forste nicht gut. Also besser ein so kostbares Besitzthum an eine Gesellschaft verkauft, welche den Willen und das Betriebskapital in vollem Maaße hat, um zum Wohle jenes Landes= theiles die Werke in einen schwunghaften Betrieb zu setzen.

Aber auch die Gesellschaft hat ein gutes Geschäft gemacht. Sie machte zwar zum Theil einen Hoff= nungskauf, denn bei dem verkommenen Zustande der meisten Hütten und Werke und da aus dem Walde eine entsprechende Rente nicht bezogen werden konnte,

mußte sie sich von vornherein sagen, daß vorerst die
Zinsen des Ankaufskapitals schwerlich gedeckt werden
könnten, ja daß die Aufwendung eines bedeutenden
Betriebskapitals erforderlich sei, um Alles den gegen=
wärtigen Anforderungen der berg= und hüttenmännischen
Technik entsprechend herzustellen. In richtiger Wür=
digung dieser Verhältnisse hat auch die Gesellschaft
sofort eine Summe von 10 Millionen Gulden C.=M.
zur Verbesserung der banater Werke ausgesetzt, wovon
bis Schluß des Jahres 1858 nach dem an die Ge=
neralversammlung erstatteten Bericht 4,142,330 Gulden
C.=M. verausgabt waren. War demnach eine sofort
erfolgende Rente nicht zu erwarten, so war das Ge=
schäft doch ein gutes zu nennen, weil die Gesellschaft
durch die Steierdorfer Kohlen bei ihrem Bahnbetriebe
unabhängig von andern fremden Werken wurde und
sie außerdem ihren großen Eisenbedarf, in jeder Gat=
tung Eisen, selbst zu erzeugen im Stande war.

Am 31. December 1854 wurde der Kaufcontract
abgeschlossen und Anfang des Jahres 1855 erfolgte
die Uebergabe der Werke, Forsten und Domainen an
den Bevollmächtigten der Gesellschaft, dem Central=
director Dubocq. Hiermit entstand in dem Montan=
Distrikte ein neues Leben, denn neben den Mitteln
waren auch frische und intelligente Kräfte geschafft und
der eben genannte kenntniß= und geistreiche Central=
director verstand mit seiner überaus großen Thätigkeit
die verrostete Maschine in schwunghaften Gang zu setzen.

Ich werde jetzt die Werke der Gesellschaft spe=
cieller beschreiben und dabei Gelegenheit haben, nach=
zuweisen, was dieselbe schon gegenwärtig zur Hebung
derselben geleistet hat.

Beginnen wir mit Steierdorf und dem Stein=
kohlenbergbau.

Da wo jetzt ein großer blühender Bergort steht,
ertönte vor 86 Jahren im düstern Urwalde die Axt
des Holzschlägers, um Raum zu schaffen für einige
Hütten, welche zur Unterkunft dienen sollten für Ein=
wanderer aus Steiermark. Sie waren als Holzhauer
und Köhler im Jahre 1773 in das Banat in 34
Familien übersiedelt, sie gründeten diese Holzhauer=
Kolonie und nannten sie Steierdorf zur Erinnerung
an ihre Heimath. Noch jetzt sind Abkömmlinge dieser
ersten Einwanderer in reicher Anzahl vorhanden, sie
nennen sich noch Steirer und nehmen für sich den
ersten Rang unter der Steierdorfer Bevölkerung in
Anspruch.

Im Jahre 1790 entdeckte einer dieser steierschen
Holzschläger, Mathias Hammer, die ersten Steinkohlen,
und Holzhauer und Köhler betrieben in ihren Neben=
stunden den Kohlenbergbau, welcher damals wenig
Beachtung fand. Als aber um 1792 und in den fol=
genden Jahren immer neue Anbrüche erschürft wurden,
geschah die Verleihung des Bergbaues an Privatper=
sonen gegen die Entrichtung eines Kohlen= und Feld=
zinses. Im Laufe der Jahre vermehrten sich die Gru=

ben und damit die Zahl der Bewohner von Steier=
dorf, doch blieb der ganze Bergbau lediglich in Privat=
händen bis zum Jahre 1846. Die Förderung war
im Anfange nur gering, sie hob sich zwar später, aber
in der ganzen ersten Periode des Betriebes von 1790
bis 1845 betrug sie im Ganzen nur 5 Millionen
Centner, so daß der jährliche Durchschnitt 90,000
Centner wenig überstieg.

Als im Jahre 1846 das Aerar den Bergbau
zu betreiben begann, betrug die Bevölkerung Steierdorfs 837 Köpfe, welche 145 Häuser bewohnten, eine
Zahl, die größer gewesen wäre, wenn nicht im Laufe
der Zeit mehrfache Auswanderungen nach anderen ba=
nater Orten stattgefunden hätten.

Vom Jahre 1846 an begannen neue Kolonisirun=
gen mit Bergarbeitern aus Oberungarn, Böhmen und
Mähren. Sie betrugen 58 Häuer, 30 Weiber und
87 Kinder, wurden aber durch die Revolution vom
Jahre 1848 unterbrochen, ja die Unsicherheit der Zu=
stände veranlaßte viele, die neue Heimath wieder zu
verlassen, auch verminderte sich die Bewohnerzahl durch
den Ausbruch einer Cholera=Epidemie. Dagegen wan=
derten nach hergestellter Ruhe neue Arbeiter ein, und
zwar 1850 101 Häuer aus Schmölnitz und aus der
Zips mit 56 Frauen und 39 Kindern, und von
Arangischka in Oberungarn 50 Männer mit 17 Wei=
bern und 22 Kindern, ebenso im Jahre 1851 aus Zbirow
in Böhmen 32 Männer, 23 Weiber mit 63 Kindern.

Die Gesellschaft begünstigte in den ersten Jahren ihres Besitzes einzelne Einwanderungen, allein erst im Jahre 1858 begann sie mit den größern Kolonisationsplänen, indem der Bau von 160 Kolonistenhäusern ausgeführt wurde, so daß im Jahre 1859 aus der Umgegend von Gladno in Böhmen 102 Männer, im Ganzen mit 425 Köpfen herbeigezogen werden konnten.

Auf diese Weise war von 1846 bis 1859, also in 14 Jahren, die Bevölkerung Steierdorfs um 2045 Seelen vermehrt, sie betrug im Herbste 1859 2991 Personen, welche 435 Häuser bewohnen.

Bei dem gegenwärtig von der Gesellschaft angenommenen Kolonisationsplane findet jeder Kolonist eine gut gebaute Wohnung. Es sind die Häuser für zwei Familien eingerichtet, welche jede einen besondern Eingang und ganz abgesondert zwei Zimmer hat, wovon das eine 166 □', das zweite 100 □' groß ist. Außerdem enthält das Haus eine Küche, Vorrathskammer und einen Bodenraum. Bei einer größern Anzahl ist ein Stall angebaut, so daß der Kolonist ein oder zwei Kühe halten kann. Beim Hause befindet sich ein 200 □=Klafter großer Gemüsegarten und außerdem kann der Bewohner in der Ortsflur 600 □=Klafter Land zu Kartoffeln u. dgl. pachten, welches jedoch urbar gemacht werden muß, und etwa eine Stunde vom Orte werden ihm ebenfalls gegen einen billigen Pacht 1 bis 1¼ Joch Wiesen angewiesen, wenn er es wünscht. In jeder Wohnung findet der Kolonist 1

Schrank, 1 Tisch, 2 Bänke, 2 Stühle, 2 Bettstellen mit Strohsäcken, 2 wollene Decken und in der Küche ein Börd und das nöthige Kochgeschirr vor. Für letzteres nebst Decken und Strohsäcke ist von demselben der Ankaufspreis zu ersetzen, für die übrigen Meubles wird ein geringer Zins von circa 60 Kr. östr. W. entrichtet, wenn er nicht vorzieht, dieselben zu kaufen, wobei ebenfalls nur die Auslagen ersetzt werden. An Haus- und Gartenmiethe zahlt der Kolonist monatlich 3 Fl. östr. Währung.

Man wird gestehen müssen, daß wohl nicht leicht mit größerer Umsicht und Liberalität für neue Ankömmlinge gesorgt werden kann, als hier die Gesellschaft thut. Die Häuser sind massiv, mit Schindeln gedeckt und durchaus solid gebaut, luftig und gesund, ein jedes derselben für zwei Familien kostet 2000 Fl. Die Kolonisten erhalten freien Transport für sich, ihre Familie und Effecten. Jeder Kopf kostet der Gesellschaft 60—70 Fl. östr. Währung.

Nachdem die Gesellschaft den Steierdorfer Bergbau übernommen hatte, suchte sie durch Ankauf der Privatgrubentheile alleinige Besitzerin zu werden, um nirgends im Betriebe gehindert zu sein. So wurden 53 Privatgruben gekauft und es befinden sich gegenwärtig nur noch sehr wenige Grubentheile in andern Händen.

Bei Steierdorf nimmt die Kohlenformation eine Länge von 8000 Klaftern, à 6 Fuß, ein und sämmtliche Flötze besitzen eine summarische Mächtigkeit von 2 Klaftern. Der Abbau ist schwierig wegen des steilen, bis zu 80 Grad gehenden Einfallens der Flötze. Die Förderung geschieht in Stollen bis zu 1000 Klaftern Länge und vermittelst Schächten von 40—50 Klaftern Teufe. Die ganzen Betriebs-Einrichtungen sind nach dem neuesten Systeme geordnet. Zur Zimmerung der Stollen und Schächte wird Buchenholz verwendet.

Die meisten Arbeiten werden im Verdinge geleistet, wobei die Gedinge so gestellt sind, daß der Bergmann in einer 12stündigen Schicht 1 Fl. bis 1 Fl. 50 Nkr. und monatlich 20 bis 30 Fl. verdienen kann. Der Verdienst würde im Jahresdurchschnitt noch größer sein, wenn nicht die vielen Fest- und Feiertage eine wesentliche Abminderung veranlaßten, besonders da häufig die Wallachen die katholischen und die Katholiken die griechischen Feiertage mithalten. Bei obigem Lohn sind die Auslagen für den nicht unbedeutenden Pulververbrauch, für Licht und Gezähe bereits abgerechnet, dagegen muß der Bergmann von demselben Brudergeld in die Bruderlade oder Knappschaftscässe und Hauszins bezahlen.

Die Kohle ist vorzüglich, man stellt sie der besten englischen an die Seite, sie enthält nur einen sehr geringen Theil von Schwefel, giebt 1$\frac{1}{4}$ bis 2 Procent Asche und hat einen Wassergehalt von 2,7 bis 3,7 Proc. Buchenholz zu 100 angenommen, hat sie ein Heizvermögen von 190. Sie bricht mit 50 Proc. Grob= und 50 Proc. Klein= oder Staubkohle. Die Förderung, welche in der ärarischen Zeit von 1846 bis 1854 im Jahresdurchschnitt 510,000 Centner be= trug, hat sich gehoben, so daß

$$
\begin{array}{lll}
1855 & . . & 1,078,000 \text{ Centner,} \\
1856 & . . & 1,126,000 \quad = \\
1857 & . . & 762,000 \quad = \\
1858 & . . & 730,000 \quad = \\
\end{array}
$$

gefördert wurden. Wegen Mangel an Absatz der Kleinkohlen mußte in den letzten Jahren die Förderung beschränkt werden. Der Absatz der Kohlen erfolgt meistens für die Bahnen der Gesellschaft und für die Donau=Dampfschiffe. Später wird die Kleinkohle in großer Masse von der im Bau begriffenen Anina= Eisenhütte verbraucht werden.

Erwähnenswerth ist, daß in dem Jahre 1851 in dem Bräunerschachte ein bedeutender Grubenbrand ausbrach, welcher mannigfache Störungen im Be= triebe verursacht. Auf den Gruben des Gorlischen Terrains treten auch häufig schlagende Wetter auf.

Bei den Steinkohlenwerken um Steierdorf sind mit Einschluß des Bergarztes und des Bergapothekers 12 Beamte und 28 niedere Diener angestellt. Die anfahrende Mannschaft beläuft sich auf 902 Berg= knappen. Man beabsichtigt indessen letztere, sowie der Absatz der Kohlen eine größere Förderung gestattet, nach und nach auf 2400 Mann zu vermehren. An

Fuhrleuten, welche mit Pferden und Ochsen für die
Steierdorfer Werke frachten, besonders die Kohlen an
die Oraviczaer Bahn liefern, sind 1200 beschäftiget.
Sie kommen aus den benachbarten Landorten und trei=
ben die Fuhren als Nebenverdienst. Verausgabt wer=
den dafür jährlich etwa 100,000 Fl.

Zwischen Steierdorf und der Anina, noch zur
Steierdorfer Verwaltung gehörig, war gegenwärtig
eine große Fabrik zur Destillation der Kohlen=
schiefer fast vollendet. Die mächtige Schieferablage=
rung dieser Kohlenwerke enthält 10 bis 11 Procent
ölige Bestandtheile, welche hier gewonnen werden sollen.
Die Destillationshütte ist 341 Fuß lang, 50 Fuß breit
und 18½ Fuß hoch, mit canclirtem Eisenblech gedeckt
und enthält 60 Destillationsapparate. Man beabsich=
tigt jährlich für die Parafinfabrik zu Oravicza 25,000
Centner Bergöl zu produciren, wobei man auf einen
Ueberschuß von 50,000 Fl. rechnet. Ueberhaupt hat
das Steierdorfer Bergwerk, zu welchem auch der spä=
ter erwähnte Eisensteinbergbau zu zählen ist, eine
hoffnungsvolle und bedeutende Zukunft. Es sollen
durch dasselbe in kurzer Zeit jährlich

$$2,500,000 \text{ Centner Kohle,}$$
$$600,000 \quad = \quad \text{Eisenstein und}$$
$$75,000 \quad = \quad \text{Oel}$$

erzeugt werden, welche einen Verkaufswerth von
1,780,000 Fl. östr. W. repräsentiren, um welche
Summe das Nationalvermögen vermehrt wird, wäh=

renb ber Gelbwerth ber früheren ärarifchen Werke jähr=
lich nur burchfchnittlich 140,000 Fl. öftr. W. betrug.

Gegenwärtig wird verkauft:

1 Ctr. Stückkohle auf ber Grube — Fl. 50 Nkr.
1 = Würfelkohle = = = — = 42 =
1 = Kleinkohle = = = — = 27 =
1 = Schieferöl = = Hütte 6 = 50 =
1 = Eifenftein = = = = — = 50 =

Der Reinertrag bes ganzen Werkes, welches für bie
Gefellfchaft ein Capital von circa 3,000,000 Fl. reprä=
fentirte, beträgt gegenwärtig zwar nur jährlich 80 bis
100,000 Fl. öftr. W., bürfte aber in kurzer Zeit auf
bas Dreifache fteigen.

Höchst beachtenswerth finb bie Einrichtungen, welche
rückfichtlich ber Penfionirung ihrer Beamten unb ber
Unterftützung ihrer Arbeiter bie Gefellfchaft für ben
ganzen Kreis ihrer verfchiebenen Betriebs= unb Ver=
waltungszweige eingerichtet hat. Ich werbe baher gleich
hier bie Grunbzüge bavon mittheilen.

Der Penfionsverein, in welchen ber Eintritt ber
Beamten ein freiwilliger ift, umfaßt gegenwärtig 1418
Perfonen, welche angezahlt haben. Jeber Beamte
zahlt 20 Proc. feines Jahresgehaltes als Eintritts=
gelb; bei Gehaltszulagen bas erfte Jahr 50 Proc.
von benfelben unb als laufenber Beitrag 3 Proc. bes
Gehaltes. Nach 10 Dienftjahren ift ber Beamte pen=
fionsfähig unb er bekommt ⅘ von ber Summe, welche

durch die Einzahlung der 3 Proc. vom Gehalte er=
wachsen ist, als jährliche Pension. Die Wittwen und
Waisen können bis ⅔ der Pension des Verstorbenen
erhalten. Die Vereinscasse wird von einem Ausschuße
der Beamten, welche demselben beigetreten sind, ver=
waltet und die Gesellschaft giebt namhafte Beiträge
dazu. Das Vermögen des Vereins war bis Schluß
1858 bereits auf 350,000 Fl. angewachsen. Tritt
ein Mitglied desselben aus den Diensten der Gesell=
schaft, so erhält dasselbe seine eingezahlten Beiträge
voll zurück.

Für die sämmtlichen Arbeiter der Gesellschaft,
gleichviel, ob sie beim Berg=, Hütten= oder Forstbetriebe,
oder bei den Eisenbahnen, in den mechanischen Werk=
stätten u. s. f. beschäftiget sind, tritt mit dem Jahre
1860 eine neue Bruderlade (Knappschaftscasse, Unter=
stützungscasse) ins Leben. Außer den bedeutenden Bei=
trägen, welche die Gesellschaft giebt, zahlt jeder Ar=
beiter 6 Proc. seines Lohnes, Verdienstes, dazu ein,
welche Beträge bei der monatlichen Auslohnung abge=
zogen werden. Dafür hat derselbe, wenn er als stän=
diger Arbeiter angenommen war, zu genießen:

In Krankheitsfällen für sich und seine Fa=
milie freien Arzt und Arzenei, der Verheirathete die
Hälfte, der Unbeweibte ein Drittel seines Lohnes als
Krankengeld.

Wird der Arbeiter invalide, so erhält er bei
10 bis 20 Arbeitsjahre drei Zehntel, bei 21 bis 30

vier Zehntel und bei 31 bis 40 die Hälfte seines Normallohnes als Provision, wie in Oesterreich bei den Arbeitern die Pension genannt wird.

Wittwen und Waisen können als Maximum zwei Drittel der Provision ihres verstorbenen Ehegatten oder Vaters erhalten.

Im Sterbefalle eines Arbeiters erhält die Wittwe 16 Fl. Begräbnißbeitrag. Verunglückt aber ein Arbeiter im Dienste, so trägt die betreffende Casse die Beerdigungskosten ganz.

Nicht=ständige Arbeiter zahlen nur 1¼ Pro= cent ihres Lohnes als Beitrag, haben auf Provision keine Ansprüche, sondern erhalten nur in Erkrankungs= fällen freien Arzt, Arzenei und das regulativmäßige Krankengeld.

Das sociale Leben der Beamten unter einander ist in Steierdorf ganz angenehm, denn es sind fast lauter Fremde. Norddeutsche, Westphalen, Rhein= länder, Böhmen, Oesterreicher u. s. f. und meist auch fremde Frauen. So fühlt man die Nothwendigkeit eines gewissen Zusammenhaltens, oder bewahrt wenig= stens im Hause die einfache deutsche Sitte. Die Ge= sellschaft hat sich, wo irgend möglich, tüchtige Beamten zu verschaffen gesucht, sie zahlt dieselben gut, so daß sie ohne Sorgen und anständig leben können.

Im Allgemeinen ist das gesellschaftliche Leben im Banate unter den eigentlichen Banatern sehr unge= zwungen, nach unsern Begriffen vielleicht etwas frei.

Sah ich doch selbst in Oravicza einen jungen Mann mit grünem Jägerhute von der Straße ab mit einem jungen Mädchen eine lebhafte Unterhaltung führen, welche im vollständigsten und leichtesten Morgenanzuge war. Und es war nicht weit von der Mittagszeit. Die Frauen treiben einen großen Luxus mit möglichst eleganten Kleidern, welche Pesth liefert, und die nicht selten wenig saubere Unterkleider bedecken sollen. Ebenso findet man im Hausgeräthe eine gewisse Eleganz, auf Silberzeug wird viel gehalten, wie man selbst in ganz gewöhnlichen Häusern seidene Bettdecken u. dgl. findet. Die Männer sehen viel auf gute und feine Wäsche und Stiefel. Bei der Tafel herrscht ein großer Luxus, es giebt viele und massige Speisen, mit dem Trinken, natürlich nur Wein, ist man im gewöhnlichen Leben einfacher und mäßig. Die Speisen werden sehr fett gekocht, weil man nur Schweineschmalz dabei verwendet, dagegen spielt auch hier, wie in Ungarn, Paprica in allen Formen eine große Rolle.

Was das geistige Leben anbetrifft, so findet man dabei manche Lücken, besonders soll die Erziehung der Mädchen weder häuslich noch intellectuell sein. Die gebildeten Männer haben auf den Universitäten Pesth, Wien u. s. f. studirt, aber unter dem materiellen Leben soll die Lust an geistiger Fortbildung ziemlich bald verloren gehen. Bei den geselligen Zusammenkünften wird ziemlich viel und hoch gespielt, zu meiner Verwunderung nannte man mir als ein sehr beliebtes

Hazardspiel das dem sächsischen Jäger wohlbekannte Grobhaus.

Das Leben der Arbeiter in Steierdorf ist sehr verschieden, weil die Nationalitäten so verschieden sind. Im Ganzen aber ist die Nahrung kräftig und gut, häufig herrscht selbst Wohlstand und Luxus in den Häusern der Arbeiter. Ich traf in Steierdorf einige sächsische Bergleute und ließ mir von ihrer Einrichtung erzählen. Sie waren unverheirathet, hatten sich bei einer Bergmannsfamilie eingemiethet und in die Kost gegeben. Sie erhielten: Morgens Kaffee mit Weizenbrod, zum Mitnehmen in die Grube reichlich Brod und Speck, Abends 6 Uhr nach der Schicht Suppe, Fleisch mit Zugemüse, an Sonntagen öfters noch Mehlspeise. Dafür zahlten sie mit Wäsche und Quartier monatlich 13 Fl. Das ist allerdings sehr anders, aber viel besser, als die Ernährung eines erzgebirgischen Bergmannes. — An einem Sonntage, welchen ich in Steierdorf zubrachte, besuchte ich gegen Mittag einige Bergmannshäuser. In dem ersten lebte ein Ehepaar allein. Dort fand ich eine complet eingerichtete Fremdenstube mit zwei aufgemachten Betten. In der Wohnstube reichliche Meubles und die Küche voll glänzendem Kochgeschirr. Zum Speisen bereit war eine Rindfleischsuppe mit Knödeln, Rindfleisch mit Savoiekohl und Händelbraten. — Die zweite Familie, ein Ehepaar mit 3 Kindern, war zwar gut eingerichtet, die Betten für die Familie waren reichlich, aber im Ganzen nicht so wohlhabig wie bei den ersten. Die Mittagskost war: Bouillonsuppe und Knödeln und Rindfleisch mit Savoiekohl. — Die dritte Familie, Mann, Frau mit 2 erwachsenen Kindern, hatte wieder eine Fremdenstube mit zwei aufgemachten Betten. Mittagsessen wie bei der ersten Familie, nur statt der Händel Schweinebraten. Der Zufall hatte mich zu drei Familien vom steierschen Stamme geführt, doch trifft man auch bei den früher eingewanderten Böhmen ähnliche Zustände, welches alles mir einen sehr wohlthätigen Eindruck machte.

Leider hat der Kleiderluxus auch in dieses stille Thal Eingang gefunden. Die alberne Crinoline hängt zum Verkauf vor mehreren Läden und am Sonntage muß das Bergmannsmädchen sich damit verunzieren. Es ist dies um so schlimmer, da alle diese Luxus=gegenstände sehr theuer sind. Die Lebensmittel sind dagegen wohlfeil, z. B. 1 Pfd. gutes Fleisch 10—12 Nkr., 1 Pfd. Butter 70 Nkr., 1 Ctr. Weizenmehl 4—5 Fl., 1 Pfd. Schweinefett 35 Nkr., 1 Maaß Milch 10 Nkr., 1 Metze Kartoffeln 2 Fl. östr. W.

Außer Steierdorf hat die Gesellschaft noch ein zweites Kohlenwerk bei Reschitza am westlichen Gehänge des Gebirges, welches an zwei Orten, zu Szekal und Deman betrieben wird. Das Kohlenvorkommen bei Szekal ist für den Geognosten von Interesse, indem hier die alte Steinkohlenformation auftritt, welche unmittelbar auf dem Glimmerschiefer aufliegt und von

rothem Sandstein, theilweise auch von der Keuper-
kohle bedeckt wird. Der Bergbau hat zwei un-
regelmäßige Flötze von 2—4 Klaftern Mächtigkeit
aufgeschlossen, von welchen durch zwei Stollen die Förderung geschieht. Es arbeiten hier 60—70 Mann,
welche jährlich 150,000—180,000 Ctr. Kleinkohlen
fördern. Der Productionspreis ist 24 Nkr. pr. Ctr.
und sie werden mit 35 Nkr. den Reschitzaer Werken
verkauft. — Das Vorkommen der Kohle zu Deman
ist dem in Steierdorf ganz gleich, allein die Flötze
haben nicht die Ausdehnung wie dort. Die drei bekannten Flötze wechseln mit einer Mächtigkeit von
3—4 Klaftern. Man fördert jährlich etwa 200,000 Ctr.
Kohle mit 25 Nkr. Produktionskosten, welche ebenfalls
zu 35 Nkr. nach Reschitza verkauft werden. Die Kohle
ist sehr stark backend und wird auf der Hütte in den
Puddlingsöfen und zur Dampfkesselfeuerung verwendet.
Deman ist von der Hütte durch einen bedeutenden
Berg getrennt. Schon unter dem Aerar hat man
einen Stollen durch denselben zu treiben angefangen,
welcher 1229 Klaftern lang werden wird. Er wird
jetzt fortgesetzt und hat bereits eine Länge von 750 Klaftern erreicht. — Im Jahre 1858 producirte der Reschitzaer Bergbau 387,928 Ctr. Kohlen mit einem
Reingewinn von 33,714 Fl. östr. W.

Die Anina-Eisenhütte.

Eine halbe Stunde von Steierdorf, in dem Anina-Thale, wo vor kaum zwei Jahren noch Urwald war, erbaut die Gesellschaft gegenwärtig eine große Eisenhütte. Sie wurde in dieses Thal gelegt, weil dort die schon vom Aerar projectirte Bergbahn von Oravicza ausmünden wird und man die Ausführung dieses Planes noch nicht aufgegeben hat. Dann aber soll sie auf der einen Seite eine große Masse Eisenbahnschienen anfertigen, während man auf der andern Seite dabei die Kleinkohlen der Steierdorfer Gruben am vortheilhaftesten zu verwerthen hofft. Der hier vorkommende Eisenstein, Blakband, wird aus dem Kohlenschiefer gewonnen und auf den Gruben arbeiten für diese Gewinnung 4 Steiger, 4 Aufseher und 250 Mann Bergleute, welche unter der Steierdorfer Verwaltung stehen. Kohlen und Eisenstein werden später auf Eisenbahnen zur Hütte befördert.

Als ich im vorigen Herbste dort war, fand ich im Anina-Thale ein lebendiges Getreibe. Mehrere tausend Arbeiter waren mit Ebenen des Hüttenplatzes, Abtragen von Bergen, Graben von Kanälen u. dgl. beschäftiget. Maurer aus Belgien baueten die mächtigen Hohöfen, andere mauerten die Fundamente zu der Pubblingshütte oder baueten an den neuen Kolonistenwohnungen. Es war ein reiches Leben und um so interessanter, da man schon einen deutlichen

Ueberblick davon erlangen konnte, was da werden sollte, denn im Sommer des Jahres 1860 soll die Hütte angeblasen werden und sie wird einen eben so großartigen Beleg für die Thätigkeit der Gesellschaft, wie für die Einsicht der Direction geben. Eine Schwierigkeit wird dabei allerdings noch zu überwinden sein, nämlich der überaus großen Schienenmenge, welche das Werk zu produciren fähig sein wird, einen entsprechenden Absatz zu verschaffen. Indessen sollte man glauben, daß, wenn wirklich eine politische Ruhe eintritt, wenn man sich endlich ermannt, um von der politischen Laune des 2. December nicht mehr so abhängig zu sein als jetzt, wenn sich dann die Donauländer beruhigen, so muß die nach Osten vorschreitende Cultur neue und große Absatzquellen für dieses Produkt eröffnen.

Die Kleinkohle wird mit einer Eisenbahn aus der Grube vor die Koaksöfen geführt, deren 90 aufgestellt sind. Sie haben 2 Fuß Weite und 26 Fuß Länge. Die Darstellung des Koaks war früher unter dem ärarischen Betriebe viel versucht, aber nie geglückt, die Intelligenz der neuen gesellschaftlichen Beamten hat das Problem in vollem Maaße gelöset, welches um so wichtiger war, da ohne dieses die Eisenhütte hier niemals angelegt werden konnte. — Zum Rösten des Eisensteins sind ohnweit der Koaksöfen 6 Röstöfen mit konischem Schachte von 16¼ Fuß Höhe und 14 Fuß in der größten Weite aufgestellt. Von diesen und den Koaksöfen führt das Erz und das

Brennmaterial eine kleine Eisenbahn zu den 3 mäch=
tigen Hohöfen. Ein jeder derselben wird 45 Fuß hoch,
hat 15 Fuß Weite im Kohlensacke und soll wöchent=
lich 3000 Ctr. Roheisen blasen. Vorläufig beabsich=
tigt man aber nur zwei in Betrieb zu setzen. Drei
Dampfgebläse mit Expansion und Condensation des
Dampfes betreiben die Hohöfen und zur Speisung
derselben mit erwärmter Luft sind drei Luftheizungs=
Apparate vorgerichtet. Vor den Hohöfen liegt eine
125 Fuß lange und 50 Fuß breite Gießhalle, welche
einen Kuppuloofen zum Raffiniren des Eisens ent=
hält. — Das Puddlingswerk erhält bei verschiedner
Breite eine Länge von 437 Fuß. Hier wird das
Roheisen vorzugsweise zu Eisenbahnschienen verarbeitet.
Es enthält 24 Puddlingsöfen, 8 Schweißöfen, 1 Lup=
per Dampfhammer, 2 Dampfscheeren, 2 vollständige
Walzwerke für die Darstellung von Eisenbahnschie=
nen, 1 Abjustirungsmaschine u. dgl. m. Sämmt=
liche Vorrichtungen werden durch 12 Dampfmaschinen
mit 16 Kesseln und zusammen mit 4000 Pferde=
kraft betrieben. Die Heizung der Kessel erfolgt durch
die Ueberhitze der Puddlings= und Schweißöfen. Außer=
dem hat das Werk eine mechanische Werkstätte, Tischler=
werkstelle mit Hobelmaschine u. dgl., ein Magazin=
und ein Administrationsgebäude und die nöthigen Beam=
tenwohnungen.

Der Bau des ganzen Werkes nebst den erforderlichen
Kolonistenhäusern ist zu 1,600,000 Fl. veranschlagt.

Der Verbrauch an Rohstoffen wurde vorläufig berechnet auf jährlich:

650,000 Ctr. Eisenstein,
455,000 = Koaks,
455,000 = roher Kohle und
216,000 = Kalkstein zum Zuschlag bei den Hohöfen.

Man beabsichtiget damit vor der Hand jährlich 260,000 Ctr. Roheisen herzustellen. Davon werden etwa 6000 Ctr. an Gußwaaren für den eigenen Bedarf der Hütte und der anderen Werke abgegeben; 180,000 Ctr. Eisenbahnschienen, theilweise zum eignen Bedarf der Bahnen, und 8000 Ctr. Streckeisen zum Verkauf, also im Ganzen wird das Puddlingswerk 188,000 Ctr. fabriciren.

Außer den Fuhrleuten werden 600 Arbeiter für den Betrieb erforderlich sein, welche sämmtlich erst kolonisirt werden müssen. An Beamten bedarf das Werk dreizehn.

Die Kolonisation der Arbeiter wird mit der in Steierdorf in Verbindung gebracht. Dicht um die Hütte waren im vorigen Herbste bereits 80 Kolonistenhäuser, jedes für zwei Familien, ebenso eingerichtet, wie die Steierdorfer, vollendet. Die übrigen werden im Thale aufwärts nach Steierdorf zu erbaut. Dann ist es der Plan, in größerer Nähe bei Steierdorf, welches der Hauptort bleibt, für diese vergrößerte Bevölkerung eine neue katholische Kirche zu erbauen und

dabei neben dem Pfarrer noch einen Kaplan anzu=
stellen. Außerdem werden für die neueren Kolonisten
in der Anina und dem neuen Theile von Steierdorf
acht neue Schulen erbaut. Alle diese Kosten trägt die
Gesellschaft, so wie sie auch Pfarrer und Schullehrer
besoldet.

Wie ich bereits oben bemerkte, muß man die
große Sorgfalt und Liberalität, mit welcher die Ge=
sellschaft für die Arbeiter und insbesondere für die
Kolonisten sorgt, ebenso wie die Humanität, mit
welcher sie von den Vorgesetzten behandelt werden, in
vollem Maße anerkennen. Doch haben in der neuesten
Zeit unter den zu Steierdorf im vorigen Jahre aus
Gladno in Böhmen hereingezogenen Arbeitern überaus
grobe und bedauerliche Excesse stattgefunden, welche
wesentliche Bedenken erregen müssen, ob es gerathen
sei, die Kolonisation der Böhmen in größerem Maß=
stabe fortzusetzen. Diese Arbeiter haben so ungehörige
Prätensionen, eine so große Widersetzlichkeit gegen ihre
Beamten und eine solche Opposition gegen die vor=
geschriebene Arbeiter=Ordnung gezeigt, daß dabei ein
ruhiger, sachgemäßer Betrieb der Werke nicht möglich
ist. Freilich vermag ich die Gründe, weshalb man
bisher die Böhmen bevorzugte, nicht zu beurtheilen,
allein ich glaube nach eigner Anschauung, daß die Di=
rection weit eher und viel sicherer zum Ziele gelangen
würde, wenn sie statt der Böhmen deutsche Bergleute,
z. B. aus Salzburg oder Steiermark, wo doch der

Berg= und Hüttenbetrieb gegenwärtig stockt, oder vom Harze, am besten vielleicht die arbeitsamen und sehr genügsamen sächsischen Erzgebirger anzusiedeln sich ent= schließt. Die sächsischen Bergleute, welche ich in Steier= dorf sprach, waren sehr zufrieden und ebenso war man es von Seiten der Beamten mit ihnen.

Neu=Moldowaer Kupferwerk.

In der südlichsten Spitze der gesellschaftlichen Be= sitzung, in einem reizenden Thale, etwa eine halbe Stunde von der Donau, liegt Neu=Moldowa, der älteste, früher sehr ergiebige Bergbau auf Kupfer, mit welchem zugleich etwas Silber vorkommt. Unter Kaiser Trajan wurde dieser Theil des Daci'schen Königreiches erobert und war lange eine römische Provinz. Man findet noch jetzt aus jener Zeit nicht selten römische Münzen. Zahlreiche alte Schlackenhalden, Wasser= leitungen und Grubenbau beweisen, daß schon damals hier Bergbau getrieben wurde, jetzt geht es ihm, wie jedem alten Bergbau, er hat an Ergiebigkeit sehr nach= gelassen. Der Betrieb ist geringe, zum Theil nur Hoffnungs= oder Versuchbau. Die nutzbaren Minera= lien sind Schwefelkies, verschiedene Kupfererze, Blei= glanz, Glaserz u. a. kommen zwischen dem Jurakalk und Syenit oder zwischen Syenit und Schiefer in einer stockförmigen Einlagerung vor, welche der Hauptsache nach aus Eisenocher, Kalkspath, Quarz und Granit bestehen. In Moldowa wird in drei Hütten, welche nur zeitweise im Betriebe sind, nur Schwarzkupfer producirt, welches in Dognacska und Cziclova weiter verhüttet wird. Im Jahr 1858 wurden 269 Ctr. silberhaltige Kupfererze, 13,955 Ctr. ordinaire Kupfererze und 6144 Ctr. Schwefelkies erzeugt. Es finden hier 80 Bergleute, 14 Hüttenarbeiter Beschäftigung und 8 Beamte und 9 niedere Diener sind bei den Werken angestellt.

Der Reichthum der Gruben an Schwefelkiesen veranlaßte die Gesellschaft, eine neue Anlage zur Gewinnung von Schwefelsäure und Kupfervitriol zu machen. Sie ist nach den neueren Prinzipien eingerichtet, liefert jährlich aus 16—17,000 Ctr. Schwefelkies 13,000 Ctr. Schwefelsäure, welche theils nach der Wallachei verkauft wird, theils bei der Parafinfabrik in Oravicza verwendet werden soll. Kupfervitriol wird direct aus dem Schwarzkupfer erzeugt und bei den Imprägniranstalten der Gesellschaft verwendet.

Bei der Fabrik sind 1 Beamter, 3 Diener und 16 Arbeiter beschäftigt.

Oraviczaer Bergbau.

Der Bergbau um Oravicza wurde aller Wahrscheinlichkeit nach ebenfalls schon durch die Römer betrieben, obgleich wir erst sichere Nachrichten darüber seit der Wiedereroberung des Banates (1718) haben, in welcher Zeit der Feldmarschalllieutenant Graf Merci denselben auf Staatskosten in Betrieb setzen ließ und Schmöllnitzer und Tyroler Arbeiter kolonisirte.

Die hauptsächlich vorkommenden Mineralien sind Kalkspath, Quarz, die verschiedensten Kupfererze, Fahlerz, Bleiglanz, gediegen Gold und Kupfer, welche theilweise in einer Gangart von Granit und Feldstein eingemengt sind, theilweise in einem festen Syenit-Porphyr und an einer Hornstein- und Syenit-Scheidung auftreten. Da jedoch die reichen Mittel schon früher verhauen wurden, so kann man gegenwärtig nur jährlich 3600 Ctr. Erze mit 180 Ctr. Kupfer erzeugen, die in Szaszka verarbeitet werden.

Westlich von Oravicza befindet sich der Goldbergbau Elisabeth, welcher erst vor kurzer Zeit von Privatgewerken durch die Gesellschaft angekauft wurde. Auf dem Thonschiefer, an Granat und Feldstein grenzend, befindet sich hier eine Kalkauflagerung, in welchem eine von Kalk und Sandstein gemengte Gangart auftritt, die in 1000 Ctrn. 24 Mark Gold liefert. Schon gegenwärtig erzeugt man monatlich 2000 Ctr., die in 2 Pochwerken verarbeitet werden. Um aber die Erzeugung bedeutend vermehren zu können, so baut die Gesellschaft in Oravicza ein neues Pochwerk. Der Oraviczaer Bergbau beschäftigt 140 Bergleute, 3 Steiger und 1 Beamten; der Verdienst der Arbeiter beträgt 25—60 Neukr. auf die Schicht.

Der hier vorkommende Brauneisenstein bildet seit dem Bau der Anina-Hütte ebenfalls einen Gegenstand

des Betriebes. Es sind bereits 100,000 Ctr. ge=
wonnen.

Ein anderer Industriezweig der Gesellschaft, die
Erzeugung eines Cementkalkes von dem an der Steier=
dorf=Oraviczaer Hauptstraße vorkommenden Mergel,
verdient ebenfalls eine Erwähnung. Er wird gebrannt,
fein gemahlen, und liefert so einen trefflichen Cement.
Sämmtliche Objekte der Oravicza=Temesvarer Bahn=
linie wurden mit demselben aufgeführt; gegenwärtig
werden jährlich circa 12,000 Ctr. mit einem Ge=
stehungspreis von 85 Neukr. erzeugt und mit 1 Gul=
den pr. Ctr. verkauft.

Der Oraviczaer Bergbau wird von einer Ver=
waltung geleitet, welche zugleich die Oberleitung über
sämmtliche Metallwerke im Moldova, Szaszka und
Dognacska führt; sie besteht aus 6 Beamten. Ob=
gleich im Jahre 1858 568 Ctr. Kupfer, 61 Loth
Silber und 56 Loth Gold erzeugt wurden, so ergab
sich dennoch eine Zubuße von 27,516 Fl. 7 Xr. öster=
reichische Währung. Durch den Ankauf der Elisabether
Goldgrube und durch andere Aufschlüsse hofft man,
daß die Ergebnisse dieses Bergbaues sich günstiger ge=
stalten werden.

Szaszkaer Kupferwerk.

Ziemlich in der Mitte zwischen Moldova und
Oravicza, in einem von hohen Kalkfelsen begrenzten
Seitenthal des Nera=Flusses, liegt der Bergort Szaszka

mit 2848 wallachischen und 985 deutschen Einwoh=
nern, welche der Kupfer= und Eisenbergbau sämmtlich er=
nährt. Die aufgefundenen Münzen und ausgedehnten
Schlackenhalden verrathen auch hier die Thätigkeit der
Römer, denen der Ort wahrscheinlich, wie Moldova, sei=
nen Ursprung verdankt. Später wurde der Bergbau auf
edle Metalle (1730) wieder aufgenommen und mit
abwechselndem Glück vom Aerar betrieben. Bis zum
Jahre 1760 waren bereits 4 Hütten mit 16 Brenn=
öfen in Betrieb, allein 1788 fielen die Türken ein
und sämmtliche Einwohner mußten fliehen. Sie kehr=
ten zwar nach Jahresfrist zurück, aber der Bergsegen
fehlte und die Johanni=Hütte mußte eingestellt werden.
So wurde der Bergbau mit abwechselndem Glück be=
trieben, bis das Werk 1855 an die Staats=Eisenbahn=
Gesellschaft überging, welche den Betrieb ohne beson=
dere Erweiterungen fortsetzte.

Das Vorkommen der Erze ist ähnlich wie in
Moldova, nur treten häufig Eisensteine auf, welche
für die benachbarte Nera=Hütte gewonnen werden, die
jährliche Erzeugung beträgt auf den Gruben 10,000
Ctr. Kupfererze und circa 100,000 Ctr. Eisenstein,
die Förderung geschieht durch Stöllen und kleinere
Schächte, die Wasserhaltung durch eine Wassersäulen=
und Dampfmaschine. Es werden hier 300 Bergleute,
7 Diener und 1 Beamter verwendet, der Verdienst ist
50 bis 80 Neukr. pr. achtstündige Schicht. Die
Kupferhütten fabricirten 1858 2561 Ctr. Kupfer und

11*

verwenden jährlich 60,000 Maß Holzkohlen aus den benachbarten gesellschaftlichen Forsten. Hier sind 120 Arbeiter, 9 Diener und 5 Beamte beschäftigt. Ge= genwärtig soll der Szaszkaer Kupferbergbau wenig günstige Aussichten haben, da die Anbrüche sich ver= ändern, indessen gab das Werk 1858 noch einen Er= trag von 9349 Gulden.

Nerathaler Eisenhohofen.

Am Ende von Szaszka, im Thale der Nera, liegt ein Eisenhohofen, welchen 1856 die Staats= Eisenbahn=Gesellschaft von einer Actien=Gesellschaft ankaufte. Der Ofen hat eine Höhe von 24 Fuß und producirt jährlich mit 20,000 Maß Holzkohlen 12 bis 14,000 Ctr. Roheisen bei einem Gestehungspreis von 3 Gulden österr. Währung pr. Ctr. Das Cylinder= gebläse wird durch eine Turbine betrieben, welche ihre Betriebswasser der Nera entnimmt. Das Roheisen wird meistens nach Pesth geliefert.

Cziclovaer Kupferhammer.

In einem engen, romantischen Seitenthale, von mächtigen Kalkfelsen umgeben, eine halbe Stunde von Oravicza, liegt Cziclova, früher die Hauptkupferhütte mit einem nicht unbedeutenden Amalgamirwerke. Ge= genwärtig werden nur die Schmelzhütte und 2 Kupfer= hammer betrieben. Die Production im Jahr 1858 war 1070 Ctr. Kupfer mit einem Reinertrage von 6560 Gulden C.-M.

Dognacskaer Kupfer= und Eisenwerk.

Einer der minder schönen Banater Bergorte ist Dognacska. Drei Stunden östlich von Oravicza liegen, wohl eine Stunde lang einzeln in einem engen Thale zerstreut, die ärmlichen Bergmannshäuser, in welchen 2800 Deutsche und Wallachen wohnen, die alle vom Bergbau und durch die hier befindlichen Silber= und Eisenhütten ernährt werden. Obgleich geschichtliche Daten mangeln, so hat der Dognacskaer Bergbau doch eine ähnliche Vergangenheit wie die bereits genannten Me= tallwerke. Die vorhandenen Aufschluß= und Gruben= bauten beweisen eine lange und reiche Vergangenheit, so z. B. hat die 1740 aufgeschlossene Grube Simon und Judas noch gegenwärtig einen offenen Raum, in welchem der größte Dom Platz findet, es brechen hier Buntkupfererze mit 70 Procent Kupfer und die Grube lieferte Millionen Gulden an Ausbeute. Die vor= kommenden Erze, silberhaltiger Bleiglanz, weiß und grün Bleierz, Kupfererze und Blenden, brechen an der Scheidung des krystallinischen Kalkes und des Syenit, die Gangmasse besteht aus Strahlstein, Granit, Kalkspath und Magneteisenstein, sie tritt theils als Mugeln und Putzen, theils als großartige Erzstöcke auf. Zur Verarbeitung der Erze sind in Dognacska 2 Silberhütten mit 2 Halbhohöfen und 4 Krumm=

öfen, 1 Treibhütte und 1 Zinkhütte. Im Jahre 1858 wurden mit 107,000 Kubikfuß Holzkohle

510 Ctr. Bleiglätte,
587 Mark Silber,
3 = Gold,
14 Ctr. Blei,
180 = Kupfer

erzeugt.

Im Hangenden der edlen Lagerstätten, dann selbstständig in ganzen Gebirgsstöcken treten in der Nähe von Dognacska Braun=, Roth= und Magnet=Eisenstein in massigen Ablagerungen auf, von welchen in letzterer Zeit gegen 600,000 Ctr. abgebaut wurden. Zur Verwerthung derselben und auch zur Hebung des dortigen immer mehr und mehr sinkenden Silberberg=baues, sowie zur Verwerthung der Forstproducte wurde im Frühjahre 1857 der Bau eines Eisenwerkes in Dognacska begonnen und im nächsten Jahre vollendet. Die beiden freistehenden, auf eisernen Säulen ruhenden runden Hohöfen haben eine Höhe von 36 Fuß und sind aus Sandstein erbaut. Die Gichtgase werden zur Be=heizung von 2 Gebläsemaschinen benutzt. Außerdem wurden noch eine Gießhalle, Maschinenhalle mit darüber befindlichem Möllerboden, Kesselhaus, 2 Kohlschuppen, 4 Röstöfen, 1 Kalkpochwerk, ein Gebäude für die Admini=stration und Wohnungen für 3 Meister und 6 Arbeiter aufgeführt. Gegenwärtig ist nur ein Hohofen in Betrieb, für welchen eine jährliche Erzeugung von 50—60,000

Ctr. Roheisen mit 3 Fl. 15 Kr. österr. Währung Gestehungspreis veranschlagt ist. Das Product wird in
Reschitza weiter verarbeitet.

Sämmtliche Dognacskaer Werke, zu welchem auch
Morawitzaer Eisensteinbergbau gerechnet wird, stehen
unter einer Berg= und Hüttenverwaltung, bei welcher
400 Arbeiter, 9 Diener und 11 Beamte beschäftigt
sind. Das Werk lieferte 1858 einen Reinertrag von
39,039 Gulden C.=M.

Morawitzaer Eisensteinbergbau.

Zwei Stunden von Dognacska entfernt liegt der
in weiter Ferne bekannte Eisensteinbergbau von Mora=
witza, eine Ansiedelung neuerer Zeit, welche vor etwa
80 Jahren durch Wallachen, die gegen die Einfälle
der Türken in Oesterreich Schutz suchten, gegründet
wurde. Anfänglich betrieb man hier Bergbau auf
edles Metall, der jedoch niemals lohnend gewesen sein
muß, der Eisensteinbergbau kam seit dem Entstehen
des Bogschaner Eisenwerkes in Schwung. Das Vor=
kommen ist hauptsächlich ein mit Granat imprägnirter
Magneteisenstein, welcher eine mächtige stockwerkförmige
Ablagerung zwischen krystallinischem Kalk und Syenit
bildet und eine Ausbeute für mehr als 100 Jahre
sichert. Der Abbau besteht meistens in Tagabraum
und werden jährlich 300,000 Ctr. mit einem Preise
von 15 Neukr. erzeugt, welcher sämmtlich mit 20 Neukr.
an das Bogschaner und Reschitzaer Eisenwerk verkauft

wird. Der Eisenstein hat einen Gehalt von 60 bis
70 Procent Roheisen.

Reschitzaer Eisenwerk.

In dem Thale der Berzava am westlichen Ab=
hange des Gebirges, nördlich von Bogschan, liegt das
größte Eisenwerk der Gesellschaft, es vereinigt Alles,
was man in dieser Beziehung verlangen kann, sowohl
was die Güte des Eisens, als die Mannigfaltigkeit
der Producte anbetrifft. Der Bergort Reschitza, in
Verbindung mit Roman=Reschitza, zählt über 8000
Einwohner.

Das Eisenwerk besteht aus einer Schmelzhütte
mit 3 Hohöfen, Gießhütte mit 2 Kuppelöfen, Gießhütte
mit 6 Flammöfen, einer Puddlingshütte und Walzhütte,
2 Zeughämmern, einer Maschinenfabrik nebst Zubehör,
einer Kesselschmiede, Dreherei und den sonst dazu er=
forderlichen Gebäuden.

Der Hohofenbetrieb basirt sich auf die Morawitzaer
Eisensteine. Die Erze werden in 6 Schachtröstöfen
geröstet, dann klein geschieden, mit dem erforderlichen
Kalksteinzuschlag gattirt, mit Holzkohlen zu weißem und
grauem Roheisen verschmolzen. Die Erzzufuhr beträgt
jährlich etwa 300,000 Ctr. und kommt der Ctr. loco
Hütte circa 48 Kreuzer zu stehen. Die Buchenkohlen
werden größtentheils aus gesellschaftlichen Waldungen
des Reschitzaer, Ezereser und Krasovarer Bezirkes in
einer Masse von jährlich etwa 130,000 Maß à 10

Kubikfuß zum Preise von 1 Fl. 30 Kr. bis 1 Fl. 40 Kr. geliefert. In neuerer Zeit hat man auch aus der Militairgrenze noch Holzkohlen in bedeuten= den Massen zugekauft.

Die Hohöfen, 37 Fuß hoch, mit 9¼ Fuß Weite im Kohlensacke, sind je nach dem Zwecke verschieden zugestellt, und der Wind wird kalt durch zwei Formen eingeführt. Zum Betriebe der zwei direct wirkenden Cylindergebläse dienen zwei Dampfmaschinen, welche den erforderlichen Dampf aus Kesseln erhalten, die durch die auf der Gicht aufgefangenen Hohofengase geheizt werden. Der Wind geht von den Gebläsen in einen 100 Fuß langen, 6 Fuß im Durchmesser ha= benden Regulator und aus diesem zu den Hohöfen. Gegenwärtig werden jährlich an Roheisen ca. 100,000 Ctr. erzeugt, wovon etwa 20 bis 30,000 Ctr. zur Gießerei, die übrigen für die Puddlingshütte verwendet werden. Der Verkaufspreis des Roheisens an die Puddlingshütte ist, je nachdem es weißes oder graues ist, 3 Fl. 15 Kr. oder 3 Fl. 30 Kr.

Neben der Hohofenhütte befindet sich die Gießhalle, worin vorzugsweise Herdguß, namentlich Oefen dar= gestellt werden, welche im Banate einen guten Absatz finden. Hier sind zwei Kuppuloöfen aufgestellt, um schwerere Gußstücke zu fertigen. In einiger Entfer= nung von dieser Gießerei, dem Puddlingswerke ge= genüber, liegt die Flammofengießerei mit 6 Oefen. Früher hatte das Reschitzaer Werk die Verpflichtung,

Kanonen für die kaiserliche Artillerie zu gießen, und es bestand damals auch ein Kanonenbohrwerk, allein bei Ausbruch des letzten italienischen Krieges wurde dasselbe abgebrochen und nach Wien geführt, der Hütte aber die Verpflichtung zur Lieferung der Kanonen erlassen. Jetzt wird in diesen Räumen vorzugsweise schwerer Lehmguß erzeugt. Bei der Gießerei sind im Ganzen 40 bis 50 Förmer mit ihren Gehülfen beschäftiget.

Die Maschinenfabrik, mit Hülfsmaschinen aller Art nach den neuesten Constructionen versehen, nimmt mehrere Gebäude ein. Die Maschinen werden theils durch Dampfkraft, theils durch Wasserkraft (Turbine) betrieben. Die Fabrik liefert alle Arten von Dampfmaschinen, Wassermaschinen, Dampfkessel, Maschinen für Mahl= und Sägemühlen, ebenso werden eiserne Brücken und Dachstuhlconstructionen ausgeführt.

Die jährliche Production an Maschinen und Maschinenbestandtheilen beträgt etwa 20,000 Ctr., welche einen Werth von circa 250,000 Gulden repräsentiren.

Mit Ausnahme der Lehmförmerei liegen alle diese Werke an einem schönen und geräumigen Hüttenplatze, welcher nach der Hauptstraße zu durch ein neues Administrations= und Magazin=Gebäude abgeschlossen wird. Etwa 10 Minuten entfernt wurde die

Puddlings= und Walzhütte

von der Gesellschaft ebenfalls neu aufgebaut und damit ein wirklich großartiges Werk geschaffen. Sie verhüttet das Roheisen der 3 Reschitzaer, 2 Bogschaner und 2 Dognácskaer Hohöfen und bedeckt einen Raum von etwa einem Joch. Wir finden hier 18 Puddlingsöfen und 12 Schweißöfen; bei meinem Dortsein waren jedoch 2 Puddlingsöfen in Schweißöfen verwandelt. Je zwei Oefen bilden eine Gruppe und heizen mit ihrer Ueberhitze Dampfkessel, welche in der Längenrichtung der Oefen etwa 42 Fuß lang außerhalb der Hütte eingemauert sind. Dieselben geben den Dampf für sämmtliche Maschinen der Hütte von etwa 500 Pferdekräften bei einer Maximal-Spannung von 5 Atmosphären. An Dampfmaschinen finden sich vor, zwei 45pferdige, welche die Luppen- und Mittelstrecke, eine 36pferdige, welche die Feinstrecke, eine 100pferdige, welche die Fein- und Grobstrecke, und eine 100pferdige, welche die Grob- und Railsstrecke treiben. Außer diesen sind zwei Luppen-Dampfhämmer von 19 Ctr., ein Dampfhammer von 60 Ctr. und einer von 80 Ctr. Hammergewicht vorhanden. Ferner zwei Elevatoren für die Grobblech- und Grobstrecke, 6 Pumpen, eine 16pferdige für die einzuführende Thresfabrikation, eine 8pferdige in der Adjustirhalle. Endlich 3 gewöhnliche Scheeren, eine große Dampf-Blechscheere und eine Nasmyth'sche Dampf-Scheere. Walzenstraßen zählte ich sieben. Die Luppenstrecke zur Milbarsfabrikation, die Mittelstrecke für Corroge- und mittleres Mercantileisen, die Feinstrecke für Feineisen, die Feinblech- und Grobblechstrecke für Fein- und

Grobblech, die Grobstrecke für Brückenträger, die Rails=
strecke für Rails und schwere Eisensorten.

In der 12stündigen Schicht werden durchschnitt=
lich 6 Chargen Roheisen à 4 Ctr. verpuddelt. Bei
den Schweißöfen ist die Erzeugung je nach der anzu=
fertigenden Waare verschieden.

Das Gesammtpersonal der Hütte wechselt zwischen
400 und 500 Mann. Unter den Arbeitern befinden
sich viele Wallachen und Zigeuner, und auf deren
Anstelligkeit wurde ich aufmerksam gemacht, so wie man
auch hervorhob, daß diese Leute die ihnen ganz fremde
Arbeit unbeschreiblich rasch gelernt hatten. Die größte
Leistung des Werkes wird zu 120,000, höchstens
130,000 Ctr. Mercantileisen angenommen, weil Schie=
nen hier nicht mehr producirt werden sollen.

Das Reschitzaer Walzeisen hat wegen seiner ner=
vigen und sehnigen Beschaffenheit, sowie wegen seiner
Festigkeit guten Ruf. Grobbleche werden namentlich
für Locomotiven angefertigt. Diese Fabrikation ist noch
neu, das Product noch wenig bekannt, doch zweifelt
man nicht daran, daß sie sich die Anerkennung der
Consumenten verschaffen werden, wenigstens stellen
competente Beurtheiler die Blechplatten den besten
steirischen Fabrikaten gleich. Bei meiner Anwesenheit
auf dem Werke wurden mehrere Dampfkessel probirt,
sie bestanden die Probe vollkommen. Der bis jetzt
producirte Puddelstahl zeigt eine sehr gleichförmige
Beschaffenheit und man hofft, daß derselbe, wenn seine

Güte erst mehr bekannt und die Federstahlfabrikation
eingeleitet sei, einen guten Absatz finden werde.

Den jährlichen Umsatz des Puddlingswerkes gab
man mir gegenwärtig auf 1¼ Million Gulden für
Walzwaare an, hofft indeß, wenn die angegebene
höchste Production erreicht wird, denselben bis auf
1¾ Millionen Gulden zu erhöhen.

Ungemein interessant war der Anblick dieser Cy=
clopen=Werkstatt bei Nacht, wo ich dieselbe in Gesell=
schaft des liebenswürdigen Centraldirectors Dubocq von
Wien, welcher bei meinem Besuche zufällig in Re=
schitza anwesend war, besah. Die langen Bänder
glühenden Eisens, welche unter den Walzen hervor=
quollen, die mächtige Wirksamkeit der Dampfhämmer,
von denen nach allen Richtungen hin tausende von
Funken umhersprüheten, die Arbeit der Dampfsäge in
den starken glühenden Eisenblöcken, das Zerschneiden der
stärksten Dampfkesselbleche, als wenn die Scheere durch
Speck ginge, dabei die magische Beleuchtung der dun=
keln Gestalten der Arbeiter an den verschiedenen Oefen,
Walzen u. dgl., das Getöse der Maschinen, Alles das
machte einen gewaltigen Eindruck. Man verläßt die=
sen Schauplatz mit einer Achtung vor dem menschlichen
Geiste überhaupt, aber auch mit Achtung vor dem sehr
anerkennenswerthen Streben der Gesellschaft und ins=
besondere des eben genannten Centraldirectors, das
Beste zu liefern, was man vermag.

In der Nähe von Reschitza betreibt die Gesell=
schaft nicht unbedeutende Kalkbrennerei und ausgezeich=
nete Sandsteinbrüche zu Hohofengestellsteinen, Mühl=
steinen u. dgl.

Im Jahre 1858 gab das ganze Werk nur eine
Ausbeute von 91,906 Gulden C.=M. Man schreibt
die Schuld dieses allerdings nicht günstigen Erfolgs
wohl mit Recht auf die Ungunst der Zeit, weil schon
im Jahre 1856 der Ueberschuß 240,000 Gulden C.=M.
betragen hatte.

Ich habe mich bei diesem interessanten Werke
etwas länger verweilt, weil es dasselbe, als das größte
Banater Werk, vielleicht eins der größten in Oester=
reich überhaupt, wohl verdient. Hier sieht man, welche
Thätigkeit die Gesellschaft entwickelt hat, um dasselbe
auf diese Stufe zu erheben, und wie sie die dazu er=
forderlichen Capitalien aufzuwenden nicht gescheut hat.

Bogschaner Eisenwerk.

Zwei Meilen nördlich von Dognacska, in dem
reizenden Thale der Bersava am Fuße der Gebirge,
besitzt die Staatseisenbahn=Gesellschaft im Orte Bog=
schan ebenfalls ein Eisenwerk, welches gegenwärtig im
Umbau begriffen ist. Die vom Aerar übernommenen
zwei Hohöfen waren baufällig und mußten abgetragen
werden. Man beabsichtigt mit den beiden neuen Hoh=
öfen wöchentlich in jedem 1000 Ctr. Holzkohlen=Roh=
eisen zu erblasen, welches in der Reschitzaer Pudd=

lingshütte weiter verarbeitet werden soll. Die erfor=
derlichen Eisenerze werden von Morawitza geliefert,
und die Kohlen erfolgen aus den gesellschaftlichen
Forsten.

In diesem Abschnitte habe ich die Werke der
Staats = Eisenbahn = Gesellschaft im Banat, einige un=
bedeutende Frischfeuer in Glabna und Franzdorf aus=
genommen, so weit beschrieben, als eigne Anschauung
eines Reisenden, welcher nicht vom Fache ist, und son=
stige Mittheilungen es möglich machte. Doch hoffe
ich, daß die Darstellung für viele unserer Leser von
Interesse sein wird und gewiß durch die vielen,
mir mit dankenswerther Bereitwilligkeit mitgetheil=
ten Betriebsnotizen nichts davon einbüßt. Die große
Wichtigkeit dieser industriellen Unternehmungen selbst
für weitere Kreise als das Banat wird durch die
nachstehende Zusammenstellung, welche die Produc=
tion und deren Werth in einer übersichtlichen Form
giebt, noch mehr in die Augen fallen.

Bezeichnung der Werke.	Production pr. 1858 an									Werth der Production.
	Gold. Mark.	Silber. Mark.	Kupfer. Ctr.	Schwarz-Kupfer. Ctr.	Glätte. Ctr.	Stein-kohle. Ctr.	Eisen-stein. Ctr.	Guß- u. Roh-eisen. Ctr.	Walz-waare. Ctr.	D. W. Gulden.
Molbova.	.	.	789	.	.	.	.	.	.	63,840
Szaszfa.	.	.	2561	.	.	.	124,741	14,754	.	270,342
Cjiclova.	.	.	1070	.	.	.	.	.	.	85,600
Drabicja.	.	.	.	.	.	.	37,240	.	.	9,310
Steierdorf.	.	.	.	.	.	681,096	184,070	.	.	337,229
Dognaeska.	55	597	.	405	516	.	431,420	43,383	.	153,610
Bogschau.	.	.	.	.	.	387,928	17,094	84,544	72,541	190,629
Reschitza.	.	.	.	.	.	.	.	.	.	1,207,007
Forsten und Domänen.	.	.	.	.	.	.	.	.	.	1,031,692
Summa.	55	587	5210	405	516	1,069,024	794,565	142,681	72,541	3,159,159

In demselben Jahre betrugen die Ausgaben für Neubauten 1,790,532 Gulden C.-M. und für den Betrieb circa 3¼ Millionen Gulden. Es wurde ein Gewinn von 734,885 Gulden C.-M. erzielt, welcher im Verhältniß zu dem bedeutenden Anlage = Capital allerdings noch gering genannt werden muß.

Dabei darf man indessen nicht unbeachtet lassen, daß die Gesellschaft erst kurze Zeit im Besitz der Werke ist und diese nicht in befriedigendem Zustande über= nahm, so daß die bisherigen Betriebsresultate eigent= lich noch der Uebergangsperiode angehören. Wenn aber erst sämmtliche Verbesserungen und Neubauten vollendet und die Werke in einen regelmäßigen Betrieb kommen, wenn die Administration derselben, welche 1858 auch 450,494 Gulden C.-M. kostete, vollständig geregelt und verein= facht ist, so kann man mit Zuversicht erwarten, daß die Gesellschaft auf einen entsprechenden Gewinn rech= nen kann, welcher ihr bei den großen Opfern an Geld und Intelligenz mit Recht zu wünschen wäre.

Die Gesellschaft hat, wie man aus dieser Dar= stellung sieht, ein großes Feld der Thätigkeit und sie hat es mit Kraft und Energie angebauet. Vor Allem war sie bemüht, tüchtige Beamte zu erlangen. Wenn dabei, besonders im Anfange, auch wohl einige Miß= griffe vorgekommen sein mögen, so muß man bedenken, daß es außerordentlich schwer ist, ein so großes Be= amtencorps von Grund aus neu zu organisiren. Im Allgemeinen genießen die gesellschaftlichen Beamten einen guten Ruf, sowohl hinsichtlich ihrer Geschäftskenntniß, ihrer wissenschaftlichen Befähigung, als auch ihrer Pflichttreue. Der Geschäftsbetrieb ist rasch und ein= fach, die General=Direction verbindet mit der nöthigen Strenge eine wahre Humanität in der Behandlung ihrer Beamten.

Wenn man einen Blick auf die großen Unter= nehmungen zur Erweiterung und Verbesserung der Werke wirft, welche die Gesellschaft in den Montan= Distrikten bereits ausgeführt hat, oder welche noch in der Ausführung begriffen sind; wenn man erwägt, wie so bedeutende Capitalien dadurch in Umlauf gesetzt sind, welche große Anzahl von Arbeitern dadurch fort= während beschäftigt werden, was für eine Masse von Intelligenz dem ganzen Lande durch diesen gewerblichen Aufschwung zugeführt worden ist und welchen Einfluß alles dieses auf den Handel und Verkehr und auf die Steuerkraft des Landes äußern muß: so kann man nicht zweifelhaft darüber sein, den Schritt der Re= gierung, die Montan=Werke zu verkaufen, als einen wohlgethanen zu bezeichnen. Er wird fort und fort die segensreichsten Folgen für das Banat haben.

Sollte man unter diesen Verhältnissen nicht an= nehmen können, daß für die Interessen der Gesellschaft sich eine lebhafte Sympathie bei den politischen Be= hörden zeigen müsse? Man sollte glauben, daß man ihre so wohlthätigen Bestrebungen anerkennen und sie nach Kräften unterstützen müsse; allein man hört mit gerechtem Erstaunen häufig vom Gegentheile. Klagen über Verschleppung mancher wichtiger Angelegenheiten, über Hemmnisse mancher Art werden laut, und sie scheinen nicht unbegründet zu sein. Selbst in höheren Regionen scheint mitunter die richtige Einsicht von der großen, einflußreichen Wirksamkeit der Gesellschaft, von der national=ökonomischen Wichtigkeit ihrer Thätigkeit in diesem Theile ihrer Verwaltung zu fehlen.

Mit voller Befriedigung aber muß man beim Ueberblick aller dieser Bestrebungen, die Montan=Industrie zu heben, anerkennen, daß an der Spitze der General=Direction ein Mann von großem Geiste und rastloser Thätigkeit steht, welcher sehr geschickt sich tüchtige Mitarbeiter zu erwerben verstand. Man muß aber auch anerkennen, daß die General=Versammlung und der Verwaltungsrath mit großer Liberalität die erforderlichen Mittel bewilligte, um den Zweck zu erreichen, und man kann ohne Zweifel, wenn Handel und Verkehr sich in diesen Ländern mehr beleben, wenn eine fortschreitende Civilisation die Bedürfnisse des Volkes vermehrt, der Montan=Industrie im Banate eine glänzende Zukunft voraussagen.

————————

VI.

Während meines Aufenthaltes in dem Banate machte ich in Begleitung zweier meiner Söhne und eines Freundes derselben einen längern Ausflug in die Militairgrenze und zwar in die Bezirke des illirisch=banater und des roman= oder wallachisch=banater Regimentes. Beginnen wir unsere Reise von Weißkirchen, dem Stabsort des erstgenannten Regimentes.

Weißkirchen, eine gut gebaute, freundliche Stadt mit geraden Straßen und einem schönen mit Bäumen bepflanzten Platze vor der Wohnung des Obristen, liegt am Fuße eines sanften, mit Weinstöcken besetzten Hügels. Nicht weit von der Stadt, gen Osten, erheben sich die letzten Höhen der Karpathen, fast an die Donau stoßend; die Ebene nach Süden und Westen stand in

dem goldnen Schmuck des reifenden Kukuruz und ge=
währte von dem Hügel über der Stadt mit der sie durch=
schneidenden Donau und den fernen serbischen Bergen
einen reizenden Anblick. Die Stadt hat etwa 6000
Einwohner, ein Militair=Erziehungshaus mit 120 Zög=
lingen, übrigens einen ziemlich lebhaften Landhandel.
Weißkirchen gehört zu den sogenannten freien Militair=
Communitäten, das sind Städte, welche unabhängig
von der Militair=Verwaltung, von eignen Magistra=
ten verwaltet werden. Der Magistrat hat auch die
Polizei, und ihm stehen die Stadtsoldaten und der
Stadtwachtmeister zu Gebote. Der Bürgermeister ist
indessen meist ein verabschiedeter Offizier.

Nach dem Frieden von Belgrad 1739 wurde in
dem größten Theile des Banates eine Civil=Regierung
eingeführt, dieser bildete das sogenannte Camerale,
nur ein kleiner Theil im Südosten an der wallachischen
Grenze und im Süden an der Donau blieb unter dem
Militair=Commando und wurde militairisch als Grenz=
bewachung organisirt. Die Bewohner dieses Land=
striches vereinigte man im Jahre 1767 in zwei Na=
tional=Infanterie=Regimenter, welche man als Grenz=
Regimenter bezeichnete. Der Stab des ersten, des
deutsch=banater, kam nach Panscova, der des wallachisch=
illirischen nach Weißkirchen. Im Jahre 1838 wurde
ein eigenes neues illirisch=banater Grenz=Regiment
mit dem Stabsorte Weißkirchen und ein wallachisch=
banater mit dem Stabsorte Karansebes errichtet und

diese Organisation besteht noch. Der Regimentsbezirk wird „Communität" genannt.

Die Compagnie=Officiere haben sämmtlich eine Wohnung mit Garten und etwas Feld und Wiese, so viel eben, daß sie ihre Lebensbedürfnisse erbauen können, übrigens ihren Sold wie die Officiere der Armee. Die Oberofficiere, Adjutanten und sonst beim Stabe beschäftigten Officiere erhalten nur Wohnung, meistens einen Garten dabei. Hierin liegt rücksicht= lich der Bezahlung der Truppen ein großer Unter= schied mit der schwedischen indelten Armee, indem bei letzterer die Mannschaft wie sämmtliche Officiere gar keinen Lohn erhalten, sondern ein Landgut, welches so viel einträgt, als die Besoldung mit allen Natural= lieferungen beträgt.

Mit Ausnahme dieser Officiers=Grundstücke be= stand früher in der Grenze ein Lehnsverhältniß für den gesammten Grundbesitz, womit eine große Menge Arbeitsleistungen für das Aerar verbunden waren und darin liegt es, daß ein größerer Privatgrundbesitz ebenso wenig dort gefunden wird, wie Einwanderungen dort= hin nur etwa in die Städte stattfinden konnten. Die= ses Verhältniß wurde im Jahre 1850 aufgehoben und dadurch erhielt die Grenze eine ganz neue Gestaltung. Gegenwärtig kann der Grenzer wahres Eigenthum besitzen und vererben, nur müssen bei jedem Hause 12 Joch Land verbleiben. Erwirbt der Grenzer mehr, so kann er über dieses nach seinem Belieben frei schal-

ten. Er kann es vererben, verkaufen u. f. f. wie er
will. In jedem Grenzhauſe bilden alle auf daſſelbe
eingeſchriebene Perſonen eine Familie, nur das
Geſinde gehört nicht dazu. Im Innern derſelben
herrſcht eine vollſtändige patriarchaliſche Einrichtung,
als Patriarch ſteht der Hausvater an der Spitze
des Hauswesens (ihm zur Seite zuweilen die Haus=
mutter) und regiert das Ganze, unbeſchadet, ob er
wirklich der Stammvater der Familie iſt oder nicht.
Als Hausvater erſcheint häufig der Aelteſte, allein
nöthig iſt nur, daß er ein dienſtfreier Mann, er wird
von der Hausgenoſſenſchaft gewählt, oder wenn ſich
die nicht einigen kann, von dem Gemeindeausſchuß.

Alles, was von der Hausgenoſſenſchaft erworben
wird, dient zunächſt, nebſt den zum Hauſe gehörigen
Grundſtücken, zu deren Ernährung. Kein ſogenannter
obligater Grenzer, d. h. welcher noch Soldat iſt, darf
irgendwo auf Arbeit gehen oder über Nacht aus dem
Hauſe bleiben, ohne die Genehmigung des Hausvaters,
entfernt er ſich auch nur auf kurze Zeit aus dem
Diſtrict der Compagnie, bedarf es dazu des Urlaubs
vom Hauptmann. Was auf dieſe Weiſe der Haus=
genoſſe erwirbt, davon muß derſelbe einen Theil an
die Hauscaſſe abgeben. Dieſe verwaltet der Haus=
vater, legt darüber und über das Verhalten der Haus=
genoſſen Rechenſchaft ab. Sollen größere gemeinſame
Unternehmungen vorgenommen werden, ſo wird dar=
über mit dem geſammten Hausſtande berathen und die

Mehrzahl entscheidet. Der Hausvater pflegt gewöhn=
lich nicht zu arbeiten, er wird von den Uebrigen unter=
halten, welches zu mannigfachen Uebelständen führt,
besonders aber zu dem mit allen derartigen Gemein=
samkeiten, daß der Einzelne alle seine Kräfte nicht so
anstrengt, als wenn er für sich und seine nächsten An=
gehörigen arbeitet. Es wird demnach durch eine solche
Genossenschaft nicht so viel geleistet, als geleistet wer=
den könnte, wenn Jeder eine Familie zu begründen
im Stande wäre. Deshalb bemerkt man auch, daß
in der Grenze die Ackerkultur und die Viehzucht auf
einer niedrigen Stufe stehen, während der Boden und
das Klima eine bedeutendere Production gestatteten.
Daneben sollen auch nicht selten Streitigkeiten im
Hause vorkommen und nur die Angewöhnung einer
strengen Disciplin von Jugend auf machen das Ver=
hältniß erträglicher als es sonst sein würde.

Eine andere Schattenseite dieser Einrichtung ist
die, daß industrielle Unternehmungen auf Arbeitskräfte
aus einer größeren Umgegend als den Ort, wo sie
etablirt sind basirt, mit irgend einer Sicherheit nicht
unternommen werden können, weil man dabei im=
mer von der Ansicht und dem souveränen Willen
eines der Hausväter und dem der Hauptleute ab=
hängig bleibt. Versteht man es, sich mit diesen gut
zu stellen, ist der Unternehmer ein Mann von Ein=
fluß, so daß er die Officiere für sich gewinnt, oder
ihn dieselben fürchten, so geht es gut, im entgegen=

gefe**ß**ten Fall aber ganz fchlecht. Deshalb findet man auch in der Grenze fast gar keine induftriellen Unter= nehmungen und die wenigen, welche da sind, wie z. B. das große Eifenwerk Rußberg ohnweit Karanfebes, haben zum großen Theil fremde Arbeiter. So lange das Grenzfyftem dauert, kann es auch nicht anders fein.

Die Grenzer erhalten auf Anweifung der Forft= beamten, freies Brenn= und Bauholz aus den Staats= waldungen nach ihrem Bedürfniffe und deshalb wird auch von den Officieren eine Baupolizeiliche Controle geführt. Ferner haben fie freie Weide in den Staats= wäldern oder können Eicheln und Bucheln für ihren Bedarf fammeln. Ueber die Forften wird jetzt ein befferer Schutz geführt, nachdem vor Kurzem die neue Forftorganifation ins Leben trat.

Die Jagd in der Grenze kann von den Officieren und den f. g. Honorationen frei betrieben werden, jedoch mit Einhaltung der gefetzlichen Hegezeit. Der gemeine Grenzer darf auf dem Anftande auf Wild lauern, mit Hunden zu jagen ift ihm jedoch verboten.

In dem gewöhnlichen Verkehr der Grenzer mit ihren Officieren, bei den adminiftrativen Verhandlun= gen und vor Gericht gilt die Landessprache, für das Commando beim Militair und für alle militairifchen Dienft=Angelegenheiten die Deutfche. Daher findet man niedere Schulen in der Volkssprache, aber auch mehr deutfche Schulen, als außerhalb der Grenze. Ueberhaupt follen die Schulen hier beffer fein, als im übrigen Banate, dem f. g. Provinziale. Die deutschen Schulen werden mehr besucht, als anderswo, weil es zum Avancement als Unteroffizier nothwendig ist, daß der Mann leiblich deutsch versteht. Ein junger schmucker Corporal, mit welchem ich mich bei einen Wachtposten in ein Gespräch einließ und dem ich meine Verwunderung darüber ausdrückte, daß er so fertig deutsch spreche, erwiederte mir ganz stolz: „nun ich war ja in einer deutschen Schule." Die Aufsicht über die Schulen führen die Verwaltungs=Officiere, die Schulen einer Communität (Regiments=Bezirk) stehen unter einer Schul=Commission unter den Obristen und diese wiederum unter der Schul=Direction zu Temesvar.

Für alles das, was der Grenzer vom Staate bekommt, hat er als Soldat von seinem 20. Jahre an bis zum 60. zu dienen, theils muß er die Wacht=posten, welche etwa in Entfernungen von kaum einer viertel Stunde längs der ganzen Grenze aufgestellt sind, beziehen, theils muß er im Kriegsfalle ins Feld rücken. Die Wachtposten sind mit 3 bis 9 Mann besetzt, wovon einer immer unter dem Gewehr steht. Die stärkern sind Unterofficiersposten, Officiere controliren das Ganze. An der Postenkette, welche ich bereiste, waren überall nette Wachthäuser auf einer Anhöhe erbauet und sie liegen so, daß erforderlichen Falls die ganze Linie rasch allarmirt werden kann. Dieser Dienst dauert jedes Mal acht Tage ohne Unterbrechung, dann kann der Mann wieder 14 Tage zu Hause zubringen.

Im Dienste erhält er Bekleidung und Verpflegung. Außerdem aber hat jeder Grenzer unentgeldlich Vor= spann zu leisten, an den Wegen zu arbeiten, Boten= gänge zu thun ꝛc., so wie ihn die Reihe dazu trifft.

Uebrigens muß in dem ganzen Grenzbezirke von einer jeden Familie, welche ein Grenzhaus nicht be= sitzt, also nicht zu den obligaten Grenzern gehört, der zweite Sohn ebenfalls Soldat sein. Es trifft das besonders die Städte und in diesen die Handwerker, Kaufleute u. dgl.

Die Verwaltung der Grenze ist rein militairisch in einem strengen und wohlgeregelten Dienst. Civil= Gesetze finden nur Anwendung, wenn es ausdrücklich bestimmt ist. Das General=Commando hat jetzt, wie schon oben bemerkt wurde, seinen Sitz zu Temesvar und dem commandirenden General steht für die Grenze eine eigne Bau=, Rechnungs=, Schul= und Forstdirec= tion, nebst der militairischen Canzlei zur Seite. Der Regiments=Commandant hat die ganze Militair= und Civil=Verwaltung in der Communität, auch er wird für die verschiedenen Zweige derselben durch ein glei= ches Personal, wie der commandirende General unter= stützt. Beim Regimente ist in Sachen der Rechtspflege das Militair=Gericht erster Instanz, von wo die Be= rufung zum Militair=Landesgerichte nach Temesvar geht. Diese Gerichte sind mit rechtskundigen Perso= nen besetzt, der Obrist ist Vorsitzender. Für die Vertre=

tung armer Grenzer vor Gericht sind eigne Anwälde angestellt, welche dieselbe unentgeldlich zu leisten haben.

Jeder Regimentsbezirk zerfällt in 12 Compagnie=Bezirke, an deren Spitze als erster Verwaltungs=Beamter der Hauptmann als Commandant steht. Er wohnt in dem Compagnie=Orte, welcher durch eine Tafel mit der Nummer der Compagnie dem Reisenden kenntlich wird, so wie auch jedesmal die Grenze des Compagnie=Bezirks bezeichnet ist. In Rechtssachen bildet der Hauptmann eine Art Friedensrichter, er hat den Versuch der Sühne vorzunehmen, wobei ihm ein rechtskundiger Actuar unterstützt. Die gesammte Polizei wird von der Compagnie wahrgenommen und dabei spielt der Stock eine ziemliche Hauptrolle. Die Compagnie=Bezirke umfassen mehrere Ortschaften, in jeder Gemeinde wohnt ein Officier als Stations=Commandant und aus dem Stande der Mannschaft wird ein Ortsrichter erwählt, welcher die Ortspolizei zu besorgen hat. Die Interessen der Gemeinde werden von den Ortsältesten vertreten, welche der Compagnie=Commandant ernennt.

Die Rechtspflege und die Polizei=Verwaltung in der Grenze wird im Allgemeinen gelobt, sie wird weit über die im Provinziale gestellt. Sie ist rasch und unnachsichtig. So herrscht auch überhaupt in der Grenze eine größere Ordnung, die Dörfer sehen reinlicher aus, als im andern Theile des Banates, man findet in diesen selbst zuweilen mit Steine belegte Trottoirs.

Die Wege und Brücken sind im sehr guten Stande, erstere größtentheils mit Umsicht und Sachkenntniß gebaut, und fast durchgehends mit Bäumen besetzt. Kurz das Ganze macht einen freundlichen Eindruck.

Das sind unverkennbare Lichtseiten, dennoch aber scheint es mir, daß das Institut der Grenze sich überlebt habe und seine Erhaltung nicht die schweren Kosten rechtfertigen dürfte, welche es verursacht. Zur Zeit der Begründung der militairischen Grenzwache, war sie gewiß nothwendig, um das Land auf die kräftigste Weise gegen die Einfälle der räuberischen und unruhigen Nachbarn zu schützen. Allein diese Zeit liegt in der Hauptsache hinter uns und der nöthige Schutz, die Besetzung der Grenzwachtposten, könnte sicher durch reguläres Militair wohlfeiler erreicht werden. In nationalökonomischer Hinsicht würde aber die Befreiung von dem schweren Militär=Dienste eine bessere Verwendung der Kräfte möglich machen und bei einer übrigens geordneten Verwaltung, bei einer gehörigen Bildung des Volkes müßte die Grenze, welche für Handel und Industrie so günstig liegt, einen höheren Aufschwung bekommen, denn es leidet wohl keinen Zweifel, daß sich dann auch hierher fremde Capitalien ziehen würden. Was hat der Staat jetzt von der Grenze? Viele Kosten und im Falle eines Krieges die Möglichkeit, eine Armee von 80,000 Mann ziemlich unzuverlässiger Truppen ins Feld zu stellen. Daß die Grenzregimenter unzuverlässig in der Schlacht=

linie sind, darüber hörte ich das übereinstimmende Ur=
theil vieler Officiere. Gut zu gebrauchen sind sie nur
zu Schleichpatrouillen u. dergl. kleinem Dienst, auch
bewähre sie noch heute ihren alten Ruhm tüchtig im
Marodiren zu sein. Es liegt aber auch in der Natur
des ganzen Institutes, daß die Grenzer im Felde nicht
so tüchtig sein können, als andere Truppen. Der
größte Theil der Mannschaft sind Familienväter, sie
verlassen nur ungern Haus und Herd und haben die
dringendste Veranlassung sich im Kampfe zu schonen.
Dabei treten auch beim Commando eigenthümliche Ver=
hältnisse hervor, indem der vorgesetzte Officier oft un=
ter der Mannschaft viele nahe Verwandte hat. Durch
die guten Schulen wird es vermittelt, daß aus man=
chem Grenzhause ein Sohn zum Officier avancirte,
ja man soll in den Reihen der österreichischen Armee
mehrere ausgezeichnete Generale finden, welche aus
einem einfachen Grenzhause hervorgingen. Daß aber
dieses einen gewissen Einfluß auf die Disciplin äußern
muß, wird schwerlich in Abrede gestellt werden können.
Alles dieses dürften wohl Gründe genug sein, die Auf=
lösung der Grenz=Verhältnisse in ernste Erwägung
zu ziehen, ich wenigstens habe viele Stimmen gehört,
welche sich dafür aussprechen, meist jedoch mit der
Bemerkung, „wenn eine entsprechend gute Civil=Ver=
waltung an deren Stelle gesetzt werde.“

Von Weißkirchen aus führte uns der Weg zuerst
durch eine schön angebaute fruchtbare Ebene auf einer
breiten mit Maulbeerbäumen besetzten Straße, an die
Nera, einem kleinen Gebirgsstrom, welcher sich in der
Ebene ein breites Bette geschaffen hat. Sie ist, wie
viele der Banater Gebirgsflüsse Gold führend und das
hatte die Gründung des Zigeuner=Dorfes Slatizta zur
Folge, wo sich diese Nomaden ansiedelten und Gold=
wäscherei betrieben, im Kleinen noch betreiben.

Ein Zigeunerdorf in seiner nationalen Einrichtung!
es war das erste Mal, daß ich ein solches sah, denn
im Allgemeinen lebt dieses merkwürdige Volk noch ganz
nomadisirend. Wie sich die Wagen dem Dorfe näherten,
erschienen sofort eine Menge Kinder, die jüngeren ganz
nackt, die älteren mit verschiedenartigen Kleidungsstücken,
die Mädchen meistens mit einem mehr oder minder zer=
rissenen Hembe, die Buben mit sehr geflickten Jacken
u. dgl. behangen, welche sicher niemals für sie gemacht
waren, meist einen militairischen Ursprung verrathen,
um uns unter den verschiedenartigsten Geberden und
Geschrei anzubetteln. Sie hielten sich jedoch in einer
vorsichtigen Entfernung von der Peitschenregion, in wel=
cher Beziehung sie wohl unangenehme Erfahrungen ge=
macht haben mochten, eine Vorsicht, welche alle bettelnde
Zigeuner gleichmäßig beobachten.

Im Dorfe selbst herrschte ein wirres Durchein=
ander. Geschrei der Kinder, lautes Gerede der Weiber
mit lebhafter Pantomime begleitet, Hammerschläge von

Kesselflickern u. dgl. m. Die Hütten sind theils halbrund, theils viereckig, zur Hälfte in die Erde eingebaut und mit Holz und darüber Erde gedeckt, etwa zwei Klaftern lang und halb so breit und etwas über manneshoch. In derselben brennt ein Feuer und auf der bloßen Erde, höchstens mit einigen Lumpen bedeckt, ist die Lagerstatt, einige niedrige hölzerne Schemel und etwas Kochgeschirr bilden den Hausrath. Nur durch die niedrige Thür fällt das Licht ein, aber ein geflochtener Schornstein, wie in den wallachischen Häusern, führt den Rauch ab. Zwischen den Hütten bemerkt man einzelne größere Feuer= stellen, wenn zum Kochen etwa ein größeres Feuer er= forderlich sein sollte. Als ein Sieg der Cultur erho= ben sich zwischen diesen Hütten einzelne Häuser, ganz wie die der Wallachen gebaut. Schweine und Pferde waren in ziemlicher Zahl vorhanden, erstere begleiten den Zigeuner selbst auf seinen Wanderungen. .

Die Banater Zigeuner sind in ziemlicher Zahl angesessen und treiben dann vorzugsweise Schmiede= oder hüttenmännische Arbeiten u. drgl., auch helfen sie den Bauern bei ihren Ackergeschäften. So sah ich in Neu= Moldova in den Kupferhütten fast nur Zigeuner, auf den Eisenwerken zu Rußberg und dem zu Redschitza waren viele beschäftiget. Man lobt sie als geschickte und willige Arbeiter, aber klagt über ihre große Neigung zum Steh= len. Die wandernden Zigeuner sind theils Roßhänd= ler und Pferdeärzte, repariren alte Kessel und Pfannen u. dgl., viele aber ernähren sich von der Musik, wo sie be=

sonders auf den Saiteninstrumenten eine große Fertig=
keit besitzen. Bessere Tanzmusik als eine gute einge=
spielte Bande Zigeuner kann man nicht hören und der
Ungar behauptet, daß nur der Zigeuner den Csardas
mit dem gehörigen Schwunge zu spielen verstände. Eine
Hauptnahrungsquelle ist der Bettel, welchem Alle, vor=
züglich aber Weiber und Kinder obliegen; alte Weiber
treiben Wahrsagerei, verkaufen allerlei Mittelchen gegen
Liebesschmerzen, Amulette, Klappersteine, können ver=
borgene Diebstähle entdecken und wissen den Bauern
für die verschiedensten Dinge Rath zu geben.

Die Zigeuner, ausgezeichnet durch ihre braungelbe
Haut, lange, krause, rabenschwarze Haare und eben solche
glühende Augen, rothen Lippen und glänzend weißen
Zähnen, sind im Allgemeinen ein hübscher, wohlgebil=
deter Menschenschlag, unter den jungen Weibern trifft
man nicht selten an Gesichtsbildung und Ausdruck, so
wie an Ebenmaaß der Formen wahre Schönheiten. Sie
heirathen sehr früh, ich sah bei einer wandernden Ge=
sellschaft ein sehr hübsches junges Weib von 14 Jah=
ren mit einem kleinen Kinde. Niemals heirathen sie
aus ihrem Stamme, mit der Blutsverwandtschaft, mit
der ehelichen Treue wird es so genau nicht genommen.
Der Zigeuner heirathet ohne viel Ceremonie, ist er
sein Weib satt, jagt er es fort und nimmt eine andere.
Das Sittenverderbniß unter dem Volke ist sehr groß.
Ihre Kinder lieben sie mit großer Zärtlichkeit, sorgen
für sie nach besten Kräften und sie dürfen ihre Zeit

mit Spielen und Nichtsthun hinbringen. Ihre Reli=
gion ist die, wo sie eben leben, bei den Türken sind
sie Muhamedaner, bei uns Christen, in der Hauptsache
wird man ihnen gewiß nicht unrecht thun, wenn man
behauptet, daß sie vom Christenthume äußerst wenig
kennen. Ob sie wirklich getauft wurden, ist oft zweifel=
haft, zur Schule gehen sie sicher nicht. (Im Banate
halten sie äußerlich zur griechischen nicht uniirten Kirche,
halten ihre Fest= und strenge ihre Fasttage.)Der Zi=
geuner ist schlau, feige und grausam, er stielt sehr gern,
aber nur wo er es ohne Gefahr thun kann. Sein Blick
hat dem entsprechend etwas unstetes und tückisches. Ihre
Nahrung ist ekelhaft, sie sollen selbst Aas nicht ver=
schmähen; Schweinefleisch, Knoblauch und Zwiebeln ist
ihre Lieblingsspeise. Federwild, Raubvögel, Frösche und
überhaupt kriechende Thiere der Art verschmähen sie,
während sie Schlangen mit gutem Apetit verspeisen.
Branntwein nehmen sie gern, aber ihre Hauptleidenschaft
ist Tabak, da vom hübschesten Mädchen bis zum älte=
sten Manne Alles raucht und kauet. Ich bin öfter um
Tabak als um Geld angebettelt worden. Bei den an=
gesessenen Zigeunern ist die Kleidung der wallachischen
sehr nahe, bei den wandernden, wie es der Zufall gab,
immer aber sehr zerlumpt und schmutzig, sowie auch
ihre Haare unordentlich und wild um den Kopf hängen.
Ob sie Wasser zum Waschen ihres Körpers jemals be=
nutzen, ist mir sehr zweifelhaft. Sie haben auch im

Banate ihre eigne Sprache, die meisten verstehen in=
deſſen wallachiſch, die Angeſeſſenen alle.

Bald nachdem wir dieſes Zigeunerdorf verlaſſen
hatten, begann die Straße anzuſteigen, über eine kahle
Bergparthie, dann durch einen ganz vom Viehe unter
der Scheere gehaltenen Niederwald, gelangten wir auf
die Höhe der Loqua in beſſern Wald. War für des
Forſtmanns Auge dieſe Verwahrloſung einer großen be=
deutenden Waldfläche ein erfreuliches nicht, ſo wurde
dadurch doch andrer Seits die Möglichkeit geboten die
reizende Ausſicht beim Hinanfahren recht zu genießen.
Aber noch ſchöner iſt ſie auf der andern Seite, wo man
ins Donauthal hinabſteigt. Vor uns der herrliche Strom,
welcher gerade zu unſern Füßen eine große Inſel bildet,
deren nördliche Spitze mit einer netten weißen Kirche
geziert iſt, im Hintergrunde nach der nördlichen Ebene
zu, den Strom öfters wieder erblickend, während zunächſt
vor uns ſich die ſerbiſchen Berge anmuthig gruppiren.
Sie machen den Eindruck, wie etwa Berge von 1500
bis 2500 Fuß und ſind ſo weit das Auge reicht mit
Laubholz bewachſen. Das Thal vor uns mit dem freund=
lichen Compagnie=Ort Bellobreska, in Wallnuß= und
Maulbeerbäumen verſteckt und mit Weinbergen umgeben,
zeigt ſich ungemein fruchtbar. Wir fuhren noch eine
Strecke in demſelben bis zu dem Grenz=Orte Alt=Mol=
dova, wo das Thal nach Norden ſich ausbreitet, in deſſen
Winkel der Werksort Neu=Moldova liegt, wo wir einige
Tage verweilten, um das Innere des Gebirges kennen

13*

zu lernen. Dieser Ort, wo früher der reiche Berg=
segen großes Leben brachte, ist jetzt einsam und öde,
da die Werke nur sehr nothdürftig betrieben werden.
Noch trüber wird aber der Eindruck dadurch, daß man
zahlreiche Brandruinen in demselben bemerkt. Sie
stammen aus der Revolutionszeit, wo hier ein Kampf
zwischen Serben und Ungarn stattfand, und wo damals
diese beiden Parteien an einander geriethen, war immer
Brand und Zerstörung im Gefolge.

Neu=Moldowa liegt reizend, schöne Weinberge
und Obstgärten umgeben den Ort, von jeder kleinen
Erhöhung hat man nach Süden die weite Aussicht
auf die Donau, begrenzt von den serbischen Bergen,
während nach Norden im Hintergrunde sich schön ge=
wölbt, die mit Laubholz bewachsenen Berge des Banater
Gebirges erheben. Die Lage ist eine ungemein milde,
daher erfreut sich auch mit Recht der Moldovaer Wein
eines guten Rufes, Pfirsichen, Aprikosen und Melonen
in schönsten Sorten reifen im Felde und in den Gärten
ohne eine besondere Pflege. Im vorigen Jahre blüheten
die Kirschen am 5. April, am 10. April begann in
den Vorbergen der Blattausbruch bei der Rothbuche,
am 22. April war sie vollständig belaubt; am 3. Mai
Reife des Aspensamens, 9. Mai die Akazie blühend, 12. Mai
reife Kirschen, 15. Mai der Ulmensame reif 3. Mai
blühet der Wein, 10. Juni reift die Maulbeere, 5. Juli
reiften die Aprikosen, am 15. Sptbr. Wallnuß und
Mandel, die Weinlese begann den 26. Sptbr. und zu

derselben Zeit reift die Eichel. — Der Schnitt des Ge=
treibes fällt in die letzte Woche des Juni oder in die
erste des Juli. Es wird das genügen, um das Klima
dieser Gegend zu charakterisiren.

Mit dem ersten Grauen des Tages verließen wir
Neu=Moldova und gelangten bei dem neu angelegten
Grenzorte Coronini an die Donau, an deren linken
Ufer eine vortreffliche Fahrstraße, zum großen Theil
ganz in Felsen gesprengt, bis Orsova führt. Sie ist
das Werk des vortheilhaft bekannten ungarischen Mi=
nisters Grafen Szechenyi, der auch hierdurch seinem Na=
men ein bleibendes Andenken stiftete. Die Straße wird
nach ihm genannt. Beim Eintritt in das hier verhält=
nißmäßig sehr enge Thal der Donau fesselt unsern Blick
ein mächtiger Felsen in derselben, vom Landvolke Baba
Kaie genannt, an welchen sich eine serbische Sage knüpft,
wonach hier ein Mann seine böse Frau hingebracht habe,
um ihre Sünden zu bereuen. Auf der serbischen Seite er=
blicken wir die umfangreichen Ruinen des alten Schlosses
Columbacz und diesem gegenüber liegt eine im Ba=
nate wohlbekannte Höhle, die Columbaczer Höhle. Die
Bauern verlegen in dieselbe den Entstehungs=Ort der
s. g. Columbaczer Mücken (Simulia maculata), einer Stech=
fliege, welche vom April bis Juni in ungeheuern Massen
schwärmt und deren Stich Rindvieh und Pferden tödtlich
wird. Man hatte, nach dem Glauben des Volkes, die plötz=
liche Erscheinung nicht anders zu erklären gewußt, als
daß sie aus dieser Höhle hervorkämen, es wurde deshalb

regierungsseitig eine Untersuchung angeordnet und auf
den Rath des hohen Herrn Commissars eine starke dichte
Leinwand vor der Höhle ausgespannt. Der gelehrte
Beamte versicherte nun das Volk, sie könnten dreist ihr
Vieh auf die Weide treiben, welches sonst in der Schwärm=
zeit nur bei Nacht geschieht. Allein der Mai kam und
auf der nahen Donau=Insel gingen in kurzer Zeit etwa
200 Stück Vieh in Folge der Angriffe der Mücken ein.
Die Grenzer wollten den naturkundigen Regierungs=
Commissar steinigen, allein er machte sich zeitig aus
dem Staube. Solches geschah vor nicht sehr langer
Zeit und die Compagnie=Acten in Pozezena geben Zeug=
niß davon.

Die Scene bei der Fahrt an der Donau, auf der
schönen Straße gewiß weit genußreicher, als auf dem
Dampfbote, wechselt ungemein. Bald fährt man in
einer förmlichen Galerie unter überhängenden Felsen,
in welcher der Weg eingesprengt ist, die steilen Berge,
mit Laubholz schön bewachsen, oder mächtige felsige Zacken=
gipfel bildend, wie sie dem Kalkgebirge eigen sind, bald
wird das Thal breiter, der Strom weiter und freund=
liche Dörfer liegen vor uns. An der serbischen Seite
treten die Berge fast fortwährend mehr an den Strom,
und man sieht dort an vielen Stellen deutlich die Spuren
eines alten über dem Strome schwebenden Weges, der
auf in die Felsen eingezapften Balkenlager ruhete; es
soll ein Werk der Römer gewesen sein.

Die Berge sind, wie gesagt, mit Laubholz bewachsen, die Buche spielt die Hauptrolle, aber man bemerkt an der sehr mannigfaltigen Vegetation, daß man sich im Süden befindet. Wallnüsse, Eichen verschiedener Art, die orientalische Heinbuche, die Blumenesche, Korkulmen u. a. m. mischen sich im hohen Holze, darunter aber eine Masse von Sträuchern, welche bei uns als Zier=sträucher in den Gärten gezogen werden. Ganze große Berghängen sind mit der Syrene, andere mit dem Pe=rücken=Sumach bedeckt, dazwischen auf den Felsen ein=zelne Hibiskus, oder mäßig die verschiedensten Hart=riegel=Arten u. dgl. m. Im Frühjahre zur Blüthen=zeit müssen diese Hänge in ihrer bunten Farbenpracht einen köstlichen Anblick gewähren, da sie schon im Herbste in der verschiedenen Färbung der Blätter eine so rei=zende Mannigfaltigkeit darboten. Zwischen den höheren Bäumen oft auch das untere Gebüsch bedeckend, sind die Schlingpflanzen reichlich vertreten. Wein mit langen blauen Trauben geht bis hoch in die Aeste, der wilde Wein mit seinen herbstlich roth gefärbten Blättern, die Waldrebe u. a. m. geben dem Ganzen einen fremd=artigen Ausdruck. Dabei überall die verschiedensten Herbstblumen, überall Leben, nirgends ein Fleck, der nicht grünte und blühete, nie sah ich eine Spur von Haide, welche ich überhaupt im Banate nicht fand. Forst=männisch geurtheilt sind zwar die Wälder nicht gut ge=halten, es fehlt am ganzen linken Donaugehänge an altem Holze und in der Nähe der Orte hat das Weide=

vieh dem Walde arg zugesetzt, auch sind dort an einzel=
nen kahlen Berghängen Abschwämmungen, als Folge
der Entwaldung sichtbar, aber als Naturfreund betrach=
tet, sind diese Hängen unbeschreiblich schön.

In Plavischovitza, dem letzten Hauptmanns=Dorfe
des illirisch=banater Grenz=Regiments wurde Mittag
gemacht. Wir schlugen unsere Tafel an einem Brunnen
auf offner Straße auf, denn das Innere des wallachischen
Wirthshauses bot keine Reize dar. Was dasselbe
den Gaumen zu bieten vermochte, versuchten wir
nicht, denn vorsorglich hatten wir uns mit Vorräthen
versehen. Während unsre Pferde gefüttert wurden,
machten wir einen Gang an die Donau und besuchten
ein Zigeuner=Lager, welches vor dem Orte aufgeschlagen
war. Ueber einem Wagen, welcher die Hinterseite
des Zeltes bildete, war ein braunes, wollnes Zelttuch
ausgespannt, vorn durch eine Querstange gehalten,
welche noch auf zwei senkrecht eingesetzten Stangen
befestiget war. Das Zelt war vorn offen und diente
als gemeinschaftliches Lager der Bande. Sie bestand
aus drei Paar und einem halben Dutzend Kindern.
Ohnweit des Zeltes brannte ein großes Feuer und an
demselben lag ein kranker Mann, ein älterer und ein
ganz junger saßen dabei mit Kesselflicken beschäftiget.
Ein junges 14 jähriges ausnehmend schönes Weib, mit
den regelmäßigsten Zügen und mit einem wahren Ma=
donnenausdruck, saß auf einem Baumstamme und nähete,
vor sich hatte sie in einem Korbe ein ganz kleines Kind,

auf dem von Zeit zu Zeit ihre Blicke mit der größten
Zärtlichkeit ruheten. Ein andres junges Weib hatte
ein nacktes, etwa halbjähriges Kind auf dem Arme,
sie und die alte Mutter und die übrigen in Lumpen
gehüllten Kinder stürzten bettelnd über uns her und je
mehr Gaben wir austheilten, desto größer wurde der
Andrang. Einer meiner Söhne, welcher* wallachisch
spricht, ließ sich in eine Unterhaltung ein. Die alte
Zigeunermutter wollte ihm wahrsagen und verkaufte
ihm dann eine Wurzel, welche er seiner Geliebten geben
solle, wodurch er ihre Liebe sicher erlangen werde. Das
Weib mit dem Kinde auf dem Arme bat sehr lebhaft
um eine Gabe, für das arme Kind, welches keine Mutter
habe. Als mein Sohn erwiederte, sie sei doch die
Mutter, schlug sie mit den lebhaftesten Geberden ihr
Hembe auseinander und zeigte auf ihren welken Busen,
indem sie ausrief: „das ist eine rechte Mutter, welche
nicht einmal Milch für ihr Kind hat.“ Endlich brachte
einer der Gesellschaft ein zum Umhängen durchbohrtes
Sechskreuzerstück hervor, und hielt es in die Höhe
„wer will das“? Nun erst stand die 14jährige Mutter
auf und stellte sich in die Reihe der Bittenden, ihr
wurde der Preis. Auch diese armen Menschen schmücken
sich gern mit Geldstücken. Das Ganze war ein höchst
eigenthümliches Genre=Bild, aber für den Menschen=
freund doch betrübend.

Weiter ging es den mannigfachen Krümmungen
der Donau entlang, welche öfters einem großen See

gleich, von den Bergen ringsum abgeschlossen erscheint.
Sie fließt einige Stromschnelle, wovon die bedeutendsten
Islas und Kasan (Kessel) Wirbel heißen, ruhig fort,
und war sehr einsam. Auf dem ganzen Wege nach
Orsova sahen wir nicht ein einziges Schiff. Auf dem
österreichischen Ufer, nicht weit von Plavischovitza, liegen
drei alte Thürme, „die drei Thürme“, Triculä, genannt,
welche Ueberbleibsel einer Befestigung aus der wilden
Kriegszeit sind, man will sogar ihren Ursprung bis
zur Römerzeit hinausschieben, jetzt ist in dem hart an
der Donau belegenen ein Grenzwachtposten.

Schon gegen Abend erreichten wir, ebenfalls bei
einem Wachtposten die berühmte Veteranische Höhle,
welche besichtiget wurde. Sie liegt etwa 100 Fuß
über der Donau an einer schroffen Felswand, ist als
Höhle klein, denn sie mag nicht viel über 120 Fuß
lang sein, aber sie hat eine prächtige wohl 60—70 Fuß
hohe Wölbung und im Hintergrunde einen schönen Brun=
nen. Der uns in die Höhle begleitende Corporal des
Wachtpostens erzählte, daß hier einst lange Zeit ein
Bataillon österreichischer Soldaten den Türken Wider=
stand geleistet hätte, in der Wahrheit aber war es im
Jahre 1692, als eine Compagnie Soldaten unter einem
Hauptmann d'Arnau, welche auf Befehl des Generals
Veterani hier 45 Tage die Türken zurückhielt. Nach
dem Generale wurde die Höhle benannt — nicht nach
dem tapfern Hauptmann! —

Ohnweit dieses Punktes wird das Thal weiter und angebauter, Maisfelder erscheinen in größerer Ausdehnung, Obstpflanzungen umgeben die Orte, an den Bergen liegen einzeln die Szallas der Hirten. Wir naheten uns Orsova, als es schon ganz dunkel war. In dem serbischen Orte Tekia jenseits der Donau brannten eine Masse Theertonnen, die Häuser am Strome waren illuminirt und Böllerschüsse schallten weithin. Es wurde dort, wie wir nachher erfuhren, irgend ein Schlachttag, welcher in der Befreiung Serbiens eine Rolle spielt, gefeiert.

Nach einem genußreichen Tage ruhten wir nun in Alt=Orsova aus, der Grenzstadt Oesterreichs gegen die Wallachei, wichtig wegen seines bedeutenden Zwischenhandels und als eine Hauptstation für die Donau=Dampfschifffahrt, denn die größeren Dampfer können bei niedrigem Wasserstande nicht weiter stromabwärts, das eiserne Thor läßt sie nicht durch. Alt=Orsova, der Sitz eines Brigade=Generals und eines Bataillons=Commandanten, hat etwa 3000 Einwohner, größtentheils Kaufleute oder beim Handel Beschäftigte und Gewerbtreibende. Mit Serbien und mit der Wallachei ist ein reger Verkehr, der Handel selbst aber deshalb schwierig, weil in jenen Ländern nur gegen baares Geld, Zwanziger oder Dukaten, gehandelt wird. Der Vertrieb der Waaren geht von hier nach Pesth. Die Haupt=Artikel sind Waitzen und Kukuruh, dann Ochsen, Büffel und Schweine, auch Sumach (Smak) zum

Gerben für feines, weiches Leder, den ebenfalls die Wallachei liefert. Im Juli werden die Blätter von dem Perücken-Sumach mit den feinen Aesten gesammelt, auf einen Haufen zum Trocknen gebracht, wird dieser dann mit Pferden so durchgetreten, daß die Masse fast staubartig wird. Von solcher Masse kosten 225 Pfd. in Orsova 8¼ bis 9 Fl. Die stärkern Aeste werden zum Gelbfärben benutzt. Außerdem aber ist der Landhandel nicht unbedeutend.

Wir waren an einen serbischen, in Orsova wohnenden Kaufmann, Nicolowits empfohlen, fanden in demselben einen sehr gefälligen, wohlunterrichteten Mann, welcher besonders mit der Wallachei in Vieh und Getraide Geschäfte macht. Ich benutzte die günstige Gelegenheit, um mir Auskunft über den Viehhandel an der Donau zu verschaffen, welcher schon verdient, daß wir einige Augenblicke dabei verweilen.

Der Handel mit Horn- und Borstenvieh von Serbien und aus der Wallachei ist höchst bedeutend. Die Wallachei liefert beides, Serbien nur Schweine. Man schätzt die Einfuhr an Schweinen aus Serbien auf jährlich 300000—330000 Stück, aus der Wallachei auf 50—60000 Stück und an Ochsen aus der Moldau und Wallachei etwa 40000 Stück. Aus den letztgenannten Ländern geht der ganze Viehhandel über Orsova; aus Serbien sind die hauptsächlichsten Uebergangspunkte: Kubin, Mitrovicz und Essek. Beim Import, wo sie die österreichischen Mauthen passiren, wird für ein Stück Hornvieh ohne Unterschied 2 fl. 31 kr. östr. W. und für ein Schwein, gleichviel ob fett oder mager 1 fl. 16 kr. gezahlt.

So bald das Vieh auf österreichischen Boden anlangt, stehen dem Händler drei Transportwege offen, um dasselbe nach Pesth zu schaffen, von wo ab es weiter nach Wien befördert wird. Er hat zwischen dem Landweg, dem Wassertransport und der Eisenbahn zu wählen.

Der Landweg geht von Orsova durch die Militairgrenze über Lugos nach Temesvar, Szegedin, Pesth, Raab nach Wien. Gewöhnlich gehen aus der Moldau und Wallachei die Treiber bis zum Endpunkte mit, seither waren es in der Regel die Leibeignen der Händler, welche bei schlechtem Lohn und schmaler Kost die weite Fußreise machen mußten. Mitunter sieht man auch einige Treiber zu Pferde bei der Herde. Die Stationen des Viehtransportes sind bestimmt, sie werden in der Regel eingehalten, so daß die Gastwirthschaften darauf eingerichtet sind, dem Viehe Unterkunft zu gewähren, wie Heu und Kukurutz zum Futter. Ein Transport fetter Schweine geht von Orsova bis Pesth 4 Wochen, Ochsen und Büffel 10 Tage weniger. Die Wege, welche die Herden einschlagen, sind dieses Gebrauchs wegen sehr breit, so daß zu beiden Seiten der Fahrstraße ein wohl 8 Klafter breiter Rasenanger läuft, worauf die Thiere gut gehen können auch einige Nahrung finden. Daher verliert das Vieh beim Landtransport sehr wenig, mitunter bei günstigem Wetter gar nichts am Gewichte. Auch unterweges wird der Handel betrieben und es kommt nicht selten vor, daß lange, ehe die Thiere ihren eigentlichen Bestimmungsort erlangen, die ganze Herde von Speculanten aufgekauft wird. Hornvieh geht gewöhnlich bis Wien, während die Schweine selten weiter als bis Raab kommen.

Aus Serbien wurden, so lange nur der Landweg zu benutzen stand, die Schweine von österreichischen Händlern aufgekauft und hinauf geschickt, jetzt treiben die serbischen Speculanten das Geschäft meistens vermittelst der Eisenbahn bis zum Absatzpunkte auf eigne Rechnung.

Der Wassertransport wird, seit die Dampfschifffahrts=Gesellschaften den Frachtsatz ermäßiget haben, für die Schweine, sowohl von Orsova ab, wie aus Serbien am meisten benutzt. Hornvieh wird mit dem Dampfer nicht transportirt. Man hat für die Schweine eigne Schleppschiffe, in welchen sie mit Futter und Wasser leicht versehen werden können. Treiber, oft auch die Eigenthümer, begleiten die Thiere, sie haben sowohl die Berg= als Thalfahrt frei. Die kleinern Schiffe fassen 300, die größern 400 Stück. Von Orsova bis Pesth wird für ein mageres Schwein 3 fl. 70 kr. und für ein fettes 4 fl. 70 kr. gezahlt. Am Gewicht verliert das Stück nur etwa 5—6 Pfd., aber sie sind bei dem Wassertransport häufigen Verletzungen durch Beißen ausgesetzt und das um so mehr, da die Bergfahrt in der Regel 14, oft 20 Tage dauert.

Der Eisenbahntransport hat durch die Sorg= falt, welche man von Seiten der Staatseisenbahn=Ge= sellschaft dem Viehtransporte widmet und durch eine Ermäßigung der Frachtsätze in der neuern Zeit sehr zugenommen. Sowohl für die Ochsen, wie für die Schweine sind eigne Waggons gebauet. Von Basiasch bis Pesth, etwa 60 Meilen wird für das magere Schwein 1 fl. 21 kr. und für das fette 3 fl. 63 kr. bezahlt, wobei die Bahn Gewähr leistet. Da indessen das Beißen der Thiere nicht zu vermeiden ist, die Händler auch häufig über Ueberladung der Waggons klagten, so hat die Eisen= bahn einen eignen Tarif für einen ganzen Waggon bis Pesth gemacht; ein solcher mit 4 Rädern kostet 106 fl. 43 kr. und einen mit 8 Rädern 140 fl. 18 kr. Die Waggons sind so eingerichtet, daß die Schweine mit Wasser versehen werden können, auch werden die Thiere im Sommer vor Abgang des Zuges eingespritzt, welches auf mehreren Stationen wiederholt wird. In 17 Stun= den langen die Züge in Steinbruch, der letzten Station vor Pesth, an, wo große offene Ställe (Szallas) für die Schweine gebauet sind und wo eigentlich der Handel betrieben wird. Gehen die Thiere bis Wien, so halten sie in Steinbruch nicht, der Zuggeht durch. Die Schweine verlieren bis Pesth 8 Pfd. am Gewichte, die Ochsen nichts. Bei deren Transport wird im Durchschnitt ein Ochse zu 10 Centner lebendes Gewicht gerechnet

und der Centner von Bafiafch bis Pefth mit 1 fl.
1 kr. bezahlt.

Die magern Schweine kosten in Serbien einen
Ducaten, sie werden nach sechswöchentlicher Fütterung
nach dem Gewichte oder nach dem Preise, wie ihn
eben die oberen Donau=Plätze zahlen, an österreichische
Speculanten verkauft, von welchen sie dann ausgemästet
zum Markte gebracht werden. Es giebt in Ungarn
Handelsleute, welche jährlich 50—70,000 Schweine
mager aufkaufen und in der Nähe von Pefth zum
fett machen aufstellen. Der Preis in Wien schwankt
zwischen 20—26 N.=Kr. das Pfund.

Die Ochsen werden nach dem Gewichte und den
Wiener Preisen bezahlt von 10—15 fl. per Centner
oder 50—130 fl. per Stück; in Wien kostet der
Centner lebend Gewicht 19—25 fl. oder per Stück
90—180 fl.

Der Auftrieb am Schlachtviehmarkt in Wien ist
per Woche im Durchschnitt zu 3000 Stück Ochsen
von 400—700 Pfund per Stück anzunehmen, wovon
indessen ein bedeutender Theil aus Galizien kommt.
Die Zahl der aufgetriebenen Schweine schwankt wöchent=
lich zwischen 2—4000 Stück, welche sämmtlich Donau
aufwärts kommen.

Einige Worte über die Wirthshäuser im Banate mögen hier eine Stelle finden. Auf den Dörfern kann man in einem Lande, wo so wenig gereist wird, keine Ansprüche machen, man muß eben das Wenige, was man an Speise und Trank findet, dankbar annehmen. Es giebt deren, wie überall bessere und schlechtere und man thut wohl daran, sich vorher genau danach zu erkundigen, damit man seine Tagereisen so einzurichten vermag, um doch nicht gar zu schlechte Nachtquartiere zu finden. In der Militairgrenze giebt es in der Regel in den Compagnie=Dörfern eine bessere Unterkunft. Die Wirthshäuser in der Grenze sind sämmtlich ärarisch und werden verpachtet. So ist es auch meistens im anderen Theile des Banates, nur daß sie dort dem Grundherrn gehören.

In den Städten indessen sollte man doch etwas besseres erwarten dürfen, allein man wird da gewaltig getäuscht. Abgesehen von der landesüblichen Bereitung der Speisen, wovon ich oben schon sprach, welche einem norddeutschen Gaumen nicht besonders zusagt, ist der Stoff zu denselben meistens erträglich gut, aber wahrhaft erschreckend ist die Unreinlichkeit, welche selbst in den ersten Gasthäusern herrscht. Die Zimmer, die Tischgedecke und vollens die vor Schmutz starren= den Kellner oder sonstige Bedienung sind wahrhaft ekelhaft. Reine Bettwäsche zu erlangen ist ein Kunst= stück, welches nur wenigen gelingt. Ich machte z. B. ein Mal eine solche, in den Augen des Banater

14

Wirths unerhörte, Prätenſion. Es wurde mir mit
der größten Naivität erwiedert, man begriffe nicht,
was ich wollte, es hätten doch erſt fünf Perſonen
in dem Bette geſchlafen. So etwas muß man gewohnt
ſein, um gleichgültig dabei zu bleiben, aber man muß
es, denn erreichen thut man doch mit allen anzüg=
lichen Redensarten nichts. Ich fand hierin einen recht
auffallenden Unterſchied mit dem Norden, wo ich in
der That, was die Reinlichkeit anbetrifft, in einem
Bauernhauſe in Lappland mich beſſer befand, als im
erſten Wirthshauſe von Orſova oder Oravicza. Hatte
ich dort oft nur eine Streu, ſo war doch der Fuß=
boden reiner als die Speiſetiſche der Banater Gaſt=
häuſer und jede finniſche Bauerfrau deckte ſtets das
weißeſte Leinenzeug über das Lager.

Die Preiſe ſind überall für das was man hat
und wenn man erwägt, wie billig im Banate die
Lebensmittel ſind, hoch, ſie geben denen in unſern
Mittel=Städten nichts nach, übertreffen ſie eher. Zur
Erklärung dieſer Erſcheinung mag in etwas der ſehr
hohe Lohn der Dienſtleute und die geringen Leiſtun=
gen, welche man von ihnen hat, beitragen.

VII.

———

Kaum eine Stunde unterhalb Orsova liegt schon in der Wallachei das eiserne Thor und noch näher auf einer Insel in der Donau Neu=Orsova, eine tür=kische Festung, von den Türken Takely genannt. Beide zu besuchen wurde beschlossen und zunächst bei dem Major ein Certificat geholt, um über die Grenze kom=men zu können, welches aber nur auf 24 Stunden ausgestellt werden kann. Der Major ein sehr artiger Mann, bereitwillig meine Wünsche zu erfüllen, meinte: „in der Festung werden Sie ein Bild des türkischen Reiches en miniature finden, überall Verfall und Zersetzung.“

Zunächst mußten wir dicht unterhalb der Stadt auf dem Zollamte, wo sich auch die Quarantaine=An=stalten befinden, anhalten, um unsern Passirzettel für Menschen, Rosse und Wagen vorzuzeigen. Das War=

14*

ten auf die Abfertigung gab uns Gelegenheit, die Ein=
richtung der Stella kennen zu lernen. Es ist dies
ein von allen Seiten offenes Gebäude, durch Barrieren,
welche einen etwa 6 Fuß breiten Gang einschließen,
in zwei Theile getrennt. Hier werden alle Handels=
geschäfte mit den fremden Handelsleuten abgemacht.
Auf der·Seite nach der Donau stehen die Serben,
Wallachen, Türken ꝛc. und auf der entgegengesetzten
die österreichischen Kaufleute. Der mittlere Gang ist
von einem Contumaz=Agenten besetzt, welcher dafür
sorgt, daß diese verschiedenen Personen mit einander
nicht in Berührung kommen und der zugleich die Han=
delsgeschäfte vermittelt. Hier waren die großen Ge=
stalten der Serben mit ihren dunkeln ernsten Gesichtern
und feurigen Augen, besonders vertreten. Alle im
Nationalkostüme mit weiten blauen Hosen bis an die
Kniee, eine Art Gamaschen von derselben Farbe und
mit Pelz besetzte Jacken·oder mit halben Pelzen be=
kleidet, einen rothen Feß auf dem Kopfe. Die Stella
ist neutraler Boden und der wird so weit respectirt,
daß, wenn ein Verbrecher, z. B. ein Pferde= oder
Ochsendieb nach Serbien übertrat, er hier seine An=
gehörigen, ohne alle Gefahr arretirt zu werden, spre=
chen kann. Auf allen Mauthplätzen längs der öster=
reichischen Grenze findet man diese Stellas.·

Nachdem unser Passirzettel visirt war, erschien
ein Soldat uns bis an die Grenze zu geleiten, welche
etwa 10 Minuten entfernt ist. Sie wird von der

Czerna gebildet, ein aus dem Thale von Mehadia
kommender Grenzstrom. Ehe man jedoch diesen er=
reicht, kommt man über ein Stück neutrales Gebiet,
über dessen Besitz sich die Grenzmächte nicht einigen
konnten, es ist mit Gestripp bewachsen und dient als
Weideplatz für das von der Wallachei übergetriebene Vieh.
Er war mit einer Schweineheerde, einer Heerde Ochsen
und einer andern von Büffeln besetzt, welche letztere
mit ihrer schwarzen Farbe, breitem Kopfe, den nach
hinten zu abstehenden Hörnen und großen lebhaften
Augen einen fremdartigen Anblick gewähren. Die
Büffel werden weit nach Ungarn hinein als Zugthiere
verkauft. Man nimmt an, daß ein Büffel wohl eine
drei Mal so starke Zugkraft besitze als ein Ochse.
Sie mästen sich leicht, die Büffelkühe geben wenig,
aber sehr fette Milch; mit unsrem gewöhnlichen Rind=
viehe vermischen sie sich nicht. Nachtheile bei ihren
Gebrauche sind, ihre Langsamkeit im Gange und ihre
absolut nicht zu bändigende Stetigkeit bei der Hitze.
Sie achten dann weder Zügel noch Peitsche und gehen
unaufhaltsam durch, um ein Wasser oder einen Sumpf
zu gewinnen, sich zu kühlen.

Beim Eintritt in die Wallachei mußten wir ein
ziemlich bedeutendes Brückengeld bezahlen, um durch
das Wasser der Czerna fahren zu dürfen, die Brücke
selbst war seit mehr als einem Jahre unpassirbar.
Der wallachische Wachtposten war stark besetzt, zwei
Officiere, wovon der eine dicke silberne Epaulettes

trug, hatten das Commando. Die Soldaten waren
ganz leiblich uniformirt, wenn ich nicht irre, grün
mit roth, und breiten rothen Streifen an den Bein=
kleidern. Das wallachische Dorf, Sitz der Hauptmauth
und eines Postamtes, machte aber nicht den Eindruck,
den man nach den stattlichen Soldaten hätte erwarten
können. Bauart und Einrichtung der Häuser, wie
im Banate, nur alles verfallner und schmutziger. Die
Wagen der Wallachen, auch die Postkarren sind ganz
roh, die Räder achteckig, unbeschlagen, so wie über=
haupt am ganzen Wagen nicht ein Loth Eisen ist.
Ebenso einfach sind die Ackergeräthe; ein Urzustand
in jeder Beziehung. Wenn man bedenkt, was das
für einen Absatz für die österreichischen Eisenhütten
im Banate geben würde, wenn man diesen Wallachen
etwas Cultur beibrächte, wenn man sie nur lehrte,
ihre Wagen zu beschlagen! — Der uns begleitende
Kaufmann Nicolowits, welcher alljährlich größere Rei=
sen in die Wallachei macht, konnte die Mühseligkeit
einer Fahrt auf solchen Postkarren nicht grell genug
beschreiben. Der Reisende müsse sich auf dieselben
festbinden, denn man habe sonst zu fürchten heraus=
zufliegen, weil die Postillone unvernünftig jagten und
sich um ihren Passagier nicht im Geringsten kümmern.
Fliegt er auf die Straße, oder bricht der Karren,
es ist ihm höchst gleichgültig, er fährt fort zur Station,
denn er muß die Zeit einhalten. Dort angelangt,
schickt der Postmeister frische Pferde, um den verlornen

Reisenden nachzubringen. Lebensmittel muß man mit nehmen, denn mit Ausnahme der wenigen Städte, giebt es auf dem Lande sehr schmale Kost, dagegen soll die vollkommenste persönliche Sicherheit gefunden werden.

Auf einer ziemlich gut gehaltenen Straße längs der Donau, welche hier wiederum von Bergen ein= geengt, doch nicht so gepreßt wird, wie oberhalb Orsova, gelangten wir nach einer kurzen Fahrt an das berühmte und viel besprochene eiserne Thor. Gemeinlich verbindet man damit ganz andere Begriffe und meint, es müssen nothwendig thorartige Felsen in der Donau stehen oder überhaupt der Strom von mächtigen Felsengebilden eingeschlossen sein. Das alles ist nicht der Fall, es liegen allerdings eine Masse Felsblöcke in dem Strome, welche sich besonders bei so niedrigem Wasserstande, wie wir ihn trafen, recht stattlich präsentirten, man hört das Brausen des Stromes von ziemlicher Entfernung und seine Be= wegungen, wenn man in die Nähe kommt, sind be= deutend, aber am Ende ist es nichts weiter als eine ziemlich starke Stromschnelle. In Finland bin ich auf großen Strömen ebenso starke, wenn nicht stärkere Stromschnellen in einem kleinen Kahne, von drei kräftigen Männern fortgestoßen, hinauf und hinab gefahren, und ich zweifle nicht daran, daß ein finni= scher Schiffer auch ohne Bedenken über das eiserne Thor wegfahren würde.

Aber gerade durch die Seichtheit des Stromes wird hier die Schifffahrt gehemmt, die Stromschnelle ist für große Schiffe nur bei sehr hohem Wasserstande immer aber mit einiger Gefahr wegen des Auffahrens, passirbar. Oft schon wurde daher die Sprengung einer Durchfahrt in Erwägung gezogen und während der österreichischen Besetzung der Fürstenthümer im orientalischen Kriege waren ernstliche Anstalten gemacht. Es erschien eine größere Abtheilung Pioniere, erbauten am eisernen Thore eine Art Kaserne und andere, theils massive Gebäude, machten einige Vorarbeiten, aber ohne ein einziges Bohrloch in den Felsen abgeschossen zu haben, gingen sie bald nach Abschluß des Pariser Friedens wieder zu Hause. Die Geschichte soll 400,000 fl. gekostet haben und dafür ist nichts geleistet. Der Grund, weshalb man unverrichteter Sache wieder abezogen sei, wurde uns in Orsova dahin angegeben, daß die Regierung bei Erklärung der freien Donauschifffahrt befürchtet hätte, daß nach Sprengung des eisernen Thores bei einem etwaigen Kriegsfalle die Feinde die Donau hinauffahren und so eine Diversion machen könnten, auch fürchte man eine Concurrenz anderer Völker bei dem Donauhandel. Beide Gründe erscheinen aber bei näherer Prüfung nicht stichhaltig, denn feindliche Kriegsschiffe dürften wohl durch einige Ufer-Batterien leicht abzuhalten sein und wenn fremde Kapitalien sich bei dem Donauhandel betheiligen, so erscheint das im Hinblick auf den ge=

ringen Verkehr auf dem Strome nur erwünscht. Daß
man in Orsova mit Aufgebung der Sprengnng sehr
unzufrieden war, bedarf kaum einer Erwähnung.

Jetzt sind die Häuser wieder abgetragen, nur die
ruinenartigen Fundamente zeigen ihre Ausdehnung.
Eine einsame wallachische Fischerhütte lag hier am
Ufer, vorzugsweise um Wels zu fangen, von welchem
in dieser Gegend viel Kaviar gemacht wird, den man
von Orsova aus versendet.

Wir schlugen nun den Rückweg ein und hielten
hart an der wallachischen Grenze, um nach dem ein=
zigen Stückchen Türkei, welches die Osmanen von
dem ganzen großen Länderbesitze an diesem Theile
der Donau noch übrig geblieben, nach Alt=Orsova
überzusetzen. Serbische Fährleute erwarteten uns mit
ihrem Kahne. Er war aus einer einzigen großen
Buche ausgehauen, unten ganz rund und so breit,
daß zwei Menschen gut neben einander sitzen konnten.
Diese Kähne heißen an der Donau wegen ihrer
großen Unsicherheit „Seelentränker“, und in der That
verursacht der runde Kiel bei der geringsten Bewegung,
welche eine oder die andere Person macht, ein so un=
angenehmes Schwanken, daß man stets glaubt, das
Fahrzeug schlage um. Wir kamen indessen glücklich über
den ziemlich breiten Arm des Stromes und betraten
nach zehn Minuten türkischen Grund und Boden.

Als wir ohnweit eines Wachtpostens gelandet
waren, ging einer unserer serbischen Schiffsleute, ei=

nen Soldaten zu holen. Alsbald kam ein Mann in
eine blaue Jacke mit rothem Kragen und Aufschlägen,
weiße leinene Hosen und Schuh und Strümpfe gekleidet,
mit einem Seitengewehr versehen und auf dem Kopfe
einen braunen Feß mit einer kleinen Messingplatte,
welche seine Nummer und Abzeichen des Regiments
enthält. Der Mann nahm unsere Passirzettel, ent=
fernte sich damit zum Pascha, und nach eingeholter
Genehmigung gab er unsern Führer durch die Festung
ab. Er trug die Krimm=Medaille und sah so leiblich
ordentlich aus, während die größere Masse der Sol=
daten, selbst der Officiere, zerlumpt, schmutzig, meist
baarfuß, mit alten noch mit Feuerschloß versehenen
Flinten ihren Dienst thaten.

Bei der Wanderung durch die Festung sahen
wir viele Soldaten, denn der größte Theil der Be=
wohner besteht aus Militair, da die Besatzung 800
Mann stark sein soll. Sie waren durchweg in einem
gleichen Zustande, die Officiere zum Theil nur durch
zwei breite rothe Streifen an den blauen Beinkleidern
zu erkennen, zum Theil gingen auch sie barfuß, wenig=
stens war es so bei einem Manne, welcher beim Pascha
unsern Dollmetscher machte und der uns als ein Ad=
jutant bezeichnet wurde. Er war uns von dem Pascha
nachgeschickt, um uns die Erlaubniß zur Besichtigung
der Moschee zu bringen, und begleitete uns später zu
demselben, nahm auch ohne Bedenken einige Zwan=
ziger als Trinkgeld. In Orsova kann man jedem

Markttag türkische Officiere sehen, welche ihre Einkäufe
an Lebensmitteln u. dgl. machen, und selbst Stabs=
officiere sind nicht zu stolz, um z. B. mit einem Bündel
Zwiebeln auf dem Rücken, aber in voller Uniform,
durch die Straßen der Stadt zu wandern.

Unser erster Gang war zum Pascha, ihm unsere
Aufwartung zu machen, allein er ließ sich mit Un=
wohlsein entschuldigen, setze Blutegel, würde uns aber
später empfangen. Wir besichtigten daher die Festung
und Insel. Die Werke sind von Backsteinen erbauet
und sämmtlich in dem Zustande des größten Ver=
falls, jedoch reichlich mit alten, metallnen Kanonen
und Mörser besetzt. In entsprechenden Zwischen=
räumen befinden sich auf den Mauern Wachtposten,
wo auf einer Gallerie die Schildwache auf und ab
geht. Die gewölbten Kasematten waren von türki=
schen Handwerkern und Soldaten bewohnt. Im Orte
selbst, welcher sehr enge Gassen hat, liegen auch
zum Theil die Wohnhäuser in Gärten, mit hohen
hölzernen Planken umgeben. Der Hauptsammelpunkt
ist der Bazar, wo die Kaufleute, meist ernste Tür=
kengesichter mit Kaftan und Turban, ihre Waaren
feil hielten, Shawls, Feße u. dergl., aber vorzüglich
Tabak, Pfeifen, Zuckerwaaren, Kaffee, Parfumerien
u. dergl. Der Sammelpunkt war das Kaffeehaus,
eine elende Hütte mit Fenstern von Papier, worin
einige kleine Glasscheiben eingeklebt waren; einige

Officiere vertrieben sich die Zeit mit Kartenspiel. —
Ueberall viel Schmutz und viel Hunde.

Die Moschee bot nichts Besonderes dar, auf dem
Wege begegneten wir mehreren türkischen Frauen, so
verschleiert, daß nur die Augen sichtbar waren, alle gelb
oder braun gekleidet. Als wir zwischen den Gärten
hingingen, traten in eine Thüre zwei junge Mädchen
von etwa zehn Jahren, begleitet von einer Magd.
Sie waren unverschleiert, eine blond, die andere braun,
von angenehmen Zügen. An den bloßen Füßen hat=
ten sie Sandalen, die Nägel an denselben und an
den Händen waren braun gefärbt. Ich bat das eine
Kind um einige Blumen aus dem Garten, sie schickte
sogleich die Magd ab, sie zu holen.

Das Interessanteste aber war der Besuch beim
Pascha, welcher den Rang eines Obersten oder Bri=
gade=Generals bekleidet. Seine Residenz, höchst ein=
fach, verfallen wie alles in der Festung, liegt an der
obersten Spitze der Insel, hat ein hohes Parterre für
Stallungen und bildet ein einfaches Viereck. Um hinauf
zu gelangen war ein Weg, so wie man ihn in unsern
Gebirgsdörfern wohl zu den Ställen findet, Holzlager
mit Pflaster der schlechtesten Art voll Löcher und
Schmutz dazwischen. Vor dem Hause waren mehrere
Officiere in sehr abgetragenen Uniformsstücken und
auch sonst nicht ordonnanzmäßig costümirt, z. B. mit
bloßen Füßen, und eine reichliche Zahl von Dienern
versammelt. Nach geschehener Anmeldung geleitete man

uns über eine hölzerne Treppe mit größtentheils ver=
faulten Stufen in eine Vorhalle und dann in das
Audienzzimmer, welches zum Theil einen erhöheten
Fußboden hatte, vor welchem die Officiere und Die=
ner ihre Pantoffeln stehen ließen. Das Zimmer, ein
Eckzimmer, hatte sechs Fenster, wovon einige mit Blu=
men besetzt waren. Es war blau gemalt mit einer
sehr unkünstlerischen Blumenkante. An den zwei Seiten
nach den Fenstern hingen an Bindfaden gereiet große
Birnen und in der Mitte an der Stelle des Kronleuchters
eine solche von besonderer Schönheit. In der einen
Ecke auf einer querüber gespannten Waschleine hatte
die ganze Garderobe des Hausherrn Platz gefunden.
An der einen Fensterseite befand sich ein einfacher
Divan, für uns waren Rohrstühle hingesetzt. Das
ganze Meublement bestand aus einem großen Tisch,
welcher dicht mit Wassermelonen, Kürbissen und einer
Kaffeemühle besetzt war.

Der Pascha ging uns beim Eintreten einige
Schritte entgegen, winkte uns Platz zu nehmen und
setzte sich auf den Divan nieder. Er war eine hohe
Gestalt von etwa 50 Jahren, proportionirt gebaut,
mit einem ernsten, würdevollen Angesicht, welches ein
starker Schnurrbart zierte. Bekleidet mit einem
langen grünen Ueberrock mit stehendem Kragen und
einer Reihe Knöpfen, einem rothen Feß auf dem un=
geschorenen Haupte machte er den Eindruck eines Kriegers.
Nachdem ich ihm eine längere, blumenreiche Anrede,

welche erst in's Serbische und dann in's Türkische über=
setzt wurde und worin ich meinen Dank für die uns
ertheilte Audienz aussprach, gehalten hatte, neigte er
gnädig mit einer unbeschreiblichen Grandezza seinen Kopf
gegen mich und es wurde dann Kaffee, auf orientalische
Weise bereitet, in den bekannten kleinen Schalen von
verschiedenen braunen und schwarzen Dienern gereicht.
Im Laufe der Unterhaltung erzählte er uns von seinem
Kriegsleben in der russischen Campagne von 1828, zeigte
uns den Plan der Festung, den er vor sich auf dem
Fußboden ausbreitete, genehmigte auch meine Bitte,
daß einer meiner Söhne seine Residenz abzeichnen
dürfe und entließ uns dann mit Dankesworten für
unsern Besuch.

Der ganze Auftritt hatte etwas sehr Eigenthüm=
liches, in dem würdevollen Verhalten des Pascha's
lag eine Einbildung seiner erhabenen Stellung, welche
mit seiner Umgebung und besonders mit dem jammer=
vollen Zustande der von ihm befehligten Truppen und
der Festung selbst nicht in Einklang zu bringen war.
Ich dachte an die glorreiche Geschichte, welche die
Osmanen in diesen Ländern gespielt haben, und in=
dem ich so den letzten Rest aller dieser Herrlichkeiten
in diesem elenden, verfallenen Neste, besetzt mit einem
Haufen zerlumpten Gesindels, erblickte, mußte ich
mich der Worte erinnern, welche der österreichische
Major mir in Orsova sagte. Wahrlich, wenn das
ein Abbild der türkischen Zustände wirklich sein sollte,

dann kann man allerdings dem türkischen Reiche eine lange Dauer nicht mehr zutrauen. Uns wird hier aber= mals die Lehre gegeben, daß Barbaren, einmal mit der Civilisation christlicher Völker in Berührung ge= bracht, diesen Einflüssen auf die Dauer nicht wider= stehen können, sie müssen die christliche Cultur an= nehmen oder untergehen.

Auf dem Rückwege besuchten wir den Platz, wo die Krone des heil. Stephan von Kossuth bei seinem Uebertritte in die Türkei noch auf christlicher Erde vergraben und späterhin wieder aufgefunden worden war. Er liegt einige 100 Schritte vom Wege ab, neben der österreichischen Grenzwache, und ist durch eine kleine Kapelle bezeichnet, wozu man im Wacht= hause den Schlüssel erhalten kann. In der Mitte derselben, genau auf der Stelle, wo die Krone ge= legen, wurde eine Denktafel eingefügt, welche den Thatbestand erzählt. Als Kossuth hier die Krone vergrub, war das Ganze mit wüstem Gebüsch und einigen Bäumen bedeckt, jetzt hat man die Umgebung durch geschmackvolle Garten=Anlagen verziert.

Mit denselben Umständlichkeiten, Begleitung von Soldaten, Visitation beim Mauthamte und abermaliger Visirung unseres Passirscheins kehrten wir spät Nach= mittags nach Orsova zurück.

Die Sonne war eben über die Berge empor ge=
stiegen, auf der Donau aber lagen so dicke Nebel,
daß man das gegenüberliegende serbische Ufer nicht
sehen konnte, als wir, von Orsova aus dem Thale der
Czerna folgend, uns nordwärts nach Mehadia wen=
deten. Auf dem breiten Wege, der mit verschiedenen
Bäumen bepflanzt war, begegneten wir der Büffel=
heerde, welche wir Tages zuvor aus der Wallachei
ankommen sahen. 'Weingärten, deren Stöcke mit
den schönsten Trauben behängt waren, darüber mit
Laubholz bewachsene Berge und im engen Thale
Kukuruz, dessen Ernte begann, neben uns die lustig
über die Felsen dahin eilende Czerna mit dem klaren
Bergwasser, hier und da ein sauberes Dorf mit den
lebendigen Zäunen, das waren die freundlichen Bilder,
welche uns auf der Fahrt begleiteten. Zuweilen fan=
den wir in dem Flusse kleine Vorrichtungen zum Gold=
waschen, denn auch er führt dieses edle Metall.

Links hart an der Straße, bei einem Dorfe,
dessen Name mir entfallen ist, stehen die Ueberreste
einer mächtigen Bogenspannung am Fuße eines hohen
pyramidalischen Kalkfelsens. Wir zählten deren eilf,
wovon die Mehrzahl, obwohl aus Backsteinen erbaut,
noch ziemlich gut erhalten ist. Sie rührten „aus der
Römerzeit her", sagte man uns; mir scheinen sie als
Unterlager einer Wasserleitung gedient zu haben.

Das Thal steigt nach und nach bedeutend an,
vor uns wurden die Berge immer höher und mit

spitzeren Felsenzacken versehen und das Thal verengte
sich mehr und mehr. Wir bogen rechts ab über eine
schöne Kettenbrücke, welche in dieser wilden Natur
einen eigenthümlichen Contrast bildete, und betraten
nun das Thal der Czerna, welche sich hier von der
Bela=Reka trennt, erstere führte uns nach den Her=
culesbädern, letztere geht nach dem Compagnie=Ort
Mehadia. Die Czerna brauste in aufeinander fol=
genden Caskaden uns entgegen, kaum ist in den Bergen
Raum für den Weg, hohe Bäume verschließen jede
Aussicht, wir gelangen an eine Mühle, dann an einige
große Stallgebäude, biegen um eine Ecke auf eine
andere Brücke und nun liegt mit einem Male das in
den Donauländern weit bekannte und berühmte Her=
culesbad vor uns.

„Das enge Thal gewährt kaum den Raum für
zwei Reihen Häuser und für den Wildbach, an dessen
Ufern die dicht mit Laubholz bewachsenen Berge sich
bis zu 6000 Fuß erheben, während das Bad selbst
nur 635 Fuß über dem schwarzen Meere liegt. Das
Gebirge, Kalk mit einzelnen Thonschiefergängen durch=
setzt, ist ganz alpin, mächtige steile und zackige nackte
Felswände ragen kühn empor, auf den Vorsprüngen
einzeln mit der österreichischen Schwarzkiefer besetzt,
welche mit ihrer schirmartigen Baumkrone an die Pinie
des Südens erinnern. Das Gebirge zeigt auch darin
den Charakter der Alpen, daß Gemsen in ihm hei=
misch sind, auch Bären und Wölfe dort gefunden

15

werden. Der Bär besucht zur Herbstzeit gern die Weingärten, und erzählte man uns, daß noch vor Kurzem ganz in unmittelbarer Nähe Meister Petz einen solchen Besuch abgestattet habe.

Wunderbar schön und erhaben ist hier die Natur, desto mehr sticht das dagegen ab, was der Mensch geschaffen hat. Zu beiden Seiten einer platzartigen Straße von etwa 60 Schritt Breite stehen etwa 12 große Gebäude, fast ganz überein, im reinsten Casernenstyl erbaut. Sie enthalten die Bäder, Casernen für kranke Soldaten, Wohnungen für die Badegäste, für die Badeinspection und einige Wirthshäuser. Alles ist ärarisch nach dem strengsten Militair=Schematismus verwaltet, ein Stabsofficier leitet das Ganze und Militair=Aerzte kuriren die leidende Menschheit. Die Wirthshäuser sind verpachtet, die Vermiethung der Wohnungen, die Bäder besorgt das Bade=Commando. In der Mitte des Platzes steht eine colossale Statue des Hercules auf einem Brunnen. Ueberraschen uns auch die großen, meist dreistöckigen Gebäude, so machten sie mir doch einen unangenehmen Eindruck, sie gehören offenbar nicht in diese wilde Natur, der Contrast ist zu groß.

Das Herculesbad, auch Römerbad genannt, schon dem Alterthume bekannt, hat verschiedene heiße Schwefelquellen, denen von Aachen am nächsten stehend. Die Heilkräfte des Bades sind hochgeschätzt. Es entspringen in einer Längen=Ausdehnung von 700 Klaftern

22 mehr oder minder starke und heiße Quellen, welche zum Baden, wie zum Trinken verwendet werden. Die am wenigsten warme Quelle hat 20 Grad R., die heißeste, die Franzensquelle, 46—48 Grad R. Die Ludwigsquelle mit 34 Grad R. dient vorzugsweise für die Bäder kranker Soldaten, welche in dem gegen= überliegenden Militairspital untergebracht, durch einen unterirdischen Gang in das Badehaus gelangen. Die Wohnungen im Badehause sind meistens für Officiere bestimmt. Für die Soldaten wird in diesem Bade mit anerkennenswerther Liberalität gesorgt. Etwa 10 Minuten oberhalb des Hauptbades entspringt in einer Grotte, in welcher wir einige Skorpione fanden, die eigentliche Herculesquelle. Sie ist nicht ganz so heiß als die Franzensquelle, aber sehr reich, man sagte, daß sie in einer Stunde etwa 5000 Kubikfuß Wasser gäbe. Neben ihr sind ebenfalls Bade=Einrichtungen, die älteste Anlage. Ein wunderschöner smaragdgrüner Moosteppich hatte sich da gebildet, wo die warme Quelle in die Czerna abfloß, und üppige Zierpflanzen bedeckten diesen Platz, für welchen die Gartenkunst einiges gethan hatte.

Die Badesaison war vorüber, nur noch Officiere, welche Genesung von Wunden oder Strapazen des italienischen Feldzugs suchten, wenige Damen und einige Badegäste aus der Umgegend waren da. Im Sommer ist das Bad vorzüglich von Wallachen und Ungarn besucht, eine Musikbande spielt auf dem Platze

und es soll dann ein buntes, lebhaftes Getreibe herr=
schen. Das Herculesbad, in jeder Beziehung so von
der Natur begünstigt, müßte einen großartigen Auf=
schwung nehmen, wenn das starre militairische Mo=
nopolwesen aufhörte und freie Bewegung Privatper=
sonen veranlaßte, hier ihre Capitalien und ihre In=
telligenz zu verwenden. Gewiß ist in einem Bade
ein casernenartiges Zusammenleben der Badegäste
höchst unangenehm, aber kleine Privatwohnungen sind
mit dem militairisch=ärarischen Wesen nicht vereinbar,
und so lange das währt, wird halt Alles beim Alten bleiben.

Nachdem wir das Bad mit allen seinen Merk=
würdigkeiten besehen hatten, setzten wir unsern Weg
nordwärts fort, berührten zunächst Mehadia und fuhren
dann durch eine eintönige Gegend bis Terregova. Von
Mehadia bis den etwa 5 Meilen entfernten Stations=
ort Corina sieht man, so weit das Auge reicht, in
einiger Entfernung von den Orten und der Straße
nichts als kahle elende Hutweiden, nur den hier sehr
zahlreich vertretenen Ziegen und Schafen eine spärliche
Nahrung bietend. Tiefe Wasserrisse durchfurchen diese
baumlosen Flächen, nur hier und da mit niedrigem
Gebüsch bestockt. Ein trauriger Anblick, abermals ein
warnendes Beispiel, wohin es führt, wenn die Men=
schen mit Unverstand den Waldschatz angreifen. Es ist
aber, als ob alle solche Beispiele nichts fruchten, man
handthiert mit stets gleicher Sorglosigkeit und Gleich=
gültigkeit mit dem Wald, man denkt nicht daran, daß

ein solches Uebel krebsartig um sich greift und daß eine so großartige Entwaldung auch in diesem gesegneten Lande die nachtheiligsten Einflüsse auf das Klima und die Fruchtbarkeit des Landes äußern muß. In der That waren alle Quellen trocken und auf den Wiesen zeigten sich deutlich die nachtheiligen Folgen der Dürre. Ebenso sollen auch die über diese kahlen Flächen dahin brausenden Stürme oft arge Verwüstungen anrichten.

Diese ganze Gegend ist nur von Wallachen bewohnt und dem entsprechend spielt der Mais die Hauptrolle im Felde, nächstdem wird Viehzucht betrieben. Auf der Straße begegneten uns häufiger Grenzer, welche zum Dienste einrückten, vielfältig von ihren Weibern begleitet, welche dem Manne Gewehr und Patrontasche trugen. Sonst erscheint diese Straße, eine Haupt= und Poststraße, wenig belebt, aber gut im Stande, wie alle Straßen in der Militairgrenze.

Man hat endlich eingesehen, daß es eine Nothwendigkeit sei, dem Forstwesen in der Grenze eine gewisse Aufmerksamkeit zu widmen. Daher wurde vor etwa zwei Jahren auch das Forstgesetz vom 3. December 1852 in Ungarn, dem Banate und der Militairgrenze eingeführt. Dem entsprechend ging im vorigen Jahre eine Forstorganisation vor sich, wovon ich oben schon gesprochen habe. In dem Regiments= bezirke des wallachischen Regiments liegen 400,000 Joch Wald, in Karansebes befindet sich bei dem Re= gimente ein Forstmeister und in Mehadia ein Ober=

förster, unter welchem eine größere Anzahl Förster und Waldheger stehen. Die Oberbeamten haben nach den Befehlen des Regiments=Commando zu handeln, die Förster sind dem Hauptmanne untergeben, welcher auch die Forstrügen abzuurtheilen hat. Wird ein Forstfrevler zum fünften Male betroffen, erhält er Stockstreiche, die Portion schwankt von 15 bis 30 Hieben. Das Militair=Commando hat in allen forst= lichen Angelegenheiten zu entscheiden, die Forstbeamten nur zu rathen und den Befehlen zu folgen, welche selbst in rein technischen Sachen ertheilt werden. Die neue Organisation, schon in dieser Beziehung unhaltbar, wird es auch in finanzieller werden. Früher kostete die ganze Forstverwaltung, die freilich, selbst was nur den Schutz des Waldes anbetraf, ganz unzulänglich war, 7000 Gulden, jetzt 65,000 Gulden, während der Brutto=Ertrag nur höchstens 45,000 Gulden ergiebt. Den bedeutenden Zu= schuß wird man wahrscheinlich nicht lange zu zahlen Lust haben, wenn sich der Ertrag der Wälder nicht hebt. Die Maßregeln, welche man in dieser Beziehung ergreift, erscheinen indessen nicht glücklich gewählt zu sein. Es erzählte uns unter Anderm ein Mann, anscheinend ein Holzhändler, mit dem wir zufällig in Terregova zusammentrafen (später wurde uns die Sache auf völlig glaubwürdige Weise bestätigt), daß in den tiefer an der Donau liegenden Städten, Widdin und Rutschuk, die Klafter à 108 Kubikfuß Buchen=Brennholz 3 Du= caten kostete. Man habe nun von der Forstverwaltung

den Versuch machen wollen, sich dorthin einen Absatz
zu verschaffen, und daher einige Tausend Klaftern nahe
an der Donau schlagen lassen. Als Alles zur Abfahrt
bereit gewesen, sei vom General=Commando aus Wien
der Befehl angelangt, das Geschäft „aus politischen
Gründen" nicht auszuführen, und als der Erzähler
sich erboten habe, das Holz zu übernehmen, auf seine
Gefahr nach den genannten Orten zu verschiffen, sei
er abschläglich beschieden worden. Auf welche Weise
Holzhandel und hohe Politik mit einander in Verbin=
dung stehen, ist jedenfalls noch ein unaufgeklärtes Räthsel.

Oesterreich hat mit seiner Forstorganisation kein
Glück, das Forstgesetz (3. December 1852) ist zwar
gut, aber die Ausführung höchst mangelhaft. Man
organisirt seit acht Jahren noch immer provisorisch,
und darunter leidet das Personal und im Provisorium
dauert die Waldmißhandlung fort. Es fehlt vor Al=
lem an der richtigen Consequenz und Energie. Das
beweist sehr deutlich neuerdings Thyrol. Eben hatte
man dort vor wenigen Jahren (19. April 1856) eine
für das Land gewiß sehr wohlthätig wirkende Forst=
Organisation mit schweren Opfern in's Leben gerufen,
als in diesem Jahre, anscheinend nur, um sich für
den Patriotismus der Thyroler im letzten italienischen
Kriege dankbar zu bezeigen, auf Andringen der bei
Herstellung des alten, anerkannt verderblichen forstlichen
Getriebes sehr interessirten Bevölkerung dasselbe auf=
gehoben, ohne daß es sich hat in's Volk einleben können,

und den Tyrolern frei gegeben wird, ihre Wälder vollends zu ruiniren. Und dort ist bereits ein forst= licher Zustand, daß man durch die fortgesetzte Wald= verwüstung geradezu das Wohl der ganzen Provinz auf's Spiel setzt, sie zuverlässig ruiniren wird, wenn man die Forstfrage nicht recht bald wieder aufnimmt. Gewiß muß sich die Verwaltung des Forstwesens nach den Sitten, der Lebensart und den sonstigen Verhält= nissen des Volkes richten, für welche sie gegeben wird, sonst kann sie nicht wohlthätig wirken. Wenn man aber von Seiten der Regierung sieht, daß das Ge= baren mit den Wäldern wie in Tyrol geradezu zum Verderben des Volkes ausschlägt, so hat sie doch die Pflicht, das unmündige Volk vor Unheil zu bewah= ren. Auch hier kommen wir auf das alte Grund= übel zurück. Man gebe Bildung und Aufklärung, so wird sich eine verständige und also auch achtbare öf= fentliche Meinung entwickeln, aber in Tyrol!? — —

Kaum giebt es einen Zweig der Staatsverwaltung, wo es beim Uebergange zu einem besseren Systeme so nothwendig wäre, die allgemeine Stimme für sich zu gewinnen, als beim Forstwesen. Die Beschränkungen, welche jeden Falls bei einer geregelten Waldwirth= schaft erfolgen müssen, empfindet der Hirtenbube, das grasrupfende Mädchen, das alte Weib, welches Lese= holz sammelt, oft weit härter, wie der wohlhabende Bauer, welcher Weide und Streu aus dem Walde bezieht, oder der reiche Gutsbesitzer, dem man eine

unbequeme Controle bestellt. Alle haben mehr oder
minder unter einer Ordnung im Walde und unter
einer pflichttreuen Aufsicht zu leiden. Daher thut man
wohl, die öffentliche Stimme für sich zu gewinnen, und
hieran scheint es in Oesterreich zu fehlen. Wie ganz
anders löst Norwegen und Finland die Aufgabe der
forstlichen Organisation. Besonders in Norwegen, wo
der Bauernstand so einflußreich ist, war es sehr schwierig, die alten Vorurtheile zu bekämpfen. Aber durch
Consequenz und Belehrung hat man es zum Wohle
des Volkes durchgesetzt, daß die forstliche Verbesserung
populär wurde; freilich ist der freie norwegische
Bauer weit gebildeter, als der unwissende Banater
oder der bigotte Thyroler, und darin liegt das richtige
Verständniß des Unterschiedes. Man organisirt in Norwegen und giebt Gesetze, nachdem man die öffentliche
Meinung für die Sache des forstlichen Fortschrittes
gewonnen und sich ein ausführendes Personal heran-
gebildet hat. In Oesterreich fängt man mit der Gesetzgebung an, wozu in der Volksmeinung der Boden
und in dem Personale die Kräfte fehlen. Das Gesetz
bleibt daher mehr oder minder ein bedrucktes Blatt Papier
und die Unwirthschaft im Walde geht ihren Gang fort.

Hier in der Militairgrenze hat das General-
Commando in Wien die Organisation ohne Weiteres
decretirt; ob sie bei deren Ausarbeitung technischen
Beirath hatte, ist mir nach dem, was ich darüber
hörte, mehr als zweifelhaft. So hat man unter an-

dern auch befohlen, daß in diesen Wäldern eine Ver=
messung, Taxation und Forsteinrichtung gemacht werde,
wobei der „Wirthschafts=Beamte", d. h. der Haupt=
mann, eine thätige Rolle mitzuspielen habe. Diese
forstlichen Arbeiten gehören zu den schwierigsten des
Faches und erfordern durchaus tüchtige technische Kennt=
nisse. Nun bilden sich zwar viele Menschen, welche
zufällig gesehen haben, wie ein Baum gepflanzt, ab=
gehauen und verkauft wird, ein, daß sie Forstleute
seien, oder doch so viel vom Forstwesen verständen,
um auch dabei mitsprechen zu können. Tritt eine solche
Einbildung nun bei den betreffenden Officieren her=
vor, so wird das Geschäft schwerlich gut ausgeführt
werden, es wird jeden Falls den Forstleuten die Sache
unnöthig erschwert.

Aber auch abgesehen hiervon zeigt schon die An=
ordnung in den Militairgrenzwaldungen mit einer spe=
ciellen Forstvermessung, Taxation und Entwerfen eines
Betriebsplanes vorzugehen, wenig wahre Einsicht von
der Sache. Was in aller Welt kann in einem Walde,
der zum großen Theile noch aus Urwald besteht und
äußerst geringen Absatz hat, eine specielle Forstver=
messung und Abschätzung helfen oder nützen. Man
beschreibt eine Menge Papier, macht die schönsten Pläne,
aber man kann nicht darnach wirthschaften. Allerdings
soll man sich auch bei solchen Wäldern eine Uebersicht
verschaffen, aber nur so weit man sie braucht, Details
braucht man nicht bei einer extensiven Wirthschaft,

und einen genauen Abgabesatz für Wälder berechnen zu
wollen, wo noch viele tausende von Klaftern verfaulen,
gränzt an das Unbegreifliche. Das Alles soll aber nach
der Instruction geschafft werden; sie ist genau dieselbe,
wie für die übrigen Reichsforste, nur militairisch zu=
geschnitten. Hat aber der Officier, welcher bei dem
General=Commando die betreffende Verfügung nieder=
schrieb, wohl daran gedacht, was die Ausführung kosten
werde? Ich glaube das schwerlich, er würde sich
sonst doch wohl etwas besonnen haben. Immer aber
bleibt es eine der ersten staatswirthschaftlichen Regeln,
die Kosten mit dem zu erreichenden Zwecke in ein
richtiges Verhältniß zu bringen. In dem vorliegenden
Falle könnten diese Summen gewiß besser angewendet
werden, nämlich zur Förderung des Absatzes aus dem
Walde. Das kann geschehen durch Anlegung guter
Waldwege, Verbesserung der Floßstraßen und An=
legung von Riesen und derartigen Beförderungsmitteln
des leichtern Ausbringens des Holzes aus dem Walde,
ferner durch Aufsuchung von Absatzwegen, namentlich
an der Donau, und durch Beförderung der bereits
vorhandenen Industrie und Erweckung neuer. Dadurch
wird man das Nothwendigste erreichen, einen besseren
Absatz und eine höhere Rente der Wälder; ist das
wirklich erreicht, dann erst kann von specieller Ver=
messung u. dgl. m. die Rede sein.

Es ist dieses abermals ein Beleg, wohin die
Consequenzen der Centralisation führen und was für

wichtige volkswirthschaftliche Interessen auf das Spiel
gesetzt werden, wenn Personen technische Fragen zu
entscheiden haben, welche nichts von der Sache ver=
stehen. Damit will ich für diese keinen Vorwurf aus=
sprechen, denn einer kann nicht Alles, und es kann
Jemand ein sehr guter General oder Obrist sein und
doch ein recht schlechter Forstmann.

In der Grenze wurde und wird noch jetzt ziem=
lich viel Wald auf Abstockung verkauft. Man weist
dem Käufer eine gewisse Fläche an und vereinbart die
Jahre, welche er darin wirthschaften darf, wie es in
seinem Interesse am Angemessensten ist. Früher be=
kümmerte man sich nicht darum, ob etwas für den
Nachwuchs gethan wurde, die gütige Natur hatte alles
allein zu besorgen, jetzt verlangt man mehr, ja es
sollen die Waldkäufer cultiviren. Nun aber ist der
größte Theil dieser Wälder mit Rothbuchen im Ge=
misch mit Ahorn, Eschen, Ulmen, Birken und Weiß=
tannen bestockt, und es möchte hier, bei einer nur
irgend vernünftigen Wirthschaft der Nachwuchs durch
Samenschläge sicher zu erzielen sein. Wozu da eine
Cultur verlangen? Es kommt doch nur darauf an,
daß die abgeholzte Fläche wieder Holz trägt, ob der
Bestand einige Jahre früher oder später vollwüchsig
wird, das bedeutet hier nichts. Meiner Ansicht nach
wäre eine Bestimmung, daß beim Abholzen eine an=
gemessene Anzahl Samenbäume, von passenden Holz=
arten gewählt, stehen bleibe bis die Besamung erfolgte,

und daß die Schläge von der Viehhutung verschont werden, völlig genügen. Sieht die Forstverwaltung der Grenze darauf, so wird der Nachwuchs sicher erfolgen, wovon man sich im Walde überzeugen kann. Weshalb also dem Käufer Kosten ansinnen, wodurch nur der für einen solchen Waldtheil zu zahlende Preis sinken muß.

Der Preis für ein Joch abzustockender Wald schwankt zwischen 16 und 35 Fl. und man schätzt in dem Urwalde 80—120 Klftr. per Joch. Zum Holzschlagen läßt man häufig Italiener und Oberkrainer kommen, welche für geschickte Holzknechte gelten. Für die Klafter wird 1 Fl. Schlägerlohn bezahlt; aus den Grenzwaldungen nach Siebenbürgen zu kostet die Klafter bis Karansebes 3 Fl. im Transporte und auf dem dortigen Markte wird die Klafter Buchenholz mit 6 Fl. 30 Kr. österr. Währ. bezahlt. So erzählte uns der Holzhändler, den wir in Terregova trafen.

———

Bald hinter diesem Stationsorte gelangt man in das Thal der Temes, hier schon ein stattlicher Waldstrom, obwohl er nicht weit aus dem Gebirge kommt. Der Weinbau hört schon vor Terregova auf, man bemerkt die Nähe des Hochgebirges in der rauheren Lage. Die südliche Vegetation im Walde verschwindet nach und nach, Glimmerschiefer tritt an die

Stelle des Kalkes, Wiesenbau wird in den Thalhän=
gen vorherrschend und neben diesem wird in einigen
Dorfschaften mehr Waitzen gebaut. Das sind böhmische
Orte, sie zeichnen sich durch einen besseren Ackerbau
vortheilhaft aus. Selbst unserem wallachischen Kutscher
fiel dieser bessere Zustand auf, als wir in einem sol=
chen Dorfe hielten, um Hafer für unsere Pferde zu
kaufen. Ueberhaupt ist diese Gegend wohl be=
baut, überall ragten weiße Kirchen aus dem dunklen
Grün der Obstbäume hervor, die weißen Häuser mit
den kleinen Gärtchen daneben zeigen eine gewisse Net=
tigkeit und es breitet sich eine Art Wohlhäbigkeit über
das Ganze aus. An den Wegen findet man viele
hohe und starke Kirschbäume. Von der Station Sla=
tina an öffnet sich das Thal, man tritt in eine weite
Thalebene, welche sich nach Karansebes erstreckt und
von da bei Lugos sich der großen nördlichen Banater
Ebene anschließt. Vor uns im Osten und Nordosten
entwickelte sich das siebenbürgische Grenzgebirge in der
ganzen Pracht eines schönen sonnigen Morgens. Es
war Sonntag, je mehr wir uns der Stadt näherten,
desto mehr geputzte Wallachen begegneten uns auf ihrem
Kirchgange. Aber auch wallachische Viehtreiber mit großen
Ochsen= und Büffelheerden und ganz wild aussehende
siebenbürgischen Bergwallachen mit hohen zotteligen Pelz=
mützen, Schafheerden treibend, belebten die Straße.

Karansebes, die Regimentsstadt mit etwa 4000
Einwohnern, hat in der Ebene, an der Temes,

etwa 5 Stunden vom Gebirge ab, eine milde, freund=
liche Lage. Sie ist nett gebauet, doch nicht so regel=
mäßig wie Weißkirchen, aber wohl noch mehr, wie dieses
eine reine Militairstadt. Man sieht fast nur Solda=
ten und viele Officiere. Es ist hier ebenfalls ein
Militair = Erziehungshaus, dessen Leistungen gerühmt
werden, besonders wird auf Mathematik gehalten, wes=
halb auch für die technischen Waffen viele tüchtige
Officiere daraus hervorgehen sollen.

Nach einer kurzen Rast wendeten wir uns wie=
der dem Gebirge zu, um das große Eisen=Hüttenwerk
Rußberg hart an der siebenbürgischen Grenze zu be=
suchen, welches in einem engen Thale umgeben von
mächtigen, schön bewaldeten Bergen liegt. Rußberg
gehörte bis vor einigen Jahren einer Familie Hofmann,
jetzt ist es im Besitze der Fürsten von Fürstenberg
und des Baron Louis von Haber aus Wien. In
der Gesellschaft dieses fein gebildeten und kenntniß=
reichen Mannes, seines liebenswürdigen Sohnes und
der Familie des Directors der Werke, brachten wir
einige angenehme und lehrreiche Tage zu. Wir hatten
große Pläne von einer Gemsjagd und Alpentour,
allein der strömende Regen und dicke Nebel zwang uns
in niedrigeren Regionen zu bleiben.

Rußberg lang gestreckt in einem engen Thale, ist
von Wallachen und Deutschen bewohnt, auch einige
Zigeuner haben sich hier festgesetzt. Sie leben sämmt=
lich von Berg=, Hütten= und Waldarbeit. Die Werke,

welche in einem ziemlich verfallenen Zustande von der neuen Gesellschaft übernommen worden sind, so daß gegenwärtig überall große Bauthätigkeit herrschte, liegen außer in Rußberg noch an drei verschiedenen Punkten. Im Thale hinauf etwa eine Stunde weit ist eine Hohofenhütte mit zwei neuen Oefen und eine große Gießerei, sie heißt Ruskitza. Dann übersteigt man die Höhe von Teu=urssu, ein Paß von 3000 Fuß, mitten im mächtigsten Urwalde belegen. Hier war es, wo Bem im Jahre 1849 von allen Seiten gedrängt, nur noch von wenig Getreuen begleitet, das Gebirge überschritt, um in die Wallachei zu entkommen. Auf dem Kamme tritt man aus der Militair= grenze in das Provinziale, in das Bezirksamt Lugos über, fährt auf einem guten, von der Hüttenadmini= stration gebauten Wege in das Thal von Lunkany hinab, wo sich nebst einer entschlafenen Wasserheilan= stalt, welche in großem Umfange angelegt war, ein zu den Rußberger Werken gehörender Hohofen im Gange befindet. In Rußberg selbst sind mehrere Frischfeuer, die Magazine, der Hauptsitz der Beamten und endlich ist auf dem Wege nach Karansebes zu Ferdinandsdorf noch eine große Walzhütte, Frischfeuer und dgl. belegen.

Das Erz, welches größtentheils in der nähern Umgegend der Hohöfen gewonnen wird, ist vorzüglich rother und gelber Thoneisenstein und Glaskopf. — Früher wurden hier auch silberreicher Bleiglanz ge=

wonnen und in einer Silberhütte zu Gute gemacht, allein die Ergiebigkeit der Gruben hat nachgelassen und sie sind eingestellt. Die Gebirgsarten sind sehr wechselnd, Urkalk, oft ganz marmorartig, ferner Gneus und Glimmerschiefer, bilden die Hauptformation. Die Berge, steil, scharf begrenzt, sind schön gruppirt und steigen zum kahlen Gemsgebirge bis zu mehr als 7000 Fuß hinan. Die Thäler bilden enge und tiefe Einschnitte.

Der Betrieb sammtlicher Werke ist auf Holzkoh= len eingerichtet, welche theils in den zu der Besitzung gehörigen großen Wäldern, theils in den von dem Re= giments=Commando in Karansebes auf Abstockung ge= kauften Wäldern dargestellt werden. Die Hauptholz= art ist Rothbuche, ihr beigemischt sind Ulme, Esche, der Bergahorn, Birke, und, jedoch erst von 2500 Fuß Berghöhe, die Weißtanne. In den Thälern trifft man außer verschiedenen Weiden noch die Schwarz= wie Weißerle. Die ganze Waldvege= tation ist kräftig, man sieht namentlich Buchen von einer Höhe und Stärke, wie sie aus unsern Wäldern längst geschwunden sind, genauere Untersuchungen über die Wachsthumsverhältnisse anzustellen, gestattete in= dessen das schlechte Wetter nicht. Zu unserm nicht geringen Erstaunen trafen wir unter den Köhlerleuten eine Anzahl Schwarzwälder, welche die Wallachen anlernen sollen. Die Leute waren zufrieden, nur von meinem Vorschlage, sich mit einer hübschen Wallachin

zu verheirathen, wollte ein junger Köhlermeister nichts
hören. Ueberhaupt wird viel für Verbesserung
der Köhlerei gethan. Herr von Haber hat zu dem
Zwecke einen tüchtigen Mann als Forstinspector, eben=
falls vom Schwarzwalde, engagirt und es wird auf
diese Weise bald die Holz verschwenderische slavische
Verkohlungs=Methode einer rationelleren Platz machen.

Schon in Lunkany hatten wir gehört, daß die
Gegend durch eine starke Räuberbande unsicher gemacht
werde, welche in den großen Wäldern der Umgegend
sich umhertrieben, in welcher noch so ein echter Tummel=
platz für das Räuberunwesen ist, aber ohne die Romantik,
womit dasselbe bei uns geschmückt wird. Hier tritt
man ihnen in der Nüchternheit der nackten Raubsucht
und Grausamkeit feiger Wallachen entgegen. Auf dem
Rückwege nach Rußberg begegneten wir einem militairi=
schen Streifcommando von etwa 50 Mann mit einem
Officier an der Spitze, welche der Bande, die auf
44 Köpfe angegeben wurde, nachsetzen wollten. Im
Allgemeinen hüten sich die Räuber vor der Grenze,
sie fürchten die Energie der Militairbehörden und die
rasche Justiz, denn auch hier hörte ich die Ordnung
in der Grenze und den befriedigenden Geschäftsgang
im Vergleich mit der Unwirthschaft im Provinziale
nur loben.

So wohl es uns in Rußberg auch war, so
mußte doch an den Abschied gedacht werden. Als wir
auf dem Rückwege Karansebes verließen, begann das

Gewölk sich zu zertheilen und gegen Abend konnten wir die reizende Aussicht auf das Gebirge im vollen Maße genießen. Schnee bemerkten wir in Masse, er war aber frisch gefallen, denn acht Tage später, wo ich abermals einen Blick auf dieses Gebirge thun konnte, war nichts mehr davon zu sehen. Nackte Felsen mit dem, selbst von weiter Ferne deutlich sichtbaren dunkeln Gürtel der Krummholzkiefer, aber keine Schneeberge begrenzten den Horizont.

Wir hatten von Karansebes eine westliche Richtung nach Reschitza zu eingeschlagen und bemerkten bald an den äußerst schlechten Wegen, daß wir die Grenze verlassen und den Bezirk des Kreisamtes Lugos betreten hatten. Der Unterschied ist zu groß und mögen die Gründe sein, welche sie wollen, so erscheint es unverantwortlich. Ohne meine scharfen Augen hätten wir auf der Kreisstraße in dem Dorfe Ezeres am Abend dieses Tages wahrscheinlich den Hals gebrochen. Mitten auf der Straße war eine Brücke fortgerissen, ohne eine Barriere oder dergl. lag der Abgrund offen da und wir waren schon ganz dicht davor, als meine alten Jägeraugen denselben entdeckten. Das war eine Kreisstraße, sie führt von Dravicza nach Lugos und der Kreis muß sie erhalten. Der Fall aber war nicht vereinzelt, denn am folgenden Tage sahen wir auf derselben Straße noch 4 oder 5 fortgerissene Brücken, wo man durch schlechte Furthen der Waldbäche fahren mußte. Die Ruinen aber

16*

lagen schon über Jahr und Tag, man erzählte uns, daß alle diese Brücken im Sommer 1858 fortgerissen seien. Und beim Kreisamte in Lugos ist ein eigner Straßenbaubeamter angestellt! — —

Die Gegend, welche wir durchreisten, war ein fruchtbares Hügelland, wohlangebauet, wenn auch die Landwirthschaft eben nicht den neuern Fortschritten entsprechend betrieben zu werden scheint. Es ist ein reiches Land und die Vorstellung, welche man sich gewöhnlich davon zu machen pflegt — wild und wüst — trifft durchaus nicht zu. In der That findet man in diesem abgelegenen Winkel viele Dörfer, die weit netter und ordentlicher aussehen als manche an den großen Straßen in Böhmen.

In Reschitza wurde ein längerer Halt gemacht, um dieses schöne Werk gründlich zu besehen, ich habe davon schon früher gesprochen. Wir gingen darauf nach Steierdorf zurück, womit diese genuß= und lehr= reiche Rundreise beschlossen wurde.

VIII.

————

Außer den Wäldern in der Militairgrenze hat das Banat nur noch einen Hauptwaldstock in dem Be= sitze der Staats = Eisenbahn = Gesellschaft, die übrigen Wälder sind ganz unbedeutend. Ich werde hier vor= zugsweise nur von den gesellschaftlichen Wäldern spre= chen, da ich diese mehr zu sehen Gelegenheit fand. Der geneigte Leser braucht indessen nicht zu fürchten, durch eine regelrechte forstliche Beschreibung gelang= weilt zu werden, das liegt nicht im Zwecke dieser Schrift, ich werde mich bemühen ein Bild vom Walde und so weit ich es kann, von der Wirthschaft zu ge= ben, ohne jedoch die andern Gegenstände, welche bei meinen Wanderungen vorkamen, von der Hand zu weisen.

Die Forsten der Gesellschaft sind, wie ich früher schon bemerkte 156604 Joch groß mit 14879 Joch unbestockter Fläche. Durchgehends Gebirgsforsten, stocken sie in der Hauptsache auf Kalk. Den Hauptbestand bildet die Rothbuche, neben ihr verdienen die Zerreiche und Stiel= eiche, die Ahorne, Esche, Ulme, Linden, Weißbuche, Bir= ken, Erlen und vielen andern Baum= und Straucharten von untergeordneter Wichtigkeit und von den Nadel= hölzern nur die Weißtanne, genannt zu werden. Zu= sammenhängende größere Bestände bildet nur die Buche, wenn ich einen Eichenbestand von etwa 800 Joch, den ich bei Neu=Moldova sah, ausnehme. Er war von der Stiel= und Zerreiche gebildet und hatte im All= gemeinen einen so guten Wuchs nicht, als ich mir ge= dacht hatte, besonders erfüllte die Zerreiche bei näherer Bekanntschaft meine Erwartungen nicht. Die Wald= vegetation ist sehr reich. Bei einer Excursion in den Moldovaer Wäldern zählte ich 52 verschiedene Baum= und Straucharten, während an dem, wegen seiner mannig= faltigen Vegetation bekannten Basaltberge Milleschau bei Teplitz nur deren 38 aufgefunden wurden. Dabei überall eine üppige Entwickelung der einzelnen Indi= viduen, in reicher Krone, vollen Blättern, hohen, glat= ten Stämmen, so bedarf es keiner lebhaften Einbildungs= kraft, um sich die Mannigfaltigkeit und Pracht dieser Wälder auszumalen. Die Berge, schön gewölbt, wie ein grünes bewegtes Meer durch die welligen über ein= ander gruppirten Baumkronen, wechseln anmuthig mit tiefen Thälern, in welchen man die versteckt liegenden Orte wohl ahndet, aber nicht sieht. Dann fesselt unser Auge eine lange grüne Wand an einem Thalgehänge,

aus dem einzelne Felsen hervorstehen, schroffe Hänge,
oder Hochebene. Wo man eine Umsicht hat, giebt es
ein Waldbild, wie man selten sieht, nichts als Berge
und Bäume, während die Fernsichten in die Banater
Ebenen zu unsern Füßen ein liebliches Bild der mensch=
lichen Betriebsamkeit entrollt. Das Gebirge wäre wunder=
schön, wenn es mehr Wasser hätte.

Wie so ganz anders zeigt sich doch der lustige, be=
wegliche Laubwald gegen den düstern, starren und steifen
Nadelwald und ebenso verschieden ist der Eindruck, den
wir dadurch auf unser Gemüth empfangen. Niemand
kann sich dieser Einwirkung entziehen, wenn er sich
derselben auch nicht bewußt wird, denn Gott spricht
durch die Natur mächtig zu unseren Herzen. Wo ich
noch war, fand ich eine Uebereinstimmung des Volkes
mit dem Walde, nur hier nicht unter den Wallachen.
Nadelwald stimmt die Menschen ernst, die Sagen, die
Lieder tragen diesen Charakter, wogegen der Bursch oder
das Mädel, im Laubwalde erwachsen, eine fröhliche
Melodie singt und lustige Schwänke erzählt, aber der
Wallach ist ernst in Lied, im Tanze und seinem ganzen
Auftreten. Ist hier wohl die Macht der Knechtung
größer, als die der Natur? —

Voll geschlossen stellt sich uns der Wald dar, wenn
auch nicht forstlich vollkommen, wo wir ihn fern von
den Orten besuchen, in der Nähe derselben dagegen
sehen wir die Eingriffe der Menschen, mehr aber noch
deren Unverstand an den vielen kahlen elenden Hut=

weiden, welche ich auf meiner Reise schon öfter erwähnt
habe. Es ist eine Geschichte aus der ärarischen Zeit,
wie sie schon viel da gewesen ist und noch wiederkehrt.
Zum Nutz oder Frommen der Leute, welche aus der
Geschichte was lernen, werde ich sie erzählen.

Es war ein Mal ein wohl angesehener Forstmann
— der Name thut nichts zur Sache — Oberwald=
meister im Banate. Der Mann hatte davon gehört
oder gelesen, daß es für den Wald sehr wohlthätig sei,
wenn keine Ochsen, Ziegen und anderes zahmes Vieh
im Walde weidete, und hatte nichts eiligeres zu thun,
als dieser Idee im Banate Eingang zu verschaffen. Es
wurde also jeder Gemeinde eine große Waldfläche zur
Viehweide übergeben, sonst aber mußten die Thiere den
Wald meiden. Die Folge davon war ganz natürlich
die, daß die Weidefläche bald kahl wurde, im günstigsten
Falle mit elendem Angerrasen bewachsen, dem Viehe
dürftige Nahrung gewährend, vielfach aber in von Wasser=
rissen durchfurchtete öde Hänge verwandelt warden. So
liegen sie nun viel im Banate umher, unsere Augen
beleidigend und Zeugniß gebend, wohin ein mißverstand=
ner Lehrsatz führt, während bei der Ueppigkeit der Gras=
und Kräuter=Vegetation, im Walde viel Vieh weiden
könnte, ohne wesentlichen Nachtheil zu thun. Man schließt
so oft von den augenscheinlichen Nachtheilen, welche durch
unbeschränkte Waldhute entstehen auf die Schädlichkeit
derselben überhaupt und macht dabei jedenfalls einen
nationalökonomischen Fehlschluß. Allerdings wird die

Waldweide immer einige Nachtheile mit sich führen, allein bei einer entsprechenden Schonung der Jung= wüchse und einer sachgemäßen Regelung des Weide= ganges überhaupt, wird der Vortheil den Nachtheil überall da überwiegen, wo der Natur der Dertlichkeit nach Weidegang geboten ist. Und das findet mehr oder minder in allen Gebirgsgegenden statt. Dort halte ich die Regulirung der Waldweide, wie solche das österreichische Gesetz vorschreibt für geboten, nicht aber die Ablösung, noch weniger die Abtretung vom Forstgrund, weil das in der Regel so beklagenswerthe Folgen hat, wie wir im Banate sahen.

Eine Waldwirthschaft auf rationelle Grundlagen basirt, wurde zur Zeit der kaiserlichen Verwaltung nicht geführt, wenigstens sieht man im Walde nicht eine Spur davon, denn die Durchhiebe, welche gemacht sind (Schneißen) lassen nicht begreifen, was man für einen Sinn damit verbunden hat. Man hauete eben da, wo man es für gut fand, ohne einen erkennbaren Plan, eine Plänter= oder Plünberwirthschaft, wie es die Bedürfnisse der Werke und Bewohner mit sich brachten. Deshalb sieht man auch sehr wenige ge= schlossene Jungwüchse, wohl aber eine große Masse Urwald oder Urwald ähnliche Bestände, wo junge und alte, faule und gesunde Bäume bunt durcheinander stehen. Ein Wald, wo noch große Schätze aufgespart sind, aber auch große Massen verloren werden, durch Lagerholz, Faulwerden der alten Stämme und durch nicht entsprechenden Zuwachs des gesunden Holzes. Man sieht, daß es im Ganzen an Absatz fehlt, wenn auch die Wälder, welche den Holzkohlen consumirenden Hütten näher liegen, eine reichliche Abgabe zu tragen haben werden, wenn der Betrieb so schwunghaft fort= gesetzt wird, als jetzt. Aber es fehlt im Innern des Waldes auch an nur einigermaßen guten Wegen, und doch sind sie für den Verkehr mit Holz eine unbedingte Nothwendigkeit.

Die gegenwärtige gesellschaftliche Forst=Verwaltung ist bemühet, manches zu bessern, ob sie in der Er= greifung der geeigneten Mittel immer ganz glücklich war, darüber werden wir später noch einiges sagen. Das Oberforstamt in Oravicza mit einem Oberforst= meister an der Spitze, verwaltet die Forsten und Do= mänen des ganzen Besitzes. Letztere sind meistens verpachtet und von den vielen und großen Wiesen wird das Gras verkauft. Das Oberforstamt hat 5 Abtheilungen, das Secretäriat mit 2 Beamten, die Buchhaltung mit 3, die Betriebsleitung mit 3—4, die Bauleitung mit 5 und die Vermessung mit 4 Be= amten und einem Zeichner. Außerdem sind dem Ober= forstmeister noch ein Rechtsconsulent, ein Forstingenieur und einige Eleven zugetheilt. Jedenfalls ein reichliches Per= sonal, welches auf etwas viel Schreiberei schließen läßt.

Das Oberforstamt, insbesondere der Chef, hat die Leitung des Betriebes und dem entsprechend die örtliche Controle. Für die Betriebsführung sind 9

Forſtämter errichtet, welchen ein Forſtverwalter vor=
ſteht und bei dem der Forſtcontroleur die Rechnungs=
Geſchäfte beſorgt.   Unter dieſelben ſtehen die Förſter,
Forſtwarthe, Waldaufſeher und ſonſtiges Schutzperſonal.
Aus der Zahl der Waldaufſeher werden die Kohlungs=
und Fuhraufſeher genommen. Das Beamten=Perſonal,
ſowie ein Theil der Schutzmannſchaft ſind, mit we=
nigen Ausnahmen, beritten. Gegenwärtig beſchäftiget
man ſich mit der Vermeſſung der Forſten und Entwerfen
von Betriebsplänen.. Anerkennenswerth iſt es, daß die
Central=Direction bei den Forſtämtern metereologiſche
Stationen errichtet und dieſe mit Barometer, Ther=
mometer und Regenmeſſer verſehen hat. Ob dieſe mit
andern metereologiſchen Stationen in Verbindung ſtehen,
weiß ich nicht, jeden Falls wär es aber für die Wiſ=
ſenſchaft wünſchenswerth.

Begleiten mich die Leſer nun in den Wald und
zur Jagd.

Am frühen Morgen eines heiteren Herbſttages
brachen wir von Steierdorf auf, um einige Tage ganz
dem Walde zu leben, zunächſt mit einer Jagd zu be=
ginnen. Wir waren 14 Perſonen, alle zu Pferde mit
einer Anzahl Hunden. Unſer Weg führte uns bald in
einen mächtigen Urwald, Buchen von 150 Fuß Höhe bis
6 Fuß Durchmeſſer waren nicht ſelten. Wir ritten
luſtig weiter, immer bergan, immer im alten Walde
fort, oft mußten unſere kleinen Gebirgspferde über um=
gefallne, faule Stämme ſetzen, dann ſich durch dichtes

Gebüsch, durchrankt mit Brombeern, eine Bahn brechen. So kamen wir allmälig auf eine Bergebene an der Militairgrenze, wo in dieser mit zuvor eingeholter Erlaubniß der erste Trieb gemacht werden sollte. Es galt vorzüglich Rehe, allein es waren in der Nähe einige Bären gespürt worden und so hatten wir uns vorsorglich auch mit Kugeln versehen.

Das Wild ist in diesem Theile der Banater Wälder nicht häufig. Rehe, Hasen und Gemsen, letztere auf dem Hochgebirge in der Grenze, sind die einzigen nutzbaren Haarwildarten. Rothwild gab es vor 1848 in der Grenze nicht selten, allein die moderne Jagdbehandlung hat es ganz ausgerottet. An Vogelwild findet man Haselhühner, Feldhühner, Wachteln, Schnepfen, diese an manchen Orten sehr viele, so erzählt man uns, daß bei Karansebes in einer mit Buschholz bewachsenen Niederung wohl 50 bis 60 dieser Langschnäbel in einem Tage erlegt würden. In den sumpfigen Niederungen an der Donau giebt es Bekassinen und Wasservögel aller Art in großer Menge. Drosseln und andere Singvögel beleben den Wald, am reichsten sind aber die Raubvögel vertreten, vom mächtigen Steinadler und vom Aasgeier bis zum Sperber, keiner fehlt. Auch die Raubthiere erfreuen sich im Schutze dieser Wälder ihres Lebens. Der Bär und Wolf, selten der Luchs, sind stets zu treffen, besonders der freche Wolf thut manchen Schaden. Bei einer Excursion in Moldova hörten wir einige Schüsse, natürlich ritten wir darauf

zu und trafen an der Grenze einige wallachische Schaf=
hirten, welche eben auf einen Wolf gefeuert hatten,
welcher sich am hellen Tage einen Hammelbraten hatte
holen wollen. Ich selbst spürte und zwar zum ersten
Male in meinem Leben, obwohl ich häufiger in wolf=
reichen Ländern gewesen war, am zweiten Tage dieser
Tour, dicht bei Franzdorf einen mächtigen Wolf,
welcher frisch über den Weg gewechselt war. Das kleine
Raubzeug, wie Füchse, Marder aller Art, Iltis, Wiesel,
Fischotter und Grimbart oder Dachs, sind in ziemlicher
Zahl vorhanden.

Man jagt im Walde stets mit Hunden, einer Art
Bracken oder hochbeinigen Dachshunden. Wo man Wild
vermuthet werden sie abgekoppelt und die Jäger stellen
sich entweder auf die bekannten Wechsel an, oder folgen
der Jagd. Wer dabei am schnellsten ist, trägt gewöhn=
lich die Beute davon. Auf dem Felde wird auch der
Hühnerhund verwendet. — Die Wölfe erlegt man meistens
auf dem Anstande oder kreist sie bei frischem Schnee
ein, was nicht selten mit Erfolg belohnt wird. Die Ver=
minderung der schädlichen Raubvögel geschieht häufig
auf der Krähenhütte. Für alles Raubzeug wird von
der Gesellschaft Schießgeld gezahlt.

Doch nun zu unsrer Jagd zurück. Wir koppel=
ten die Pferde zusammen, stellten uns an, die Hunde
jagten und ein Rehbock war die Beute. Nun aber kam
ein Intermezzo. Als der glückliche Schütze mit seinem
Bock auf dem Rücken zur übrigen Jagdgesellschaft gehen

wollte, kam ein Waldaufseher von der Grenze, und
wollte nicht nur unsre Beute, sondern auch das Ge=
wehr des Jägers, eines steierschen Waldaufsehers, haben.
Darüber entspann sich ein heftiger Wortwechsel, es machten
einige von unserer Seite noch dazu gekommene Wald=
aufseher dem Mann begreiflich, daß es unklug sei,
mit Mehren anbinden zu wollen „und das mit Steie=
rer, sagte der Mann, die werden doch ihre Gewehre
nicht sogleich abgeben!" Es kam so weit, daß der
Grenzer sein Gewehr anschlug, allein die Thorheit
eines solchen Unternehmens wurde ihm eben hand=
greiflich beigebracht, als der Förster, unser Jagdgeber,
dazu kam und den Streit schlichtete, indem er den
Grenzer, welcher sagte, daß sein Förster ganz in der
Nähe sei, auftrug, diesen seine Einladung zu einem
Waldfrühstück zu überbringen. Wir behielten unsern
Rehbock und jagten weiter, machten noch einige Treiben,
erlegten nichts und wendeten uns dann zu einem der
wichtigsten Jagdgeschäfte, dem Frühstücken.

Ehe wir jedoch zu dem bestimmten Platze gelangten,
hatte ich noch Gelegenheit, eine forstliche Operation zu
betrachten, wie ich sie noch niemals gesehen auch nicht
geahnt hatte, daß so etwas im Gebiete meines Faches
vorkommen könne. Es fehlt im ganzen Banate an
Nadelholz, denn die Tanne ist nicht so häufig, daß
dadurch alle Anforderungen befriediget werden können.
Diese Betrachtung veranlaßten vor etwa 20 Jahren
den verstorbenen Waldmeister Dragolina vom wallachisch

banater Regimente den Vorschlag zu machen, die Buchen zu ringeln, damit sie nach und nach abstürben und unter ihnen die Tannen aufkommen könnten. Der An=trag fand die Billigung des Obristen und es rückten einige Compagnien aus, um diese merkwürdige Operation über 20,000 Joch Buchenurwald von etwa 100—150 Jahre alt, vorzunehmen. Ich bin zweifelhaft, ob mehr Muth dazu gehört, einen solchen Gedanken zu fassen, oder ihn sofort auf 2¼ Quadratmeilen auszu=führen. Was waren die Folgen? Der größte Theil der geringelten Buchen wurde rasch trocken; die Kro=nen brachen ab und jetzt stehen davon die trocknen Stum=pen weithin sichtbar, als Wahrzeichen des forstlichen Unverstandes da. Ein kleiner Theil grünt kümmerlich fort, nebst diesen haben einige alte Linden die Operation leidlich überstanden, welche schwachen Reste das Ober=holz bilden. Unter diesen hat sich ein undurchbringliches Dickicht von Weichhölzern gebildet, theils Stockaus=schläge, welche überhaupt in diesen Wäldern mit großer Kraft, selbst noch von 80—90jährigen Bäumen erfol=gen, theils durch Anflug entstanden, mit einem Gewirre von Waldkräutern, namentlich Brombeeren durchwachsen, daß man nur mit der äußersten Mühe durchbringen kann. Aber von Tannen nicht eine Spur. Diesen merkwürdigen Forstort benennt das Volk als „Große Puscas". Gewiß sehr treffend wenn man das Wort, wie es ausgesprochen wird Buschkasch übersetzt, was es wohl noch ein halbes Jahrhundert bleiben wird.

Auf unserm Frühstücksplatze, einer Waldwiese, 3339 Fuß hoch im Gebirge belegen, Pojana ruszulai genannt, erwartete uns schon der Revierförster des benachbarten Franzdorfer Reviers mit einigen Waldaufsehern, natürlich alle zu Pferde. Unsre Pferde wurden abgesattelt, einige gespannt, die meisten aber frei auf der Wiese laufen lassen, wir machten ein großes Feuer an und aus den Quersäcken wurde Fleisch hervorgelangt, welches an einen hölzernen Spieß geröstet ward. Man nennt das einen Räuberbraten und es giebt eine ebenso empfehlenswerthe Speise, wie ein Spanferkel, welches wir bei einer andern Gelegenheit im Walde brateten. Jäger sind in der Regel lustige Gesellen, guter Wein fehlte nicht, so ging die Zeit rasch hin, daß wir uns ungern von dem Waldlager trennten als uns die Sonne daran erinnerte, daß wir noch drei Meilen zu reiten hätten, ehe wir Franzdorf, unser Nachtquartier, erreichen könnten. Der größte Theil unsrer Jagdgesellschaft kehrte nach Steierdorf zurück, wir, fünf Weidmänner, folgten unserm freundlichen Führer, dem Förster nach Franzdorf.

Wir ritten in dem Bersava=Thale hinab, sahen noch eine große Fläche geringelten Wald, blieben übrigens im Urwalde bis fast vor Franzdorf. Etwa eine halbe Stunde vor diesem Orte, durchritten wir eine neue Holzhauerkolonie, welche noch in Bau begriffen, doch fast vollendet war. In diesem Reviere, das zum Reschitzaer Forstamte gehört, ebenso in dem angrenzenden

Forstamte Krassova ist wegen der Kohlenlieferung nach Reschitza ein großer Betrieb. Eine der größten Schwierigkeiten bildet dabei die Beschaffung der Arbeitskräfte, und um sie zu erlangen, kommen die verschiedensten Nationalitäten zusammen, Franzdorf liefert Steierer und Wallachen, Weidenthal und Wolfsberg, Böhmen, sonst findet man noch Polen, Slovaken, Ungarn, Serben und Italiener, welche letztere als Holzschläger sehr beliebt sind. Um diesen Arbeitermangel einigermaßen abzuhelfen, beabsichtiget die Gesellschaft die neue Colonie mit Holzschlägern aus Kärnthen zu besetzen, welche man besonders wegen ihrer Geschicklichkeit im Holzbringen zu haben wünscht.

Die Sonne ging rein unter als wir in Franzdorf einritten und versprach einen schönen Morgen für den folgenden Tag, wo wir die große Muntje besuchen wollten. Der Name des Dorfes klang so deutsch, es war auch 1793 von Steiermärkern angelegt, jetzt wohnen zur Hälfte Wallachen darin. Im gastlichen Hause des Revierförsters verging uns in Gesellschaft dreier liebenswürdigen Damen, der Frau des Försters und zwei Französinnen, Mutter und Tochter, welche ebenfalls der grünen Farbe angehörten, rasch der Abend.

Als wir uns am folgenden Morgen zu Pferde setzen wollten, wurden wir angenehm durch die Nachricht überrascht, daß die Damen uns auf unserer Waldtour begleiten wollten. Niemals vorher hatte ich eine ähnliche vorgenommen. Natürlich alles zu Pferde rückten

wir in folgender Ordnung aus. Born drei Waldauf=
seher mit hohen steirischen Hüten, bewaffnet mit Büchs
und Hirschfänger, dann die Damen und wir fünf Forst=
leute, von denen nur ich unbewaffnet war und drei
ebenfalls bis an die Zähne bewaffnete Waldauffeher
machten den Schluß. Auf meine Frage, ob denn die
Gegend so unsicher sei, daß Alle mit Waffen zu Holze
zögen, hieß es: das eben nicht, aber es ist doch besser
Waffen mitzuführen, man ist sicherer. — Man be=
findet sich in einem Landstrich, wo gewaltsame Angriffe
gerade nicht zu den Seltenheiten gehören.

Die Muntje Semenik, eine Almkuppe von 4590
Fuß, schauete uns hell und freundlich an, wie wir
Franzdorf verließen. Durch schöne Jungwüchse, wo
mir besonders einige Nadelholzanlagen beachtenswerth
erschienen, kamen wir in ältere Buchen=Bestände und
diese begleiteten uns, wenn auch nach der Höhe zu
an Länge, Stärke und Schönheit des Wuchses abneh=
mend, bis an den Rand der Bergebene. Die Muntje
hat oben eine große Alpenwiese, Wallachen waren eben
beschäftiget das Heu in Schober zu bringen. Nur einzelne
Felskegel von Glimmerschiefer stehen aus der Ebene
hervor, von diesen aber hat man eine ungemein groß=
artige Umsicht, sowohl in das Thal von Karansebes
und auf das siebenbürgische Grenzgebirge, als auch auf
die Banater Wälder und in die weite Ebene, durch
welche man, aber nur wie ein Silberstreifen die
Donau sich winden sieht. Es ist ein überaus schöner

Punkt und wir waren von dem Wetter so begünstiget, daß uns alles das in die heiterste Stimmung versetzte und über den Rasen hin ein tolles Jagen begann, von welchem die Damen, wie das Alter angesteckt wurde. Es war ein schönes, lebendiges Bild, aus der Steppe oder dem amerikanischen Hinterlande, wie diese bewaffneten Männer, die Frauen mit wehenden Schleiern so durcheinander jagten, bald einzeln, bald in großen Trupps, so frisch, daß ich es niemals vergessen werde.

Auf der Höhe der Muntje entspringt eine sehr reiche, herrliche, klare und frische Bergquelle, die Adlerquelle genannt, von welcher der Wallache sagt, hier badeten sich die Adler und davon erhielten sie ihre Kraft. Dem wird nachgeahmt. Am Eliasfeste, den 1. August, versammelt sich bei dieser Quelle das wallachische Volk der Umgegend, von einem Popa wird ein Gottesdienst gehalten und während der Nacht werden dann Waschungen aus derselben vorgenommen, welche gegen viele Krankheiten und Gebrechen helfen sollen.

Daß ein tüchtiges forstmännisches Waldfrühstück nicht fehlte, bedarf kaum einer Erinnerung, es wurde gewürzt durch die Freundlichkeit unsrer Wirthe und die Liebenswürdigkeit der Damen, so daß die Zeit rasch verstrich. Aber es ist nicht immer so schön auf diesen Höhen, die alten Bäume, unter denen wir uns lagerten, wissen sicher von manchem Sturme zu erzählen, wie dieses die dürren Wipfel und die vom Nord-Ost-winde ganz zur Seite getriebenen Aeste uns zeigten.

Auf den größern Höhen, welche von den vorliegenden
Bergen nicht mehr volle Deckung erhalten, tritt hier
der Nordost am heftigsten auf, während in der Banater
Ebene der Westwind unaufgehalten über die Pusta
Ungarns einherstürmt.

Auf dem Hinabreiten nach Franzdorf kam der Abend
und vergoldete die Versec'er Berge und die weite Ebene
mit ihren deutlich zu unterscheidenden gelben Kukuruz=
feldern. Als Waldbild fiel mir ein ausgedehnter,
gleichalteriger 40—60jähriger Buchenbestand auf, in
welchem nicht ein einziger alter Stamm stand, ein Be=
weis, daß man hier einst einen großen Schlag ange=
legt und zur rechten Zeit die alten Samenbäume weg=
genommen hatte. Mir war das besonders wichtig,
weil ich von einem Banater Forstmanne, in gewichtiger
Stellung, hatte die Ansicht aussprechen hören, daß man
in diesen Buchenurwäldern auf eine Nachzucht von
der Natur nicht rechnen könne. Ich hatte zur Zeit
dieses Gespräches noch wenig vom Walde gesehen, so
daß ich, so eigenthümlich mir die Behauptung auch
vorkam, doch mit Erfolg dieselbe nicht bestreiten konnte.
Mir scheint aber, wie ich jetzt die Wälder kenne, kein
Grund dazu vorhanden, wodurch eine solche gegen alle
Erfahrung streitende Anschauung gerechtfertiget werden
könnte. Ich glaube sogar das Gegentheil, nämlich,
daß bei einer rationellen Behandlung dieser auf dem
kräftigsten, jungfräulichen Boden und auf einer vor=
züglich zusagenden Gebirgsart stockende Buchen, bei

einem milden Klima, wo die Samenjahre doch nicht
so lange ausbleiben, die natürliche Verjüngung der
Buche durchaus nicht schwierig sein kann. Man rechnet
im Banate bei jedem Weinjahre auch ein Fruchtjahr
für die Waldbäume. Eine sehr reiche Weinernte pflegt
aller 9 Jahre, eine mittlere etwa aller 3 Jahre zu er=
folgen. Das entspricht auch den jungen Buchenpflanzen,
welche ich in den Banater Wäldern fand und wodurch
die Ansicht, daß sie nicht fortkommen könnten, glänzend
widerlegt wird. Die Frage ist für die Banater Wälder
und somit für das gesellschaftliche Interesse von der
höchsten Bedeutung und verdient eine gründliche unbe=
fangene Prüfung, weil man auf die, meiner Ansicht
nach falschen Ansicht gestützt, ein Waldwirthschaftssystem
zu begründen beginnt, welches, so weit ich es zu beur=
theilen vermag, die allerverderblichsten Folgen haben muß.

Von der Muntje aus bemerkte ich an der gegen=
über liegenden langen Bergwand, ebenfalls mit Buchen
bestockt, einen sehr großen Kahlhieb und das veran=
laßte mich, den Wunsch auszusprechen, am folgenden
Tage dorthin unsre Schritte zu lenken. Man führte
hier einen kahlen Abtrieb und beabsichtiget statt der Buche,
Nadelholz, insbesondere Tanne, Fichte und österreichische
Schwarzkiefer anzubauen, theils in Verfolg der Ansicht,
daß die Buche im Samenschlage nicht nachzuziehen sei,
theils um dem Mangel an Nadelholz abzuhelfen. Ich
halte es nun an sich schon für äußerst gewagt, in einer
Gegend, wo eine Holzart, wie hier die Fichte, von Natur

gar nicht fortkommt, sie anzubauen, besonders wenn man an der Grenze des natürlichen Vorkommens derselben, wie es hier offenbar mit der Fichte der Fall ist, steht. Dann aber spricht der Kalkboden mit seiner geringen Frische ebenso entschieden dagegen, wie der mächtige Gras= und Krautwuchs, welcher die zarten Fichtenpflanzen erstickt. Ich sah auf dem vorjährigen Schlage die so sehr verdämmende Belladonna, Königs= kerze, verschiedene Arten Kreuzkraut u. dgl. m., neben einer Masse von Aspenwurzelbrut und Stockausschlägen von anderen Weichhölzern schon in solcher Ueppigkeit, daß mir darüber kein Zweifel beiging, daß Fichten= anbau hier vergeblich oder doch übertrieben kostbar werden muß. Man hat selbst, wie ich im benachbarten Krassovaer Reviere sah, an einer langen ausgeprüg= ten Südwand mit so mächtigen Felsblöcken bedeckt, daß sie der Forst=Verwalter treffend, „das Leichenfeld" nannte, einen solchen Kahlhieb geführt, um daselbst Schwarz= kiefern anzupflanzen. Wenn auch diese Holzart noch am ersten auf dem Kalke fortkommen dürfte, so glaube ich, daß man dort wahrscheinlich eine Menge Leichen zu beklagen haben wird.

Jedenfalls verdient dieses noch eine nähere und schärfere Beobachtung, ehe man im Großen mit diesem Betriebe weiter vorschreitet, welcher mir, ich wiederhole es noch einmal, überaus bedenklich zu sein scheint. Unter den deutschen Forstleuten ist es ein Mal eine Manier oder Mode, die Nadelhölzer sehr zu begünstigen, oft recht oft auf eine nicht zu rechtfertigende Weise. Möge man sich doch ja vorsehen, in die schönen Banater Wälder so ohne Weiteres Uebertragungen vornehmen zu wollen, welche nun einmal beim Forstwesen gar nichts taugen. Das scheint mir die falsche Färthe zu sein, auf wel= cher man laut giebt.

Gewiß ist es zweckmäßig unter die Buche Weiß= tanne anzubauen, darauf weist die Natur hin, allein die Fichte, selbst wo man sie fortbringt, wird niemals ein gutes Bau= oder Nutzholz geben, noch weniger alt werden können. Mir wurde versichert, daß die weni= ger ältern Fichten, welche sich in der Umgegend von Franzdorf finden, schon bei 9—10 Zoll Durchmesser rothfaul zu werden beginnen. Einige Stämme, welche ich dort sah, gaben mir den Beweis der Richtigkeit dieser Ansicht. Sie tragen frühzeitig den Keim des Todes in sich.

Aber bei dem Anbau des Nadelholzes verdient auch die finanzielle Seite eine besondere Betrachtung. In allen Wäldern, welche eine hohe Rente nicht geben, wie das bei den Banater der Fall ist, hat man sich doppelt zu hüten, die Forstverwaltung mit hohen Cultur= kosten zu belasten. Man macht die Saatplätze zwar 6 Fuß auseinander, aber doch kostet das Joch 4 fl., dazu die unvermeidlichen Nachbesserungen nur mit 2 fl. veranschlagt, wird, den glücklichen Fall angenommen, daß die Culturen überhaupt gerathen, das Joch 6 fl. kosten. Darnach wird man leicht berechnen können, daß diese bis zur Haubarkeit mit den Zinsen zu einer erklecklichen Summe anlaufen. Wenn man aber die Möglichkeit hat, gute Bestände durch die Natur, also ohne irgend erhebliche Kosten nachzuziehen, ist es sicher ein Fehler, zum Anbau aus der Hand zu schreiten. Der Fehler aber wird hier um so bedenklicher, weil man zunächst für die gesellschaftlichen Werke vorzugsweise Brenn= und Kohlenhölzer braucht, als solche aber die Buche doch entschiedene Vorzüge vor den üppig aufgewachsenen, oft faulen Fichten hat.

Beim Uebertritt in das Krassovaer Forstamt kamen wir ebenfalls in sehr große Schläge, wo die Köhlerei im Betrieb war. Hier waren einzelne alte Baumgruppen, dem Anscheine nach, wie es der Zufall gewollt hatte, stehen geblieben. Besamung dadurch zu erzielen, konnte nicht der Zweck sein, denn es war kein Vorbereitungshieb vorhergegangen, es konnte also nur eine Art Schutzbestand vorstellen sollen. Der Forstbeamte belehrte uns später, daß man dieses vorzüglich des heftigen Windes wegen thun müsse, einzelne Bäume blieben nicht stehen und deshalb könne man keine Samenschläge stellen. Mir war die ganze Operation nicht klar, wenn man aber glaubt wegen der Gefahr, Windwürfe zu bekommen, Verjüngungsschläge nicht führen zu können, so erlaube ich mir, dasselbe zu bezweifeln. Ich glaube, daß — obwohl ich einzelne Windwürfe in den Beständen der Urwälder ziemlich viele gesehen habe — man doch nicht be=

rechtiget ist, davon einen Schluß auf die Samenschläge, wenn man einen Vorbereitungshieb hat vorhergehen lassen und dann überhaupt nicht zu licht hauet, zu machen. Ob man mit so regelrecht geführten Schlä= gen schon Erfahrungen gemacht hat? Nach dem, was ich sah, glaube ich es nicht. Die alten Stämme aber, welche man in dem Urwalde geworfen findet, sind mei= stens überalt, faul oder anbrüchig und ebenso oft ge= brochen als mit den Wurzeln ausgerissen. Diese Er= scheinungen können also nicht so gegen die Führung von regelrechten Samenschlägen sprechen, daß man sie von vorn herein, ohne Versuche damit anzustellen, verwirft. Diese Versuche dürften um so unbedenklicher sein, da die glückliche Einmischung der edlen Laubhölzer mit geflügelten Samen in die hiesigen Buchenbestände der Verjüngung eine gewisse Sicherheit gewährt, selbst wenn auch der Wind einmal etwas lichten sollte.

Der Köhlerei=Betrieb ist in diesen Forsten sehr bedeutend, da sie den Bedarf für die großen Reschitzaer Werke zu decken haben. Für die Köhlerei wirkt der Kahlhieb in Bezug auf die Kosten allerdings vortheil= haft, allein es beruhet das nur auf einer Täuschung, denn sicher muß man an Culturkosten mehr verwen= den als bei der Köhlerei gewonnen wird. Würde man auf die Waldwege diese Summe verwenden und dann eine natürliche Verjüngung betreiben, so wäre sicher der Vortheil für die Hütten größer, man würde an Fuhrlohn und an dem Fuhrverluste sparen.

Bei der Banater Verkohlung wird die flavische Methode stehender Meiler, etwa von durchschnittlich 12 Klaftern à 216 Cub. Fuß, räumlich enthaltend, angewendet. Sie hat den Nachtheil, daß die Köhler den Proceß sehr rasch beendigen und daher ein so gutes Ausbringen nicht haben können, als bei der deutschen Methode, wobei der Meiler etwa ein Drittel längere Zeit im Feuer steht. Auffallend war mir in den Kohlenschlägen, daß die Holzscheite nur drei Fuß lang gemacht werden, wodurch eine große Menge von Handgriffen mehr erforderlich sind, ehe ein Meiler gerichtet ist, welches nothwendig die Kosten vermehrt. Sobald die Köhlerei im Frühjahre beginnt, wird den einzelnen Kohlenkühren, welche gewöhnlich aus zwei Mann bestehen, so viel Kohlenholz zugetheilt, wie sie etwa in 6 Monaten verkohlen können. Dazu rechnet man 120—300 Klftrn. Nach dem Ergebniß einer zuvor unter der unmittelbaren Aufsicht des Försters, angestellten Probeköhlerei, wird der Kühre bestimmt, was sie ausbringen muß. Bei gutem Holze rechnet man an Kohlen-Ertrag von 216 Cub.-Fuß Holz höchstens 100 Cub.-Fuß, beides Holz wie Kohlen dem Raume nach gemessen. Doch wird dieses Ausbringen selten erreicht. Für das übernommene Holz ist die Kohlenkühre verantwortlich, bekommt den nach der Probekohlung sich am Ende ergebenden Ueberschuß bezahlt, muß aber auch das Fehlende ersetzen. Die Abfuhr der Kohlen geschieht in zweispännigen ge-

flochtenen Wagen, welche oben breiter sind als unten
und 80—130 Cub.=Fuß Kohlen fassen. Sie sind
meistens mit Ochsen bespannt.

Bei der Wichtigkeit des Köhlereiwesens für die
Banater Werke hatte ich hier eine größere Sach=
kenntniß erwartet. Man ist zwar aufmerksam und
giebt sich Mühe, um eine möglichst gute Verkohlung
zu erlangen, aber man versteht die Sache nicht ge=
nügend, um beurtheilen zu können, wo es fehlt.

————

Nachdem wir den Wald verlassen hatten, schlu=
gen wir den Weg nach Krassova ein, unter der un=
garischen Regierung der Hauptort eines der Banater
Komitate gleichen Namens, jetzt Sitz eines gesellschaft=
lichen Forstamtes. Die Kalkformation der Umgebung
trägt sehr scharf ausgeprägt das eigenthümlich Zerris=
sene dieses Höhlenkalkes, tiefe eingerissene Wasser=
betten mit steilen felsigen Ufern, tiefe trichterför=
mige Vertiefungen, Löcher, Schlotten und kleine Höhlen.
In der Umgebung dieses Ortes sind nur nackte kahle
Hutweiden mit einem dürftigen Angergrase bewachsen
und vielen Felsblöcken übersäet, und einen so freund=
lichen Eindruck der nett gebaute, reinliche Ort in
einem Walde von Obstbäumen liegend, machte, so
wenig befriedigte uns seine kahle, dürre Umgebung.

Krassova, in einem weiten Thale, an der Kar=
rasch, ist ein von Bulgaren bewohnter Ort. Dieser
Stamm wanderte um das Jahr 1391 in das Banat

ein, um in ihrer Heimath den Verfolgungen zu ent=
gehen, welche sie wegen ihrer Anhänglichkeit an den
katholischen Glauben zu erdulden hatten. Sie bilden
hier und in der Umgegend eine eigene Colonie und
haben sich bis auf diese Stunde in ihren Stammes-
Eigenthümlichkeiten erhalten, indem sie sich, schon der
Confessions = Verschiedenheiten wegen, nicht mit den
umwohnenden Wallachen oder Serben vermischen,
sondern stets unter sich heirathen. Auch in ihrer Tracht
unterscheiden sie sich von den Wallachen. Die Weiber
tragen zwar das Hemde so wie diese, allein mit ei=
nem abweichenden Muster in der Stickerei. Ueber das=
selbe wickeln sie, von der Taille ab, ein Stück brau=
nes Tuch, welches bis zum Kniee geht und mittelst
einer einfachen, braun = rothen Binde um den Leib be=
festiget wird. Auf dem Kopfe tragen die verheiratheten
Frauen eine ordentliche weiße Haube, welche zu bei=
den Seiten an dem oberen Theile des Kopfes und
nach hinten zu eine etwa sechs Zoll lange Spitze hat.
Sie sind eben so geschickt und fleißig, als die wallachischen
Frauen. Die Mädchen tragen die Haare in einem Zopf
oder ein einfaches Kopftuch von weißen Leinen. Die Klei=
dung der Männer nähert sich der der Wallachen. In ihren
Häusern sind sie weit ordentlicher und reinlicher als
diese, ich fand in einem sogar ein recht nett aufge=
räumtes Putzzimmer. Ihre Sprache hat Anklänge
von dem Südslavischen mit einer größeren Anzahl
romanischer Worte untermischt. Die Gesichtszüge

nähern sich bei den Männern etwas den Slaven und den Ungarn, die Formen des Gesichtes und des Körpers bei den Frauen sind eben so edel und schön, wie bei den Posanen, dieselben schmalen Füße und Hände und häufig sehr hübsche Gesichter findet man bei denselben. Auch sie haben die Unsitte des Schminkens, doch nicht so arg, wie ihre wallachischen Schwestern.

Die Krassovaer treiben vorzugsweise Viehzucht und Obstbau. Das Obst verführen sie frisch auf die Märkte der größeren Ortschaften. Der Feldbau beschränkt sich fast nur auf Kukuruz und Hanf. Durch das Frachten der Kohle, des Eisensteins und dgl. für die benachbarten gesellschaftlichen Werke haben sie einen guten Erwerb. Erst in der neuesten Zeit haben sie sich, wiewohl widerwillig, zur Waldarbeit und zur Köhlerei bequemt.

Rückblick und Schluß.

So hätten wir denn unsere Wanderschaft beschlossen. Werfen wir noch einen Rückblick auf das Ganze.

Mit einem wohlthuenden Gefühle verließ ich diese schönen und reichen Länder nicht. Ernsten Betrachtungen und bange Sorgen begleiteten mich auf dem Rückwege.

Herrlich ist die Natur, groß die Schöpfung des allgütigen Gottes in Berg und Thal, in Wald und Feld, vor Allem an dem Gestade der Donau. Sie hat ihren vollsten Segen über diese Gefilde ausgeschüttet.

Auch die Regierung hat in den letzten Jahren viel gethan um den materiellen Aufschwung dieser Gegenden zu heben. Eisenbahnen durchschneiden die Pusta, Dampfschiffe peitschen die Wogen der Donau, Canäle und gute Straßen vermitteln die innere Verbindung, Regulirungen der Ströme verschaffen der arbeitsamen Bevölkerung gesunde Wohnplätze. Die Berg= und Hüttenmännische Industrie hat sich auf eine, früher nicht geahnte Weise entwickelt. Die Aufhebung der Robbot und des Abhängigkeits=Verhältnisses von den Grundherren, so wie die Grundentlastung hat einen Bauernstand zu schaffen begonnen

und wohlthätig auf die Production des Landes einge-
wirkt. Das sind viele Lichtseiten und anerkennenswerth, im hohen Grade dankenswerth ist, was hier
geleistet wurde.

Aber die Menschen?!

Die Menschen, welche ein Land bewohnen sind
es, welche dessen Kraft, dessen Reichthum erst zur
vollen Anschauung bringen. Und da begegnen wir in
den Volksstämmen im Osten der österreichischen Monarchie einen sittlichen und intellectuellen Zustand, welcher den Menschenfreund tief betrüben muß. Herab-
würdigung des menschlichen Geschlechtes in roher Sinnes-
art, sittlicher Verfall, brutale Gewalt und größte Unwissenheit begegnen uns auf jedem Schritte, so in
Galizien, wie in dem Banate. Besonders erschien es
für mich beklagenswerth bei dem wallachischen Stamme,
welcher sicher in sich einen Kern trägt, jeder Vered-
lung fähig, denn selbst unter dem stärksten Drucke
blieb ihm eine gewisse Poesie des Lebens und eine
unverkennbare geistige Beweglichkeit.

Als der rothe Faden alles Uebels zieht sich durch
diese Blätter der Mangel an Cultur. Aufklärung,
Bildung und Unterricht, das ist es, was hier fehlt.
Die Gesittung und die Fortschritte im materiellen
Wohlbefinden folgen von selbst, wo diese drei ihren
Wohnsitz aufgeschlagen haben. Ja, es läßt sich be-
haupten, daß wo diese drei göttlichen Gaben über ein
Volk ausgegossen sind, der Weg, welchen die Regie-

rung einzuschlagen hat, sich von selbst vorgezeichnet, sie kann sich nicht vom Volke trennen. Schwer ist es gewiß, das Ziel zu erreichen, aber es winkt am Ende ein herrlicher Preis, das Werk muß begonnen wer= den, die Macht der Zeit in der wir leben, treibt dazu.

Vielfach habe ich die Centralisation, den Büreau= kratismus, die leichte Moral der Beamten, den Man= gel eines freien Ausdruckes der öffentlichen Meinung in dieser Schrift angegriffen und die damit zusammen= hängenden Uebel aufgedeckt. Es mußte geschehen, wenn ich ein wahrheitsgetreues Bild geben wollte und nur ein solches kann wahrhaft Nutzen stiften. Ich belegte alles durch Thatsachen aus völlig glaubwür= digen Quellen und gab meine eigenen Beobachtungen anspruchslos, wie ich sie in mir aufnahm.

Wohl kann der große Maschinenmeister am Cen= tralpunkte der Staatsmaschine übersehen, ob alle Rä= der des Getriebes in einander greifen, aber unmög= lich erscheint es für ihn, die kleinen Reibungspunkte zu bemerken, welche nachtheilig auf den Gang einwir= ken und die gute Absicht des Werkmeisters vereiteln. Diese Fehlstellen kann nur das kundige Auge an Ort und Stelle entdecken. Main kann sich nicht verhehlen, daß in dem weiten Kreise des österreichischen Staats= beamtenthums Vieles vorgehen mag, wovon man am Centralpunkte keine Ahnung haben kann. Es erscheint daher als die nächste Aufgabe sich darüber genaue Kunde zu verschaffen. Wie schon Carl der Große

überall seine Gesandten ausschickte, im weiten Reiche
nachzuschauen, ob überall seine Anordnungen in sei=
nem Sinne vollzogen wurden, so sollte Oesterreichs
erhabener Kaiser begabte Männer aussenden um die
Wahrheit zu erfahren, um Uebel aufzudecken, die
Schwachen und Wankenden zu stützen und die Bösen
zu strafen. Aber sie dürfen sich nicht damit begnügen
die Behörden, wie man zu sagen pflegt, zu visitiren
und die Beamten zu hören, sie müssen sich unbekannt
in's Volk mischen, müssen außerhalb der Beamten=
Hierarchie stehende vertrauenswerthe Männer befragen
und alle Wege aufsuchen um die Wahrheit zu erfah=
ren, überall selbst sehen und für Alle und Alles
offene Ohren und Augen haben. Es dürfen keine
officiell angekündigte Rundreisen sein, begleitet von
officiellem Pomp, überall in Sonntagskleidern empfangen.
Unerwartet müssen die Sendboten des Kaisers erschei=
nen und im Volke die Materialien sammeln, ehe sie
in die Amtslocale treten. Haben sie dann wirklich
den guten Willen die Wahrheit zu erforschen, wird
es an Gelegenheit dazu nicht fehlen.

Oesterreich wurde in neuerer Zeit über seine innere
Verwaltung vielfach angegriffen, wie wir hier gesehen
haben, nicht mit Unrecht; zeigen doch die neuesten
Veränderungen, daß dieses die Regierung selbst aner=
kannt hat. Aber auf keiner Seite hat man die, wie
es mir scheint, Cardinalpunkte in das rechte Licht ge=
stellt, wie es für das wahre Wohl Oesterreichs in der

That erforderlich ist und selten hat man Gerechtigkeit darin geübt, das viele Gute, welches in der That dem Volke gegeben wurde, und die Schwierigkeiten schärfer hervorzuheben womit die Regierung zu kämpfen hat. Dazu durch dieses Schriftchen ein kleines, bescheidenes Scherflein beizutragen, ist mein Wunsch, denn es ist wahrlich an der Zeit, daß ein Jeder, der es wohlbegründet kann, offen spreche.

Meine politische Anschauung ist einfach die, daß wir ein einiges, starkes Oesterreich haben müssen, um ein einiges, starkes Deutschland zu bilden, daß Oesterreichs Wohl mit Deutschlands Wohl unzertrennlich verbunden ist und daß wir nur zusammen der schweren Zeit gewachsen sein werden, welche das dicke Gewölk am politischen Horizonte deutlich verkündiget. Oesterreich aber kann nur stark bleiben und noch stärker werden, wenn es eine feste, kräftige aber freisinnige, die Fortschritte der Zeit anerkennende Regierung hat, wenn es wahrhafte Cultur verbreitet, wenn es über freie, aufgeklärte, gebildete und wohlunterrichtete Völker regiert.

Aufrichtige und warme Zuneigung für Oesterreich haben mich veranlaßt diese Blätter zu veröffentlichen. Möge das erkannt werden und möge man nicht Steine auf mich werfen, weil die Wahrheit eine herbe Schale hat.

Jäger-Brevier.

Jagdalterthümer: Waidsprüche und Jägerschreie, Jagdkalender, Jägerkünste und Jägeraberglauben, Jägersagen.

gr. 8. Elegant gebunden in Canzleiuwand mit Vergoldung.

Preis 1 Thlr. 15 Ngr.

Ein Buch, das glänzende Aufnahme von Seiten des Publikums, wie der Kritik fand; von den einstimmig günstigen Besprechungen geben wir nachstehend die der Forst= und Jagdzeitung 1858 Heft 1.:

„Der Zweck dieses Büchleins," sagt der ungenannte Verfasser in der Vorrede, „ist ein doppelter; es soll Unterhaltung gewähren und zugleich einige nicht unwichtige Beiträge zur deutschen Sittengeschichte und vergleichenden Sagenkunde liefern." Referent setzt hinzu, daß dasselbe auch werthvolle Beiträge zur Jagdgeschichte darbietet. Es sind bei der Abfassung dieser Schrift viele Quellen benutzt, welche sonst wenig zugänglich sind, und der Fleiß und die Umsicht des Verfassers beim Sammeln des so zerstreuten Materials verdient volle Anerkennung. Mit Recht spricht derselbe aus, daß diese Sammlung deutscher Jagdalterthümer die erste ihrer Art in Europa sei, welche durch genaue Angabe der Quellen um so werthvoller wird.

Die erste Abtheilung bilden „Waidsprüche und Jägerschreie," die ersteren in Frage und Antworten. Es sind deren zusammen 337, woraus schon die große Reichhaltigkeit derselben hervorgeht, und wir zweifeln nicht, daß selbst der in solchen Dingen wohl bewandertste Jäger hier eine große Anzahl neuer Sprüchlein finden wird. Sie werfen auf das Jägerleben und selbst auf den Jagdbetrieb unserer Voreltern ein helles Licht. — Die zweite Abtheilung enthält: „Thierverslein und Jagdsprüche." Die ersteren sind aus dem seltenen Buche: „Neuw Jagd= und Weydwerks=Buch. Frankfurt a. M. Feyerabend 1582", und behandelt die Hunde und vornehmsten Jagdthiere. Die Jagdsprüchwörter (vergl. auch Forst= und Jagd=Zeitung vom Jahr 1830, Seite 561 und ff.) erkennt man schon längst als eine Quelle der Jagdgeschichte an, wir finden sie hier in großer Vollständigkeit. — In lustigen Reimen bringt die dritte Abtheilung einen „Jägerkalender." Referent hält sich überzeugt, daß diese heiteren und humorreichen Verse jeden Leser ansprechen und befriedigen werden. Wir finden hier für jeden Monat Jägerreime, Gesundheitsregeln und für die von den Alten als entscheidend angesehenen Tage die Witterungsregeln.

Bekanntlich waren die alten Jäger voll von den mannigfachsten Jägerkünsten, die Gewehre zu besprechen, das Wild an gewisse Orte im Wald oder gar in die Netze zu locken und dergl. mehr, ebenso war die alte Jägerzunft in dem crassesten Aberglauben befangen. — In der vierten Abtheilung werden uns hier eine große Anzahl, es sind deren achtzig, dieser Jägerstücklein mitgetheilt, welche sehr ergötzlich zu lesen sind. Der Verfasser hätte wohl nicht nöthig gehabt, in der Vorrede auf das Bestimmteste zu erklären, daß diese Künste nur zum Zwecke der Unterhaltung mitgetheilt würden; denn im Ernste glaubt doch jetzt kein Jäger mehr daran, obwohl diese Zeit noch gar nicht so lange hinter uns liegt. Flemming war sehr stark darin, Döbel nicht frei davon, und Referent selbst erinnert sich aus seiner Jugend, von alten Jägern mehr als ein Geheimmittel für ähnliche Zwecke erhalten zu haben. Dem Referenten sind dieselben aber auch als ein wesentlicher Beitrag erschienen, um das Jägergetreibe der Vorzeit richtig zu würdigen. — Die fünfte Abtheilung enthält die deutschen Sagen von dem Freijäger und den Freikugeln in verschiedenen Variationen, welche ebenfalls Jedem eine angenehme Unterhaltung gewähren dürften. Den Schluß bildet eine musikalische Beilage, welche die alten, im sechszehnten Jahrhundert und früher in Deutschland gebräuchlichen Jagdsignale und Fanfaren giebt. Sie sind aus dem oben citirten Jagd- und Weydwerkbuch von 1582 entnommen.

Dieses wird genügen, um diese, von dem Verleger sehr gut ausgestattete Schrift unseren grünen Genossen und sonstigen Freunden der Jagd zu empfehlen. Referent zweifelt nicht daran, daß sie dieselbe mit Befriedigung aus der Hand legen werden.   v. Berg.

Die Nonne, der Kiefernspinner und die Kiefernblattwespe.

Populäre Beschreibung der Lebensweise und der Vertilgung
dieser forstschädlichen Insecten,
im Auftrage der Hohen Kgl. Sächsischen Staatsregierung
herausgegeben
von
Dr. Moritz Willkomm,
Professor der Botanik und Zoologie an der Königl. Sächs. Akademie für
Forst- und Landwirthschaft zu Tharand.
Mit Holzschnitten. Lex. 8. eleg. geh.
Preis 10 Ngr.

Deutschlands Laubhölzer im Winter.

Ein Beitrag zur Forstbotanik von Dr. M. Willkomm, Professor an der Königl. Sächs. Akademie für Forst- und Landwirthe zu Tharand. Mit 103 nach Originalzeichnungen des Verfassers ausgeführten Holzschnitten. Lex. 4. Preis 1¼ Thlr.

Die Literatur bot bis jetzt noch kein Werk über die Laubhölzer im blattlosen Zustande; die verdienstvolle Arbeit des Herrn Verfassers wird daher gewiß Forstwirthen, Botanikern ꝛc. erwünscht kommen.